本项目得到南京信息工程大学新加坡研究中心资助

新加坡
教育相关法规汇编

李建波 赵 霞 陈志杰 等
编译

A COLLECTION OF EDUCATION-RELATED LAWS IN SINGAPORE

上海三联书店

序

新加坡自 1965 年独立以来，在较短时间内取得了令世界瞩目的成就。这个美丽的花园城市国家发挥其独特地理位置的优越性，十分重视与世界各国，尤其是与周边国家的友好关系。我国与新加坡自从 1990 年 10 月 3 日建立外交关系以来，一直保持着密切的联系。2008 年，新加坡成为同我国签署自由贸易协定的第一个亚洲国家；自 2013 年起，新加坡连续 10 年均是我国最大新增投资来源国。2018 年，两国签署升级双边自由贸易相关协定；2020 年，又启动了其后续相关谈判，两国贸易往来愈发频繁。2022 年 4 月，新加坡首次超越日本，成为我国的累计最大外资来源国，截至 2023 年 3 月底，新加坡累计在华实际投资达 1348.3 亿美元。

2023 年 3 月，中国国家主席习近平与其时访华的新加坡总理李显龙在北京共同宣布，将中新关系提升为全方位、高质量的前瞻性伙伴关系，这一举动为两国关系的新时代发展与高水平发展，翻开了新的一页。同年 4 月，双方实质性完成中新自贸协定升级后续谈判并签署了《中华人民共和国和新加坡共和国关于建立全方位高质量的前瞻性伙伴关系的联合声明》。中新两国关系从合作伙伴关系正式上升为全方位、高质量的前瞻性伙伴关系。"全方位、高质量"的伙伴关系，如何真正落地？需要从多维度来推进。中新两国在人员、经济、教育、法律等领域开展着广泛而深入的交流，新加坡经验在各方面都给予中国相应的启示。

在百年未有之大变局的背景下，加强对新加坡的研究意义非凡。世界正处在多极化、信息化、多元化的深入发展之中，全球治理体系和国际秩序变革加速推进，中国经济的基本盘实力毋庸置疑，且还在不断巩固和增强,但是优势与挑战并存,所面临的矛盾也发生着新的变化。新加坡之于中国,不仅仅局限于良好的双边关系,拥有特殊国际地位的新加坡,对于推动中国和包括美国在内的其他国家关系的发展也具有重要意义。

另一方面,目前根据国家战略部署,区域国别研究的地位日趋凸显。2022年9月,"区域国别学"作为交叉学科类一级学科被正式纳入教育部《研究生教育学科专业目录(2022年)》,成为蓬勃兴起的重要学科之一。国内掀起了对区域国别学的思考和研究热潮,助推着社会各界加强对世界各国和地区的探究,在此潮流中,进一步加强对新加坡的认知与研究不仅是时代和国家的需要,也是研究者自我提升与发展的需求。

众所周知,在新加坡发展过程中教育被赋予了极高的优先性,可谓国家发展,教育先行。新加坡重视国民各阶段的教育与发展,注重全人教育,从学前教育、中小学教育、高等学校教育到终身教育,拥有完备的教育体系和治理机制。新加坡的私立教育占据相当重要位置,其学校数量远多于国立和公立学校,私立教育的发展有赖于良好的顶层设计和社会各方的协同推进,而教育方针政策的落地与实施必须以法律为依据,教育事业亦必须在健全的教育法律规制下方能得以蓬勃发展。在法制建设方面新加坡一直走在前列,新加坡教育在国家出台和适时修订的教育法规的引导和规范下健康持续发展,为新加坡国家与社会发展提供智力支撑与智慧保障,也成为中国教育现代化高质量发展的重要国际经验,为中国教育高质量发展提供借鉴。

南京信息工程大学新加坡研究中心顺新时代要求应运而生,在国家战略指导下,由原有的国别与区域文化研究院孵化而出,于2021年3月成为教育部国别与区域研究备案中心(试点),当年年底经过评估,成为备案中心正式成员。研究中心关注新加坡政治、经济、教育、文化以及国家与社会治理等方面,依托南京信息工程大学的学科特色与优势,致力于基础研究,积极推动学术交流、文化传播,开展人才培养和为政府部门的决策咨政建言，提供智库服务。2022年下半年，在中国驻新加坡大使馆教育处的指导下，组织中心部分研究人员和南京信息工程大学文学院的优秀英语教师完成了对新加坡教育相关法律法规的翻译工作，结集成《新加坡教育相关法规汇编》付梓出版。此书汇集的法律文本涵盖面广，既有总体法律，又有专门法律，涵盖了从基础教育到大学等高等学校等层面的相关法律法规。主要包括《1957年教育法》《1993年儿童和青少年法》《2000年义务教育法》《2001年教育服务奖励金法》《2003年新加坡考试及评核局法》《2009年私立教育法》《1992年工艺教育学院法》《1992年教育捐赠与储蓄计划法》《1954年新加坡理工学院法》《1992年南洋理工学院法》《1967年义安理工学院法》《1990年淡马锡理工学院法》《2000年新加坡管理大学法》《2002年共和国理工学院法》《2005年南洋理工大学（企业化）法》《2005年新加坡国立大学（企业化）法》《2017年幼儿发展中心法》《2016年新加坡未来技能局法》等法案截止到2021年底的修订条款。这些法律法规涉及了新加坡的基本教育大法，覆盖到儿童、青少年、国家与学校、学校与社会和家庭等方面的法律关系，较多地呈现出私立教育和职业教育相关的法律规制。《儿童和青少年法》和《2017年幼儿发展中心法》对我国的修订促进少儿健康成长相关法律具有启迪和参考价值，其他私立学校和教育相关法律文本，尤其是"理工学院""义安理工学院"等几个理工学院机构法案的修订内容具体详实，对我国教育应对世界变局，在相关领域法制建设方面形成重要参考，对于占据重要位置的我国职业教育高质量发展具有积极的当下意义。

该集子的出版对于中新两国的法律交流也具有推动作用。1999年《中华人民共和国和新加坡共和国关于民事和商事司法协助的条约》生效，打开了法律交流的大门。2000年，《中华人民共和国政府和新加坡共和国政府关于双边合作的联合声明》指出，在法律合作方面，双方将在司法和法律方面进行更为密切的接触，通过交换信息和开展有关司法法律机构（包括律师和其他法律专业人员）之间的互访，加深对对方司法制度的了解。双方均尊重对方的法律制度。"交换信息"中常用的方法之一是依托双方的法律文本进行翻译交流。然而，新加坡很多领域的法律文本并没有被系统化翻译成中文，而中国与新加坡交流合作过程中则需要对相关行业法律规制进行了解和研究。《新加坡教育相关法规汇编》是本中心对法律文本翻译和汇编出版的一次重要尝试，也将有助于两国法律专业人士在相关领域进行对比研究和交流。更重要的是，该书也是区域国别学领域另一维度的研究与探索。

本书的翻译出版得到了中华人民共和国驻新加坡大使馆的大力支持，希望本汇编的出版能够在推动我国教育发展、推动中国的新加坡研究乃至区域国别学的学科发展等方面都将起到一定的积极作用。由于水平有限，书中一定存在纰漏，还请各位读者不吝指教。

编译者

2024 年 3 月

目　录

1957 年教育法 ……………………………………… 1

1992 年工艺教育学院法 …………………………… 55

1992 年教育捐赠与储蓄计划法 …………………… 81

2001 年教育服务奖励金法 ………………………… 117

2003 年新加坡考试及评核局法 …………………… 131

2009 年私立教育法 ………………………………… 155

1954 年新加坡理工学院法 ………………………… 213

1992 年南洋理工学院法 …………………………… 229

1967 年义安理工学院法 …………………………… 249

2000 年义务教育法 ………………………………… 267

1990 年淡马锡理工学院法 ………………………… 277

2000 年新加坡管理大学法 ………………………… 299

2002 年共和国理工学院法 ………………………… 309

2005 年南洋理工大学(企业化)法 ………………… 329

2005 年新加坡国立大学(企业化)法 ……………… 345

1993 年儿童和青少年法 …………………………… 383

2017 年幼儿发展中心法 …………………………… 505

2016 年新加坡未来技能局法 ……………………… 555

1957 年教育法

2020 年修订版

本修订版纳入了截至 2021 年 12 月 1 日(含)的所有修订

于 2021 年 12 月 31 日起实施

法律修订委员会

在《1983 年法律法》修订版授权下

编制并发布

条款目录

第 1 部分
总则

1. 简称

2. 释义

3. 豁免

4. 不适用此法的学校

4A. "学校"等词的使用规定

5. 总司长职能的转授

第 2 部分
教育财政委员会

6. 教育财政委员会的设立与组成

7. 职责

8. 规章

第 3 部分
教育咨询委员会

9. 教育咨询委员会的设立与组成

10. 会议与程序

11. 职责

12. 委任小组委员会的权力

第 4 部分
学校上诉委员会

13. 上诉委员会的设立与组成
14. 上诉委员会的程序
15. 职责
16. 权力
17. 罪行及处罚
18. 法定评价人

第 5 部分
学校、管理人员及教师的注册

条款

19. 学校等的注册
20. 罪行

第 6 部分
学校的注册

21. 待注册学校
22. 申请
23. 学校的注册
24. 拒绝注册学校的理由
25. 取消学校注册的理由

第 7 部分
学校管理——校监及管理人员

26. 管理委员会
27. 总司长可任命管理人员或额外管理人员

28. 校监的注册及撤回注册

29. 校监的职责

30. 校监的缺勤等

31. 待注册的管理人员

32. 管理人员的注册

33. 拒绝注册为管理人员的理由

34. 取消管理人员注册的理由

第 8 部分

教师注册

35. 禁止未经授权人员教学

36. 申请注册

37. 教师的注册

38. 拒绝注册教师的理由

39. 取消教师注册的理由

第 9 部分

非注册教师的聘用

40. 聘用非注册教师所需的授权或许可证

41. 申请方法及申请限制

42. 拒绝授权非注册教师的理由

43. 取消教学授权的理由

44. 总司长可颁发教学许可证

第 10 部分

学校、管理人员及教师的注册与取消注册的一般程序

45. 教师体检

46. 任何注册申请的一般权力

47. 关乎注册条件的程序

48. 拒绝注册及取消注册等的程序

49. 取消注册须立即停职,除总司长另有许可外

50. 在被取消注册的学校聚集属违法行为,警察有权进入

第 11 部分

注册学校审查及未注册房舍检查

51. 被视为检察官的人士的任命

52. 学校每年至少接受一次检查

53. 总司长与检察官检查学校的权力

54. 采取补救措施的权力

55. 司长与检察官检查未注册学校的权力

第 12 部分

上诉

56. 上诉程序

57. 上诉人及总司长或其代表可出席上诉

58. 上诉人的举证责任

59. 根据所述理由提出上诉

60. 决定上诉

第 13 部分

条例、犯罪行为、通知、赔偿金等

61. 规章

62. 处罚

63. 通知的送达

64. 除受总司长指控外,无人会被控以罪行

65. 修订附表内的表格的权力

66. 保留

附表

关于教育与学校注册的法。

【1957 年 12 月 13 日】

条　款

第 1 部分
总则

1. 简称

本法可称为《1957 年教育法》。

2. 释义

在本法中,除文意另有所指外——

"建筑"包括建筑的一部分;

"管理委员会"系指第 26 条中所提述的学校管理委员会;

"总司长"系指教育总司长;

"文件"包括任何书籍、教科书、练习本、账目、票根、小册子、刊物、报纸、海报、绘画、素描、电影、幻灯、幻灯片、留声机唱片,以及其他任何与教学、娱乐、学校管理等有关的印刷、书写或记录内容;

"费用"包括学生在学校接受教育所需支付的所有款项;

"职能"包括权利与义务;

"公立学校"系指由政府直接组织和开办的学校;

"公立教师"系指政府直接聘用的教师;

"高等教育"系指超过大学通常入学所需标准的教育;

学校的"管理人员"系指学校管理委员会的成员;

"医务人员"系指为政府服务的注册医生;

"校长"系指学校的男校长或女校长;

"公共卫生检查员"系指可持续与环境部的卫生检查员;

"学生"系指在学校接受教育的任何年龄的人;

"管理人员及监事人员名册""学校名册"及"教师名册"系指总司

长根据第 19 条备存的有关名册,而"已登记"即指已登记在其中一份
名册上;

根据上下文,"学校"系指——

(a)为 10 人或 10 人以上提供教育的机构;

(b)有 10 人或 10 人以上正在或经常上一节或多节课的地方,若
为函授学校,则系指备课的或检查并纠正答案的一个或多个地方;

"校舍"系指学校建筑物,包括学校操场和运动场;

"监事"系指根据第 28 条规定注册为监事的管理者;

"教师"系指包括校长在内的在学校里教书,或在函授学校备课、
排课、批改答卷的人;

"非法社团"系指在《1966 年社团法》中条款下被认为是非法社团
的社团。

【8/97】

3. 豁免

若部长确信任意一所学校教学为纯宗教性质,或任意一所学校为
高等教育机构,则可借《宪报》通知,豁免该学校及其管理人员与教师,
使其免受本法任何规定约束,并可以随时撤销豁免。

4. 不适用此法的学校

此法不适用于——

(a)根据 1992 年《技术教育法》建立的新加坡技术教育学院或与
之有关的学校;

(b)《2009 年私立教育法》中所涉及的任何私立教育机构;和/及

(c)《2017 年幼儿发展中心法》授权的任何幼儿发展中心或与之
相关的学校。

【21/2009;19/2017】

4A. "学校"等词的使用规定

(1)除第(2)款另有规定外,除非经总司长书面同意,否则任何个
人或组织不得——

（a）在任何表示人或组织以其名称、描述或头衔提供教育的语言或任何其他词中，使用"研究院""学院""学校""大学"，及任何部长借《宪报》及其副刊通知、明确规定的其他术语或其任何派生词；或

（b）在任何账单抬头、信纸、通知、广告或以任何其他方式作出或继续对本法实施表示抗议。

【21/2009】

（2）第（1）条不适用于——

（a）根据本法已注册或免注册的学校；

（b）政府；

（c）任何根据公共法设立或组成并具有公共职能的机构，或任何该类机构的独资实体；

（d）根据其他任何成文法所设或其职能由其他任何成文法所规定的教育机构；

（e）可能规定的其他人士、组织或其任何类别。

【21/2009】

（3）任何人或组织如违反第（1）款的规定，即属犯罪，一经定罪，可处不超过 2000 新加坡元的罚款或不超过 12 个月的监禁，或两者兼施。

【21/2009】

5. 总司长职能的转授

教育部官员可在部长不在时借《宪报》通知授权后行使和履行本法所规定的总司长职能。

【8/97】

第 2 部分
教育财政委员会

6. 教育财政委员会的设立与组成

（1）教育财政委员会（在本法提述为财政委员会）是一个于新加

坡建立的委员会。

(2) 财政委员会成员包括——

(a) 担任主席的总司长;

(b) 财政部常务秘书或其代表;

(c) 四名委员,须为非担任政府公职的受薪人员或议会成员,且由部长认可的教育机构、组织或协会提名并由部长任命。

【8/97】

(3) 财政委员会的法定人数为 3 人。

(4) 部长可委任一名财务委员会秘书。

(5) 除部长另有指示外,其任命的每名成员应自任命之日起任职 3 年:但此期间部长可随时撤销任何任命。

(6) 部长任命的任何成员任职期满时,部长可再次任命该成员继续任职。

(7) 任何部长委任的财政委员会成员如因死亡、破产、无法行事、辞职或离开新加坡超过 3 个月或被撤销委任,应立即停止担任财政委员会成员,并根据第(2)款委任新成员。

(8) 不得因财政委员会的任何空职质疑其行动或程序。

(9) 财政委员会会议应由部长召集,并根据本法各项条款调整其程序。

7. 职责

财政委员会的职责——

(a) 就由政府捐赠或支付的所有财产、金钱或其他教育方面向部长提供意见;

(b) 审议总司长为教育计划编制的年度预算,并就此向部长提出建议。

【8/97】

8. 规章

部长可为施行本部分的任何目的或条款制定一般规章。

第3部分
教育咨询委员会

9. 教育咨询委员会的设立与组成

（1）在新加坡成立一个称为教育咨询委员会的委员会（在本法案中称为委员会）。

（2）该委员会成员如下——

（a）担任主席的总司长；

（b）财务委员会的所有其他成员；

（c）根据第 51 条委任的学校医务人员；

（d）社会福利署署长；

（e）部长批准的教育机构、教育组织、教育协会以及教师工会的八名代表，这些代表由其各自的机构、组织或协会指定；

（f）部长任命的其他 6 名人员。

【8/97；30/2019】

（3）部长可委任一名委员会秘书。

（4）委员会须从其成员中选举一名副主席。副主席若为委员会成员便可任职：

若副主席欲亲自书面向部长辞去职务，一经辞职，立即停任。

（5）除部长另有指示外，由部长任命的委员会成员应任职 3 年：

部长可随时撤销任命。

（6）除部长另有指示外，按第（2）（e）款获提名的委员会成员须任职 3 年：

提名该等成员的机构、组织或协会可随时撤销该提名。

（7）在据第（2）（e）款提名成员的任期届满时，部长应请求提名该成员的机构、组织或协会或部长为此目的批准的其他机构、组织或协会提名一名代表为委员会成员。

（8）部长任命的委员会成员任期届满时,可再任命该成员任期一段时间。

（9）若根据第(2)(e)或(f)款任职的委员会成员死亡、破产、无行为能力、辞职、离开新加坡超过 3 个月或被撤销职位,其即刻失去委员身份,并根据第(2)(e)或(f)款(视属何情况而定)提名或委任一名新成员。

（10）不得因委员会的任何空职而质疑其行动或程序。

10. 会议与程序

（1）委员会每年须在 3 月、6 月、9 月及 12 月总共举行最少 4 次会议,必要时亦可在其他时间举行会议。

（2）委员会的法定人数为 12 人。

（3）在符合本法各条款的情况下,委员会可规管其行事程序。

11. 职责

委员会应就部长可能提及或委员会自己提出的教育政策或发展的任何事宜向部长提供建议。

12. 委任小组委员会的权力

（1）委员会可从其成员中委任常务通则小组委员会,并决定该小组委员会的成员数及职能。

（2）除常务通则小组委员会外,委员会可根据部长的任何指示,任命其认为合适的由全部或部分委员会成员组成的若干其他小组委员会。

（3）委员会可将其认为适合其委任目的的职能,转授予常务通则小组委员会或根据第(2)款委任的任何小组委员会。

（4）总司长或其委任的其他人士,须为根据第(2)款委任的每个小组委员会的成员。

【8/97】

13

第4部分
学校上诉委员会

13. 上诉委员会的设立与组成

（1）新加坡应设立一个名为学校上诉委员会的委员会（本法中称为上诉委员会）。

（2）上诉委员会成员应如下：

（a）一名由部长任命的主席，且不得在政府部门有薪任职；

（b）两名由部长委任的高等教育机构中的人员；

（c）两名非公立教师的注册教师，以及两名由部长任命的注册管理人员；

（d）其他两名由部长任命的人员。

（3）部长可任命一名上诉委员会秘书。

（4）除部长另有指示外，每位由部长任命的上诉委员会成员的任期为3年：

部长可随时撤销任何此类任命。

（5）除部长另有指示外，每位根据第（2）（b）款提名的上诉委员会成员的任职为3年：

委员所在的高等教育机构可随时撤销该项提名。

（6）上诉委员会成员任期届满时，可重新任命，或经部长批准重新提名任命。

（7）如上诉委员会任何成员遭遇死亡、破产、无行为能力、辞职、离开新加坡超过3个月或被撤销任命，则应立即停止担任上诉委员会成员，并应按照第（2）条（视情况而定）任命一名新成员。

14. 上诉委员会的程序

（1）上诉委员会的程序应符合第十二部分的规定。

（2）上诉委员会的法定人数为5人：

除非出席成员中有一名为注册管理人员或注册教师（视情况而

定），否则不得就管理人员或教师的注册事宜进行上诉。

（3）上诉委员会的任何成员如未出席之前听证会，则不得参加延期听证会。

（4）上诉委员会议事程序不得向公众开放。

（5）上诉委员会的任何行为或程序均不得因其职位空缺而受到质疑。

（6）根据本法的规定，上诉委员会可以规管其行事程序。

15. 职责

除第 48(2)(a) 条明确规定的例外情况外，上诉委员会有责任审理和裁决总司长根据本法决定提出的所有上诉：

除对取消公立教师注册资格的上诉外，上诉委员会不得审理任何公立教师提出的上诉。

【8/97】

16. 权力

上诉委员会在行使其职能时，具有下列权力：

（a）录取经宣誓而做出的供证；

（b）传唤任何人出席上诉委员会的听证会，以作证或出示其所持文件或其他物品：

该等事宜若在任一法院进行法律程序，则受到保护，任何人不得就任何事宜回答相关问题或出示文件；

（c）命令检查所有校舍；

（d）进入并查看所有校舍。

17. 罪行及处罚

任何人在上诉委员会听证会中被传召出庭作证或出示任何文件或其他物品，却拒绝或忽略照办，或拒绝回答上诉委员会向他提出或是经上诉委员会同意后向他提出的所有问题，即属犯罪，一经定罪，可处不超过 500 新加坡元的罚款或不超过 3 个月的监禁，或两者兼施：

该等事项若在任一法庭进行法律程序，则得到保护，任何人不得就任何事项自证其罪，或就任何事宜回答问题或出示文件。

18. 法定评价人

上诉委员会可要求由司法部部长任命的法律干事作为法定评价人，协助其进行上诉。

第5部分
学校、管理人员及教师的注册

19. 学校等的注册

（1）总司长须备存独立的登记册，其中应记录——

（a）除根据第3条获豁免注册的学校外，各所学校的名称；

（b）每所注册学校的每名管理人员及校监的姓名；

（c）每位根据第8部分注册的教师的姓名；及

（d）每位根据第9部分获得授权以非注册教师身份任教的教师姓名。

【8/97】

（2）总司长须将其认为必要的其他详情记入登记册。

【8/97】

20. 罪行

任何人，若——

（a）担任未根据本法注册或未豁免注册的管理人员；

（b）担任注册学校管理人员，且雇用或准许在校雇用任何未注册教师（第9部分另有规定者除外）的人员；或

（c）在未注册学校任教，或在未获得第35条规定的注册，或根据第41条作为非注册教师任教的授权，或根据第44条任教许可的情况下在注册学校任课，或根据第39条取消其教师注册，或根据第43条取消其作为非注册教师的教学授权，或根据第44条取消其以非注册教师身份教学的许可后继续执教的教师，即属犯罪，一经定罪，将受到

下文规定的处罚。

第 6 部分
学校的注册

21. 待注册学校

除第 3 条另有规定外,学校若不根据本法进行注册,则一律不得开展工作。

22. 申请

(1) 总司长须安排每所公立学校进行注册。

【8/97】

(2) 私立学校的注册申请应由有意成为管理人员的人向总司长提出,总司长则可以有条件或无条件批准该申请,也可以拒绝该申请,并说明理由。

【8/97】

(3) 每项该等申请须主要采用附表所载表格 1,并须附有注册为该校管理人员及教师的申请书(视情况而定),申请书由上述人员分别按照第 31 及 36 条填写。

23. 学校的注册

(1) 在提出学校注册申请,总司长进行必要的调查后,应——

(a) 注册该学校;

(b) 将学校注册条件(如有)书面通知申请人;或

(c) 若申请被拒绝,则详述拒绝申请所依据的本法条款。

【8/97】

(2) 第(1)款所述条件可包括,被提名为学校管理人员的人员接受章程、书面方案或信托契约,规定学校的管理及总司长在每种情况下建议的财产及收入的管理,以及由适当的当事人执行章程、书面计划或信托契约。

【8/97】

（3）学校注册后，总司长应按照附表所载表格 2 向校监颁发一份注册证书，其中应指明学校可开办的校舍，而校监须安排一份证书副本，以及以总司长确定的语言拟定的下列人员的名单——

（a）校监；

（b）注册管理人员；

（c）注册教师；以及

（d）获授权或获准在该学校任教的非注册教师（如有），须在该校每幢建筑物的显眼处进行展示。

【8/97】

（4）在总司长颁发注册证书并与第（3）条所述名单一起展示之前，不得为教学目的开设任何学校。

【8/97】

24. 拒绝注册学校的理由

在下列情况下，总司长可拒绝注册学校——

（a）提议开办学校的地区已有足够的教育设施；

（b）拟建校舍构成危险建筑，或在结构上不适合用作学校；

（c）拟建校舍的防火措施不足；

（d）拟建校舍不卫生或出于健康原因不适合用作学校；

（e）为学生提供的露天娱乐场所存在不足或令学生不满意；

（f）拟建学校不符合本法规定；

（g）考虑到维持和开办拟建学校的成本，以及所提供的教育水平，拟议费用过高；

（h）拟议教师的资格和经验不足以确保拟议学校的有效运作；

（i）拟议教师的薪酬不足以确保其有效履行职责；

（j）拟建学校设计每届容纳超过 1200 名学生；

（k）拟议管理委员会的组成不足以确保拟议学校的有效管理；

（l）拟议管理委员会推荐的校监非合适人选；

（m）根据本法或与学校注册有关的任何先前成文法，拟建学校先前被拒绝注册或被取消注册；

（n）拟建学校可能被用于损害新加坡的利益或公众利益的目的；

（o）拟建学校可能被用于损害公众利益或学生利益的教学目的；

（p）拟建学校可能用作非法社团的集会场所；

（q）拟注册学校的名称违反新加坡的利益；或

（r）在注册申请中，作出的陈述或提供的资料在要项上虚假，或由于遗漏了某特定资料。

【8/97】

25. 取消学校注册的理由

（1）总司长可取消任何学校的注册——

（a）除第（a）款所列理由外，根据第 24 条，总司长有权以任何理由拒绝注册；

（b）若信纳该学校已不存在；

（c）若该校监没有遵循向其根据第 54 条发出的指示；

（d）若信纳该校的管理委员会未能有效地管理该学校；或

（e）若信纳该校的纪律没有或不能得到充分维持。

【8/97】

（2）如果学校所有管理人员的注册均已被取消，则总司长应取消该学校的注册。

【8/97】

第 7 部分
学校管理——校监及管理人员

26. 管理委员会

（1）除公立学校外，所有学校均应由管理委员会管理：

若学校只有一名管理人员，则由管理委员会履行的职责须由该人履行。

（2）除总司长书面批准外，任何管理委员会的人数不得超过9人。

【8/97】

（3）管理委员会应负责确保遵守本法、根据本法制定的条例，以及根据第23条批准的学校章程、书面方案或信托契约的条款。

27. 总司长可任命管理人员或额外管理人员

（1）无论何时，若总司长信纳学校管理得不令人满意，可在此之时视需要任命管理人员，这些额外管理人员应被视为学校的注册管理人员，并有权随时进入校舍。

【8/97】

（2）无论何时，若总司长认为出于辞职、死亡或任何其他原因，学校没有一个有效的管理委员会，则其可要求成立一个新的管理委员会，并可任命其认为必要的管理人员，以确保学校的持续办学，直到组成新管理委员会的管理人员姓名提交并接受注册。

【8/97】

28. 校监的注册及撤回注销

（1）学校管理委员会须推荐其中一名成员注册为学校校监。

（2）若总司长认为受推荐人并非本法规定的担任校监的合适人选，则可暂不登记。

【8/97】

（3）无论何时，若总司长认为该校监不再是合适人选，可撤销注册，而该人员则须立即停止担任学校校监。

【8/97】

29. 校监的职责

校监的职责应如下——

（a）与总司长就学校管理进行通信；

（b）第一时间以书面形式向总司长报告学校所有管理人员的辞职情况；

（c）第一时间以书面形式向署长报告——

(i) 所有注册教师作为该校校长或教师的委任情况;以及

(ii) 该校校长或教师的委任终止情况;

(d) 以书面形式,向总司长报告校长或学校所有教师的薪金变动;以及

(e) 履行学校章程、书面方案或经批准的信托契约或根据本法制定的法规中规定的其他职责。

【8/97】

30. 校监的缺勤等

(1) 若总司长拒绝或撤销学校管理委员会建议的校监注册,或者注册校监因辞职、生病、缺席、取消其作为管理人员的注册或其他原因不再担任监管工作,或该注册校监不再为管理委员会多数成员所接受,则管理委员会应立即推荐其另一名成员注册为学校校监。

【8/97】

(2) 无论何时,出于任何原因而没有校监的学校,或该校监因某些原因不再担任工作,则在校监或其他人注册之前,根据本法和根据本法制定的条例,校监的所有职责及责任应由管理委员会履行,如果只有一名管理人员,且其因某些原因无法履行职责,则应由学校校长履行。

31. 待注册的管理人员

(1) 除总司长根据第 27 条委任的管理人员外,学校的每位管理人员均须注册。

【8/97】

(2) 每项管理人员注册的申请,均须按附表所载表格 3 向总司长提出,如已委任校监,则须由有关的学校监管会加签。

【8/97】

32. 管理人员的注册

根据第 31 条,当申请人提出注册为管理人员的申请时,总司长须根据第 33 条规定,在进行必要的调查后,将申请人注册为其拟注册管

理人员的人员,并须书面告知申请人已批准注册。

【8/97】

33. 拒绝注册为管理人员的理由

在下列情况下,总司长可拒绝将申请人注册为管理人员——

(a) 该人员在新加坡、马来西亚或英联邦所有地区的任一有管辖权的法院被判定犯有可判处监禁的罪行,或根据本法或先前任何有关教育或学校注册的成文法,或马来西亚所有生效的类似现行法律文件规定的罪行;

(b) 该人员此前根据本法或任何先前有关教育或学校注册的成文法,或马来西亚所有生效的类似现行法律文件,被拒绝注册为管理人员,或在批准注册后被取消;

(c) 该人员品行不端;

(d) 该人员没有管理学校的经验、知识、兴趣及技能;

(e) 该人员在申请注册为管理人员或教师期间,曾根据任一成文法在要项上作出过虚假或误导性陈述;或

(f) 若批准该人员注册,则会损害新加坡或公众或学校学生的利益。

【8/97】

34. 取消管理人员注册的理由

在下列情况下,总司长可取消任何管理人员的注册——

(a) 基于根据第 33(a)、(b)及(e)条,署长有权拒绝注册的任何理由;

(b) 该人员已不再担任管理人员或履行的职责不令人满意;

(c) 该人员违反了本法或根据本法制定的条例中的任一规定;

(d) 若该人员因在其管理的学校中拥有权益而符合管理人员资格,则停止在该学校拥有该权益;

(e) 该人员所担任管理人员的学校注册被取消;

(f) 该人员有逃避其作为管理人员的责任;或

(g) 为了新加坡或公众或学校学生的利益,该人员不应继续担任

学校管理人员。

【8/97】

第 8 部分
教师注册

35. 禁止未经授权人员教学

任何人不得在除本法规定豁免的学校以外的学校任教或担任教师,除非其为注册教师或根据第 9 部分得以授权或允许教学。

36. 申请注册

教师注册申请应按照附表中规定的表格 4 向总司长提出,并应附上其中规定的文件。

【8/97】

37. 教师的注册

除第 38 条另有规定外,总司长在收到正式提出的教师注册申请后,及进行过必要的调查后,若对申请人满意,须将申请人注册,并按照附表所载表格 5 向其颁发注册证书,或根据第 41 条颁发以非注册教师身份进行教学的授权书,或根据第 44 条颁发教学许可证。

【8/97】

38. 拒绝注册教师的理由

若申请人出现下列情况,总司长可拒绝将其注册为教师——

(a) 该人员品行不端;

(b) 该人员在新加坡、马来西亚或英联邦所有地区的任一有管辖权的法院被判定犯有可判处监禁的罪行,或根据本法或先前任何有关教育或学校注册的成文法,或马来西亚所有生效的类似现行法律文件规定的罪行;

(c) 该人员此前因可能妨碍其成为注册教师的理由而被拒绝注册为管理人员,或根据本法或先前任何与教育或学校注册有关的成文

23

法,或根据马来西亚所有生效的类似现行法律文件被拒绝注册成为教师;

(d) 除因辞职或任教学校已不存在而被取消教师注册的情况外,该人员根据本法或先前任何与教育或学校注册有关的成文法,或根据马来西亚所有生效的类似现行法律文件取消其教师注册后,被从注册簿中除名;

(e) 该人员无法提供根据第 51 条委任的校医务人员满意的健康证明;

(f) 该人员在申请注册为管理人员或教师时,曾根据任一成文法在要项上作出过虚假或误导性陈述;

(g) 该人员可能会以损害学生利益或公共利益的方式影响学生;或

(h) 该人员不具备本法规定的最低要求。

【8/97】

39. 取消教师注册的理由

在下列情况下,总司长可取消教师的注册——

(a) 出于根据第 38 条总司长有权拒绝注册的任何理由;

(b) 总司长信纳该教师存在专业行为不当;

(c) 总司长信纳该教师没有能力履行教师的职责;或

(d) 该教师违反了本法或根据本法制定的任一条例。

【8/97】

第 9 部分
非注册教师的聘用

40. 聘用非注册教师所需的授权或许可证

(1) 非注册教师只有在按照第 41 条或第 44 条的规定获得授权或许可证的情况下,才能在学校任教。

（2）除第 44 条另有规定外,非注册教师不得受雇于任何学校,除非在申请时该校没有合适的注册教师可供聘用。

41. 申请方法及申请限制

（1）若校监或申请注册学校注册的人认为在其担任校监的学校或拟建的学校没有合适的注册教师可受雇,其可以使用附表所载的表格 6 向总司长提出申请,要求授权他雇用一名未注册为教师的人进行教学,并授权该人以非注册教师的身份进行教学。

【8/97】

（2）除第 42 条另有规定外,经过必要的调查,总司长可向申请人发出附表所载表格 7 的书面授权,并向非注册教师发出一份授权副本,该副本应被视为该非注册教师的教学授权。

【8/97】

（3）该授权书应说明非注册教师可开展教学的学校及时间段,并可由总司长酌情对其可以教授的科目和班级加以限制。

【8/97】

42. 拒绝授权非注册教师的理由

总司长可拒绝批准雇用非注册教师——

（a）基于第 38（a）至（g）条有权拒绝某人注册为教师的任何理由;或

（b）如有关学校有合适的注册教师可雇用。

【8/97】

43. 取消教学授权的理由

（1）总司长可取消雇用任何未注册的教师的授权——

（a）基于其有权根据第 39 条取消教师的注册的任何理由;或

（b）如有一个具有所需资格的注册教师可雇佣;

【8/97】

（2）当授权的雇用被终止时,总司长须取消对任何未注册的教师的雇用授权。

【8/97】

44. 总司长可颁发教学许可证

（1）无论本法有任何规定，署长可自行决定并出于特殊原因颁发许可证给任何人，让其作为未注册的教师授课。

【8/97】

（2）根据第（1）款颁发的许可证可在任何时候通过署长亲自签发的书面通知取消许可证持有人。

第 10 部分
学校、管理人员及教师的注册与取消注册的一般程序

45. 教师体检

在将某人注册为教师或授权或允许他以未注册的教师身份进行教学之前，总司长可要求其接受体检。

【8/97】

46. 任何注册申请的一般权力

每当有人申请注册学校或管理人员或教师，或申请授权雇用未注册的教师时，总司长可要求申请人作出进一步声明或提供进一步细节，所作声明或所提供信息须视为申请的一部分。

【8/97】

47. 关乎注册条件的程序

学校注册的申请人如果收到署长根据第 23 条发出的关于该学校可注册条件的通知，在收到通知的 14 天内，按照第 56 条规定，通过总司长向上诉委员会提出上诉。

【8/97】

48. 拒绝注册及取消注册等的程序

（1）每当总司长根据第 24、25、28、33、34、38、39、42、43 或

54 条行使酌处权作出决定时,须书面正式通知作为申请人、校监、管理人员、教师或非注册教师(视具体情况而定)的每个人。在其看来,在适当考虑到公共安全的情况下,其陈述该决定理由的决定对这些人产生了直接且不利的影响,须向每一位这样的人提供本条及第 49、56、57、5 条的副本。

【8/97】

(2) 任何作为申请人、校监、管理人员、教师或非注册教师的人,如果受到该决定的不利影响,根据第 56 条的规定,可在通知送达后的 14 天内通过总司长提出上诉——

(a) 在根据第 24(n)、(o)或(p)、25(1)(a)或(e)、33(f)、34(f)或(g)、38(g)或 39(a)条向部长作出决定的情况下;

(b) 在向根据第 13 条成立的上诉委员会提出上诉的所有其他情况下:

部长可指定向总司长提出的任何上诉应由上诉委员会审理。

【8/97】

49. 取消注册须立即停职,除总司长另有许可外

(1) 根据第 25 条被取消注册的学校,须根据第 48 条发出的通知送达之日起停止办学:

署长可酌情决定,并在符合他认为适当的条件下,进行书面督导,准许该学校继续办学,直至有关取消注册的上诉得到裁定为止。

【8/97】

(2) 凡根据第 48(1)条收到校长根据第 28、34 或 39 条作出的不利决定的通知的督导、管理人员或教师,以及根据第 43 条收到该通知的非注册教师,均须于通知送达之日起停职:

署长可酌情决定,并在他借书面通知认为适当的条件下,中止停职,直至上诉得到裁定为止。

【8/97】

(3) 根据第 48(1) 条收到总司长根据第 25、28、34、39 或 43 条作出的不利决定通知的校监、管理人员或教师,应向总司长交付根据本法规定发给他的任何注册证书或任何教学授权或证书副本,无论是否已根据第 48(2) 条发出上诉通知,且在发出该等通知之前。

【8/97】

在上诉作出裁决之前,不得执行不利决定

(4) 除第(1)款、(2)款和(3)款规定的情况外,总司长不得执行不利决定,直至有关的上诉已被裁定或通知的规定时间已过为止。

【8/97】

50. 在被取消注册的学校聚集属违法行为,警察有权进入

如总司长已取消学校的注册,而并没有根据第 49(1) 条的督导书准许该学校开办,则该学校的任何学生或任何其他人士未经总司长的书面授权,在该学校的处所内或在该处所内聚集,均属犯罪。凡本节所适用的任何情况,警务人员进入该处所及为其认为必要的目的而使用武力,均属合法。

【8/97】

第 11 部分
注册学校审查及未注册房舍检查

51. 被视为检察官的人士的任命

部长可借《宪报》通过姓名或者职位任命——

(a) 教育部的任何官员为学校的检察官;

(b) 任何医务人员为学校的医务人员;以及

(c) 任何公共卫生检查员为学校的卫生检查员,

就本法而言,上述每一个人皆须被视为学校的检察官。

【7/97】

52. 学校每年至少接受一次检查

总司长有责任安排学校检察官定期检查每一所注册学校,以确定该学校是否遵守本法规定及根据本法制定的任何条例,以及该学校的经营是否适当且有效。

【8/97】

53. 总司长与检察官检查学校的权力

(1) 为了执行本法的规定和根据本法制定的任何条例,校长或根据第 5 条获授权的任何官员或学校检察官进入任何校舍,检查该校舍内发现的所有文件,并将其移走以作进一步检查,均属合法。

【8/97】

(2) 如果教学楼已经关闭,如果没有任何注册管理人员或注册教师或非注册教师打开教学楼,那么总司长或任何第 5 条授权的官员或学校检察官皆可在必要时使用武力进入。

【8/97】

(3) 如以专人或邮政递送的函件发出指示,总司长可要求其提交为指示目的而使用或打算使用的所有文件的副本。

【8/97】

(4) 无论何时,总司长及根据第 5 条获授权的人员,在合法检查注册学校时,可要求获授权或获准在注册学校授课的任何注册管理人员、注册教师或非注册教师、任何注册学校或该学校的任何学生,出示其管有或在其掌控的与学校的管理或教学或学生活动有关的文件,以供总司长及授权人员了解学校的管理或教学或学生活动。教师应提供注册证书或此法要求的教学授权或许可。

【8/97】

54. 采取补救措施的权力

(1) 如果总司长认为任何学校没有遵守本法的任何规定或根据本法制定的任何条例,或任何学校没有得到适当或有效的管理,其可在不影响其拥有的任何其他权力的情况下,借书面通知校监,让其在通知所规定的时间内采取通知所规定的措施，从而遵守有关条文或保证学校可适当或有效运行。

【8/97】

（2）总司长可在任何特定情况下酌情安排将任何此类通知的副本发送给学校的每一位其他管理人员。

【8/97】

（3）收到通知的任何学校的校监，可在通知所规定的时间内，即采取通知所规定措施的时间内，按照第56条规定向上诉委员会提出上诉。

55. 司长与检察官检查未注册学校的权力

（1）总司长或根据第5条授权的任何官员或任何学校检察官或署长特别授权的其他人员，在他认为合适的人员的陪同下可进入（必要时可使用武力）其有合理因由相信为未注册的学校占用的任何房屋、建筑物或其它地方，并可搜查、扣押和拿走任何在其看来可能属于未注册学校财产的文件或其他物品。

【8/97】

（2）为进入或搜查，总司长或根据第5条获得权力的官员、学校任何督察人员及其他根据第1条获授权人，若有合理原因认为屋内存在未注册的学校相关的文件或其他物品，则其均有权打开任何房屋、建筑、其他地方或任何有锁定装置的外门及内门。

【8/97】

第 12 部分
上诉

56. 上诉程序

（1）任何希望对总司长的任何决定提出上诉的人，应在规定期限内向总司长提交两份书面声明，根据情况需要，这些声明应发给部长或上诉委员会,并简要说明其上诉理由。

【8/97】

(2) 总司长在收到该声明后,应立即将其转交部长或上诉委员会秘书。

【8/97】

(3) 部长或上诉委员会秘书(视情况需要)在收到该声明后,应尽快将上诉聆讯日期至少提前 14 天通知上诉人与总干事。

【8/97】

57. 上诉人及总司长或其代表可出席上诉

无论是在部长还是上诉委员会的上诉聆讯上,上诉人或其正式授权的代表,以及总司长或其正式委任的官员,均有权出席并陈词。

【8/97】

58. 上诉人的举证责任

总司长根据第 48 条作出的决定所陈述的理由不正确,或不能证明该决定的合理性的举证责任应由上诉人承担,或不能证明其决定是正确的,应由上诉人负责。

【8/97】

59. 根据所述理由提出上诉

除非得到部长或上诉委员会(视情况而定)的同意,总司长或上诉人都不得在听证会上依据任何理由。

【8/97】

60. 决定上诉

(1) 部长或上诉委员会可确认、搁置或修改上诉所针对的决定。

(2) 部长或上诉委员会的决定(视情况而定)应转达给总司长,后者应立即以书面形式将该决定通知上诉人。

【8/97】

(3) 部长或上诉委员会根据本条作出的决定是最终的和结论性的,任何法庭不得对之质疑。

第13部分
条例、犯罪行为、通知、赔偿金等

61. 规章

(1) 在不影响这些一般权力的情况下,部长可就有关学校的行为和效能的所有事项及执行本法的规定,为下列事项制定规章——

(a) 学校或建筑物的卫生特质和适当的卫生设施;

(b) 执行学校纪律的措施;

(c) 禁止在学校适用其认为不适合或有损于新加坡利益的任何文件;

(d) 禁止进口其认为有损新加坡利益的任何学校教科书;

(e) 禁止将校舍用于其认为有损于新加坡利益的任何目的;

(f) 妥善保存学校的登记册和账簿;

(g) 对学校的学生和校舍进行医疗检查;

(h) 控制和监督以学校或学生名义进行的捐款和募捐;

(i) 政府助研金发放的条件;

(j) 任何学校提供章程、书面方案或信托契约,制定学校事务所依据的规则;

(k) 控制学校的学费和其他收费;及

(l) 规定任何根据本法可能规定的事项。

(2) 根据此法指定的所有条例均须刊登于《宪报》,一经刊出将尽快呈送议会。若动议通知通过了一项决议,该动议通知将在不晚于下列日期的第一个议会开庭日发出:自条例公布之日起一个月后的第一个开庭日撤销该条例或其任何部分的决议,因为该决议是在该条例提交之日起一个月内提出的。该条例或其相关部分(视情况而定)自该日起失效,但不影响之前根据该条例所做的任何事情的有效性,也不影响任何新条例的制定。

(3) 如果违反了任何此类规定,学校管理人员或教师,无论是直接或因疏忽而实施或唆使他人实施该违反行为,即属犯罪。

62. 处罚

(1) 任何人,若:

(a) 在没有根据第 3 条注册或免于注册的学校中担任管理人员或教师;

(b) 在根据本法申请学校注册或注册为管理人员或教师或授权雇用非注册教师时,作出任何其明知为假的或不信为真的虚假陈述,或通过故意隐瞒任何重要的事实,提供具有误导性的信息;

(c) 阻挠或妨碍总司长或任何官员合法行使本法规定的任何权力合法对注册学校进行检查;

(d) 违反第 53 条规定,拒绝提供任何文件,或拒绝提供任何信息,或提供任何虚假的重要信息,且本人明知为假的或不信为真;

(e) 在未注册为管理人员的情况下担任学校的管理人员,或在未注册为教师或未被授权或允许以非注册教师身份授课的情况下担任教师;或

(f) 除第 49 条另有规定外,继续担任学校的校监或管理人员,或担任学校的教师,而该学校是在总司长根据第 48 条发出取消其注册的通知后开办的,

一经定罪,可处不超过 2000 新加坡元的罚款或不超过 1 年的监禁,或二者兼施。

【8/97】

(2) 任何犯有本法或根据本法制定的条例所规定罪行的人,若违反本法或根据本法制定的条例而没有明确规定其他处罚的,一经定罪,初次犯罪处不超过 500 新加坡元的罚款,第二次或第三次犯罪处不超过 1000 新加坡元的罚款。

63. 通知的送达

无论在本法中或根据本规定制定的法规中,若通知是亲自送达或以挂号邮递方式寄往其最后为人所知的地址,即视为充分送达。若收

件人为校监且不易找到,将通知贴在其担任校监的学校大楼上,即为充分送法。

64. 除受总司长指控外,无人会被控以罪行

任何人不得被控犯有本法或根据本法制定的任何条例所订定的任何罪行,除非受到总司长的指控。

【8/97】

65. 修订附表内的表格的权力

部长可不时取消、改变或增加附表所载的任何表格。

66. 保留

(1) 任何根据《学校注册条例》(第203章,1955年修订版)的规定注册的学校、管理人员或教师,以及1957年12月13日之前任命的任何公立教师,均须被视为已根据本法注册,该注册应继续有效,但须遵守本法有关注销任何该等学校、管理人员或教师注册的规定。

(2) 如果于1957年12月13日注册的学校没有人被注册为校监,该学校应被视为已停止注册,除非在该日期后的一个月内,学校管理委员会推荐一名管理人员为本法之目的而为其校监,并根据第28条正式注册推荐。

(3) 根据《教育条例》(第202章,1955年修订版)的条款而成立的财务委员会所拥有或可能拥有或行使的任何动产或不动产的所有遗产及权益,以及所有权利、责任、权力、特权或豁免,均须视为已移交、授予或适用于及由总会计师行使。

附　表

表格一　　　　　　　第 22(3) 和第 65 条

学校注册申请表

地址＿＿＿＿＿＿

日期＿＿＿＿＿＿

尊敬的新加坡教育部教育总司长：

　　本人欲开设一所学校，请求准予注册并颁发注册证明，详情如下。

2. 详情：

（a）学校拟用名称——

　　（i）罗马字＿＿＿＿＿＿＿＿＿＿＿＿

　　（ii）汉字＿＿＿＿＿＿＿＿＿＿＿＿

　　　　　　　　　　　　　　　　（如适用）

（b）学校拟定地址＿＿＿＿＿＿＿＿＿＿＿＿＿＿＿＿

（c）学校是否拥有自己的房舍＿＿＿＿＿＿＿＿＿＿＿

（d）若学校没有自己的房舍，则为场地占有情况（如租借期限、房租金额等）＿＿＿＿＿＿＿＿＿＿＿＿＿＿＿＿＿＿＿

（e）学校类型——

　　（i）私立学校

　　（ii）夜校

　　（iii）函授学校

（f）拟招生数——

　　（i）男生＿＿＿＿＿＿

　　（ii）女生＿＿＿＿＿＿

（g）学校性质——

    （i）全日制小学＿＿＿＿＿＿＿＿＿＿＿＿＿＿＿＿＿＿＿

    （ii）全日制中学＿＿＿＿＿＿＿＿＿＿＿＿＿＿＿＿＿＿

（h）如果不是全日制小学也不是全日制中学，学校的性质为＿＿＿＿

＿＿＿＿＿＿＿＿＿＿＿＿＿＿＿＿＿＿＿＿＿＿＿＿＿

（i）是否打算申请政府援助＿＿＿＿＿＿＿＿＿＿＿＿＿＿＿

（j）拟定月费：

＿＿年—＿＿年	＿＿年—＿＿年	＿＿年—＿＿年
$	$	$

（k）拟定最终费用：

特定用途	金额	
	＿＿年—＿＿年	＿＿年—＿＿年
	$	$

（l）拟定课堂授课时间：

＿＿年—＿＿年	＿＿年—＿＿年	＿＿年—＿＿年

3. 兹附上拟建建筑物的示意图（包括尺寸）

4.（a）兹附上下列人员注册为学校管理人员的申请书：

    （i）＿＿＿＿＿＿＿＿＿＿＿＿＿＿＿＿＿＿＿＿＿

    （ii）＿＿＿＿＿＿＿＿＿＿＿＿＿＿＿＿＿＿＿＿＿

    （iii）＿＿＿＿＿＿＿＿＿＿＿＿＿＿＿＿＿＿＿＿

    （iv）＿＿＿＿＿＿＿＿＿＿＿＿＿＿＿＿＿＿＿＿

    （v）＿＿＿＿＿＿＿＿＿＿＿＿＿＿＿＿＿＿＿＿＿

（b）推荐校监为＿＿＿＿＿＿＿＿＿＿＿＿＿＿＿＿＿＿＿＿＿

5. 兹附上下列注册教师的应聘申请书：

姓名	身份证号码	姓名	身份证号码
(i)		(xi)	
(ii)		(xii)	
(iii)		(xiii)	
(iv)		(xiv)	
(v)		(xv)	
(vi)		(xvi)	
(vii)		(xvii)	
(viii)		(xviii)	
(ix)		(xix)	
(x)		(xx)	

6. 兹附上下列人员的应聘申请书及注册申请书：

姓名	身份证号码	姓名	身份证号码
(i)		(iv)	
(ii)		(v)	
(iii)		(vi)	

7. 兹附上下列人士申请以非注册教师身份任教的申请书：

姓名	身份证号码	姓名	身份证号码
(i)		(iv)	
(ii)		(v)	
(iii)		(vi)	

8. 兹附上各课程拟教学大纲。

9. 兹附上一份声明，以小时和分钟为单位说明每周将用于不同科目的时间。

(签字) ＿＿＿＿＿＿＿

【8/97】

表格二   第 23(3)条

学校注册证明书

兹证明,下述学校已根据 1957 年教育法注册。

学校注册名称_____

(罗马字)

学校注册名称_____

(汉字【如适用】)

地址_____

_____

教育总司长

新加坡,_____20_____

【8/97】

表格三   第 31(2)条

学校管理人员注册申请书

地址_____

日期_____

尊敬的新加坡教育部教育总司长:

学校_____

地址_____

1. 兹提交个人资料,请阁下将本人注册为上述学校的管理人员。

2. 细节:

(a) 姓名_____

(b) 地址_____

(c) 出生日期_____

(d) 职位_____

(e) 学历_____

38

（f）教育方面的经验或知识＿＿＿＿＿＿＿＿＿＿＿＿＿＿＿＿＿

（g）以上学校的股权＿＿＿＿＿＿＿＿＿＿＿＿＿＿＿＿＿＿＿

（h）任何其他学校的注册管理人员

3. 本人声明——

（a）本人常住新加坡，每年至少 9 个月；

（b）本人品行良好，从未犯可判处监禁的罪行；

（c）本人以前从未被拒绝注册为任何学校的管理人员，也没有在注册后被取消注册，以下情况除外：

（d）本人能履行＿＿＿＿＿＿＿＿＿＿＿＿＿学校管理人员的职责，并且本人了解《1957 年教育法》的各条款及根据该法订立的条例。

4. 本申请书所载内容均为本人所知、所悉及所信。

（签字）＿＿＿＿＿＿＿＿＿＿

【8/97】

表格四 第 36 条

教师注册申请书

地址＿＿＿＿＿＿＿＿＿＿

日期＿＿＿＿＿＿＿＿＿＿

尊敬的新加坡教育部教育总司长：

1. 兹提交详细个人信息，恳请您将我注册为教师，并签发注册证明书。

2. 详情：

（a）姓名（i）罗马字＿＿＿＿＿＿＿＿＿＿

　　　（ii）汉字＿＿＿＿＿＿＿＿＿＿

（如适用）

（b）别名（i）罗马字＿＿＿＿＿＿＿＿＿＿

　　　（ii）汉字＿＿＿＿＿＿＿＿＿＿

（如适用）

（c）性别＿＿＿＿＿＿

（d）已婚/单身＿＿＿＿＿＿

（e）出生日期＿＿＿＿＿＿

（f）出生地＿＿＿＿＿＿＿＿＿＿＿＿＿＿＿＿

（g）就学地及日期：

学校/大学	起始日期	终止日期

（h）学历＿＿＿＿＿＿

（i）教学经历：

学校/大学	起始日期	终止日期

3. 兹附上：

（a）本人签名照片两张；

（b）医疗证明；

（c）教育证书。

4. 本人声明：

（a）本人品行良好，从未犯过可判处监禁的罪行；

（b）本人以前从未被拒绝注册为任何学校的管理人员或教师，也没有在注册为任何学校的管理人员或教师后被取消注册，以下情况除外：＿＿＿＿＿＿＿＿＿＿＿＿＿＿＿＿＿＿＿＿＿

5. 本申请书所载内容均为本人所知、所悉及所信。

（签字）＿＿＿＿＿＿

【8/97】

40

表格五 第 37 条

教师注册证明书

兹证明以下所附照片者已根据《1957 年教育法》注册为教师。

┌─────────────┐
│   │
│   │
│   教师照片   │
│   │
│   │
└─────────────┘

_____

教育总司长

新加坡,_____20_____

【8/97】

表格六 第 41(1) 条

雇用非注册教师授权申请书

第一部分

(须由拟聘请某人为非注册教师的学校的校监填写,或如申请注册学校的人在申请注册学校的同时提出此申请)。

地址_____

日期_____

尊敬的新加坡教育局教育总司长:

1. 本人现申请授权雇用——

姓名(罗马字)_____

姓名(汉字)_____

(如适用)

41

为_____学校的非注册教师。

2. 依我之见,没有合适的注册教师可供雇用。

3. 本表格第二部分中载明了_____所提供的详细资料,且本人已尽力予以查对。

(签字)_____

(学校校监或注册申请人)

第二部分

(由拟聘请为非注册教师的人填写)

1. 姓名(a) 罗马字_____

    (b) 汉字_____

(如适用)

2. 别名(a) 罗马字_____

    (b) 汉字_____

(如适用)

3. 性别_____

4. 已婚/单身_____

5. 出生日期_____

6. 出生地_____

7. 就学地及日期:

学校/大学	起始日期	终止日期

8. 学历_____

9. 教学经历:

学校/大学	起始日期	终止日期

10. 兹附上——

（a）两张附有签名的个人照；

（b）医疗证明；

（c）学历证书。

11. 本人声明——

（a）本人品行良好，从未犯过可判处监禁的罪行；

（b）本人以前从未被拒绝注册为任何学校的管理人员或教师，也没有在注册为任何学校的管理人员或教师后被取消注册，以下情况除外：_____

12. 本人知晓此申请表只用于申请在_____学校教书。

13. 就本人所知、所悉及所信，本表格第二部分内容属实。

（签字）_____

（非注册教师）

日期_____

【8/97】

表格七　　　　　　　　　　　第 41(2)条

雇用非注册教师授权书

_____学校校监，

（抄送_____教师。）

现授权您聘任下附照片者_____为_____学校的非注册教师。

科目及课程限制（若有）

教师照片

_____

教育总司长

新加坡,_____20_____

【8/97】

立法史

此立法史为法律修订委员会竭力提供的服务，不构成本法的一部分。

立法史图示概览

第一部分

教育委员会条例

（1936 年修订版第 136 章）

1. 1909 年第 XVI 号条例——《1909 年教育委员会条例》

法案：G.N.第 1008/1909 号法案

一审日期：1909 年 10 月 8 日

二审日期：1909 年 10 月 18 日

三审日期：1909 年 11 月 12 日

生效日期：1909 年 11 月 12 日

2. 1909 年第 XXIV 号条例——《1909 年教育委员会条例》《1909 年修订条例》

法案：G.N.第 1426/1909 号法案

一审、二审及三审日期：1909 年 12 月 24 日

生效日期:1909 年 12 月 30 日

3. 1919 年第 7 号条例——《1919 年教育委员会(修订)条例》

法案:G.N.第 1529/1918 号法案

一审日期:1918 年 12 月 30 日

二审日期:1919 年 1 月 27 日

修订通知:1919 年 1 月 27 日

三审日期:1919 年 2 月 17 日

生效日期:1919 年 2 月 26 日

4. 1920 年修订版——《第 114 号条例》(教育委员会)

施行日期:1921 年 11 月 28 日

5. 1926 年修订版——《第 114 号条例》(教育委员会)

施行日期:1926 年 8 月 1 日

6. 1936 年修订版——《教育委员会条例》(第 136 章)

施行日期:1936 年 9 月 1 日

7. 1938 年第 1 号条例——《1938 年财政官员(职衔及权力)条例》

[第 2(1)条所作修订与上述条例的附表一并参阅]

法案:G.N.第 3593/1937 号法案

一审日期:1937 年 12 月 15 日

二审日期:1938 年 2 月 14 日

修订通知:1938 年 2 月 14 日

三审日期:1938 年 2 月 14 日

生效日期:1938 年 3 月 7 日[第 2(1)条与附表一并参阅]

第二部分

学校注册条例

(1936 年修订版第 139 章)

8. 1920 年第 21 号条例——《1920 年学校注册条例》

法案:第 G.N.966/1920 号法案

一审日期:1920 年 5 月 31 日

二审日期:1920 年 7 月 5 日

修订通知:1920 年 7 月 30 日

三审日期:1920 年 10 月 13 日

生效日期:1920 年 10 月 27 日

9. 1925 年第 15 号条例——《1925 年学校注册修订条例》

法案:G.N.第 472/1925 号法案

一审日期:1925 年 3 月 16 日

二审日期:1925 年 6 月 29 日

修订通知:1925 年 6 月 29 日

三审日期:1925 年 8 月 24 日

生效日期:1925 年 9 月 7 日

10. 1926 年修订版——《第 180 号条例》(学校注册)

施行日期:1926 年 8 月 1 日

11. 1926 年第 8 号条例——《1926 年学校注册条例》

法案:G.N.第 1186/1926 号法案

一审日期:1926 年 7 月 12 日

二审日期:1926 年 9 月 6 日

修订通知:1926 年 9 月 6 日

三审日期:1926 年 9 月 6 日

生效日期:1926 年 9 月 15 日

12. 1936 年修订版——《学校注册条例》(第 139 章)

施行日期:1936 年 9 月 1 日

13. 1937 年第 4 号条例——《1937 年学校注册(修订)条例》

法案:G.N.第 455/1937 号法案

一审日期:1937 年 2 月 15 日

二审日期:1937 年 4 月 26 日

修订通知:1937 年 4 月 26 日

三审日期:1937 年 4 月 26 日

生效日期:1937 年 5 月 10 日

第三部分
教育条例

(1955 年修订版第 202 章)

14. 1948 年第 22 号条例——《1948 年教育条例》

法案:G. N. No. S 第 125/1948 号法案

一审日期:1948 年 5 月 18 日

二审日期:1948 年 6 月 15 日

专责委员会报告日期:1948 年第 20 号理事会文件

三审日期:1948 年 8 月 17 日

生效日期:1948 年 11 月 22 日

15. 1954 年第 10 号条例——《1954 年教育(修订)条例》

法案:第 11/1954 号法案

一审日期:1954 年 4 月 13 日

二审日期:1954 年 5 月 18 日

三审日期:1954 年 6 月 15 日

生效日期:1954 年 6 月 29 日

16. 1955 年修订版——《教育条例》(第 202 章)

施行日期:1956 年 7 月 1 日

第四部分
学校注册条例

(1955 年修订版第 203 章)

17. 1950 年第 16 号条例——《1950 年学校注册条例》

法案:G. N. No. S 第 450/1949 号法案

一审日期:1949 年 10 月 19 日

二审日期:1949 年 11 月 15 日

专责委员会报告日期:1950 年第 20 号理事会文件

修订通知:1950 年 5 月 23 日

三审日期:1950 年 5 月 23 日

生效日期:1950 年 5 月 27 日

18. 1955 年第 8 号条例——《1955 年法律(杂项修订)条例》修订版
(第 2 条所作修订与上述条例附表第 44 项一并参阅)

法案:第 45/1954 号法案

一审日期:1954 年 12 月 14 日

二审及三审日期:1955 年 1 月 28 日

生效日期:1955 年 2 月 4 日(第 2 条与附表第 44 项一并参阅)

19. 1955 年第 G.N. No. S 93 号法案——《1955 年新加坡殖民地枢密院条例》《1995 年(相应条文)(部长委员会)条例》

生效日期:1955 年 4 月 4 日

20. 1955 年修订版——《学校注册条例》(第 203 章)

运行日期:1956 年 7 月 1 日

第五部分
1957 年教育法
(2020 年修订版)

21. 1957 年第 45 号条例——《1957 年教育条例》

法案:第 93/1957 号法案

一审日期:1957 年 2 月 13 日

二审日期:1957 年 4 月 24 日

专责委员会报告日期:1957 年立法议会第 19 号会期文件

修订通知:1957 年 11 月 18 日

三审日期:1957 年 11 月 18 日

生效日期:1957 年 12 月 13 日

22. 1958 年第 31 号条例——《1958 年立法议会 (提交附属立法) 条例》

(第 2 条所作修订与上述条例的附表一并参阅)

法案 : 第 158/1958 号法案

一审日期 : 1958 年 7 月 16 日

二审日期 : 1958 年 8 月 13 日

修订通知 : 1958 年 9 月 10 日

三审日期 : 1958 年 9 月 10 日

生效日期 : 1958 年 9 月 25 日 (第 2 条与附表一并参阅)

23. 1958 年第 43 号条例——《1958 年教育 (修订) 条例》

法案 : 无相关信息

一审、二审和三审日期 : 1958 年 11 月 5 日

生效日期 : 1959 年 1 月 1 日

24. 1959 年第 G. N. No. S 223 号法案——《1959 年新加坡宪法 (法律修订)》

生效日期 : 1959 年 6 月 3 日

25. 1959 年第 62 号条例——《1959 年国家检察长 (权力移交) 条例》

(第 5 条所作修订与上述条例的附表一并参阅)

法案 : 第 22/1959 号法案

一审日期 : 1959 年 8 月 13 日

二审日期 : 1959 年 9 月 2 日

生效日期 : 1959 年 9 月 11 日 (第 5 条与附表一并参阅)

26. 1959 年第 G. N. No. S (N.S.) 179 号法案——《1959 年新加坡宪法 (法律修订) (5 号) 令》

生效日期 : 1959 年 11 月 20 日

27. 1961 年第 8 号条例——《1961 年教育及改善率 (废除) 条例》

(上述法案第 2 条所作修订)

法案 : 第 131/1961 号法案

一审日期:1961 年 3 月 22 日

二审和三审日期:1961 年 4 月 26 日

生效日期:1961 年 1 月 1 日(第 2 条)

28. 1970 年修订版——《教育法》(第 175 章)

施行日期:1971 年 5 月 31 日

29. 1979 年第 4 号法案——《1979 年职业和工业培训委员会法》

(上述法案第 64 条所作修订)

法案:第 4/1979 号法案

一审日期:1979 年 1 月 10 日

二审及三审日期:1979 年 3 月 5 日

生效日期:1979 年 4 月 1 日(第 64 条)

30. 1985 年修订版——《教育法》(第 87 章)

施行日期:1987 年 3 月 30 日

31. 1997 年第 8 号法案——《1997 年教育(修订)法》

法案:第 8/1997 号法案

一审日期:1997 年 7 月 22 日

二审及三审日期:1997 年 8 月 25 日

生效日期:1997 年 9 月 2 日

32. 1997 年第 7 号法案——《1997 年法规(杂项修订)法》

(第 7 条所作修订与上述法案第 2 附表第 13 项一并参阅)

法案:第 6/1997 号法案

一审日期:1997 年 7 月 11 日

二审及三审日期:1997 年 8 月 25 日

生效日期:1997 年 10 月 1 日[第 7 条与附表 2 第(13)项一并参阅]

33. 2009 年第 21 号法案——《2009 年私立教育法》

(上述法案第 73 条所作修订)

法案:第 15/2009 号法案

一审日期:2009 年 8 月 18 日

二审及三审日期:2009 年 9 月 14 日

生效日期:2009 年 12 月 21 日(第 73 条)

34. 2017 年第 19 号法案——《2017 年幼儿发展中心法》

〔上述法案第 53(3)条所作修订〕

法案:第 7/2017 号法案

一审日期:2017 年 2 月 6 日

二审及三审日期:2017 年 2 月 28 日

生效日期:2019 年 1 月 2 日〔第 53(3)条〕

35. 2019 年第 30 号法案——《2019 年儿童和青少年(修订)法》

(上述法案第 62 条所作修订)

法案:第 22/2019 号法案

一审日期:2019 年 8 月 5 日

二审日期:2019 年 9 月 3 日

三审日期:2019 年 9 月 4 日

生效日期:2020 年 7 月 1 日(第 62 条)

略语表

C.P.	理事会文件
G.N. No. S(N.S.)	新加坡政府公告编号（新系列）
G.N. No.	政府公告编号
G.N. No. S	新加坡政府公告编号
G.N. Sp. No. S	新加坡政府公告特别编号
L.A.	立法议会
L.N.	法律公告（联邦/马来西亚附属法例）
M. Act	马来亚/马来西亚法案
M. Ordinance	马来亚条例
Parl.	议会
S.S.G.G.(E) No.	海峡殖民地政府宪报（特别）编号
S.S.G.G. No.	海峡殖民地政府宪报编号

1992 年工艺教育学院法

2020 年修订版

本修订版纳入了截至 2021 年 12 月 1 日(含)的所有修订

于 2021 年 12 月 31 日起实施

法律修订委员会

在《1983 年法律法》修订版授权下

编制并发布

条款目录

第 1 部分
序言

1. 简称
2. 释义

第 2 部分
学院的设立

3. 学院的设立
4. 公章
5. 职能
6. 权力

第 3 部分
董事会章程与议事程序

7. 董事会章程
8. 付给成员的薪金、费用及津贴
9. 离任
10. 填补空职
11. 董事会会议
12.【废止】
13. 成员行为的有效性
14. 部长指示
15. 委员会任命及权力转授

第 4 部分
资产、负债及雇员转移

16. 资产与负债转移

17. 现有合同

18. 待决诉讼

19. 雇员转移

20. 已失时效

21. 已失时效

第 5 部分
有关工作人员的条款

22. 首席执行官

23. 员工的雇佣

24. 免受个人责任

25.【废止】

第 6 部分
财政条款

26. 财政年度

27. 资助金

28. 借款

28A. 发行股份等

29. 投资权

30—34【废止】

第 7 部分
杂项

35. 学院标志

36. 学院颁发的证书的权力

37. 强制保险

38. 雇员在学院提供或批准的培训期间发生事故

39. 从雇主处获取信息的权力

40. 妨碍学院官员

41. 由学院员工开展的诉讼程序

42. 检察官许可

43. 法人团体犯罪

44. 规章

45. 过渡性条款

关于成立新加坡工艺教育学院及其相关事宜的法。

【1992 年 4 月 1 日】

条　款

第1部分
序言

1. 简称

本法可称为《1992年工艺教育学院法》。

2. 释义

在本法中,除文意另有所指外——

"董事会"系指根据第7(1)条设立的董事会;

"主席"系指根据第7(3)条任命的董事会主席;

"首席执行官"系指学院的首席执行官,也包括以该身份行事的任何个人;

"商业或工业"包括任何贸易、制造业或服务业、商业或其他相关活动;

"副主席"系指根据第7(4)条任命的董事会副主席;

"学院"系指根据第3条成立的新加坡工艺教育学院;

"成员"系指董事会成员;

"技术技能"系指通过技术教育和培训或其他方式获得的、在商业或工业领域就业所需的技能;

"职业与工业培训委员会"系指根据已废除的《职业与工业培训委员会法》(1985年修订版第345章)成立的职业与工业培训委员会。

【5/2018】

第 2 部分
学院的设立

3. 学院的设立

现设立一个学院，名为新加坡工艺教育学院，其为一个永久延续的法人团体，备有公章，并可以其法团名义——

(a) 起诉与被起诉；

(b) 获得、持有或处置动产和不动产；及

(c) 作出法人团体可能合法作出的所有其他行为。

4. 公章

(1) 学院须持有一枚公章，该印章可在学院认为合适时损毁、更换、改动或重新制作。

(2) 所有需学院盖章的契约、文件和其他文书必须加盖学院公章，加盖公章的每份文书必须由一名成员签名，并由首席执行官或董事会为此目的正式授权的其他人员加签，而该等签署即表明此印章已妥为恰当地加盖，并为学院合法公章。

(3)《1988 年契据登记法》第 11 条不适用于任何凡看来已根据第(2)款签立的文书。

5. 职能

学院职能如下——

(a) 为受雇于或计划受雇于商业或工业的人员提供和开展技术教育和培训以及继续教育项目；

(b) 为专业技术技能培训和教育提供咨询服务，并认证相关课程及资格；及

(c) 与根据《2016 年新加坡技能创前程局法》第 3 条设立的新加坡技能创前程局和根据《2003 年新加坡劳动力局法》第 3 条设立的新加坡劳动力局合作，帮助其履行上述法令规定的各自职能。

【20/2016；24/2016】

6. 权力

（1）为履行其职能，学院可——

（a）规定及管理为取得技术技能、能力及成就而举行的考试、授予的奖项证书及其它资格证书；

（b）建立提供技术技能培训及教育的设施；

（c）与任何人员合作并协助提供和促进技术技能培训教育；

（d）为参与提供和促进技术技能培训和教育的任何人员提供专业建议、技术知识和其他咨询服务；

（e）为向受雇于或计划受雇于商业或工业的人员提供培训而与他人或独立开展任何贸易或业务；

（f）组建或参与组建部长可批准的、以履行上述目标的公司；

（g）获取、租用、采购、建造、架设、开发、制造、运营、维护和维修为履行本法所需的任何动产、不动产；

（h）经部长批准，处置、移交或出售任何不动产；

（i）就培训和其它服务、设施的使用及活动的进行征收学院认为合理的费用；

（j）以一切合法手段从一切渠道募集和接受捐赠，或筹集资金；

（k）向任何个人或组织提供捐赠；

（l）管理及规定学院员工和学生的纪律和福利；

（m）检查、批准并登记举办或拟举办技术技能培训课程的培训机构；

（n）对教学实践进行调查或开展研究；

（o）以任何形式进行推广、宣传；及

（p）完成其功能所附带或必要的所有其他事情。

【24/2016；S461/2020】

（2）在第（1）（f）款中，"公司"——

（a）具有《1967 年公司法》第 4(1)条所述的含义；及

（b）包括该法意义范围内的外国公司。

【S461/2020】

第3部分
董事会章程与议事程序

7. 董事会章程

（1）学院将设立一个董事会，董事会是学院执行机构，可行使本法赋予学院的所有权力。

（2）董事会由以下成员组成：

（a）主席；

（b）首席执行官；

（c）部长可指定代表政府、雇主和工会的其他成员，人数不得少于9人或超过18人。

（3）主席和其他成员由部长任命，除非部长另有指示，否则均自任命之日起任职3年，且有资格获委任。

（4）部长可任命任何成员为董事会副主席。

（5）副主席应服从主席发出的指示，行使主席由本法案赋予的所有或部分权力。

（6）在董事会成员因故不在新加坡或因疾病或其他原因丧失工作能力时，部长可任命临时成员。

（7）部长可随时撤销对成员的任命，无需给出任何理由。

（8）成员可随时向部长发出书面辞职申请。

8. 付给成员的薪金、费用及津贴

部长可决定从学院基金中为成员支取工资、劳务和津贴。

9. 离任

若成员出现就以下情况，应停任——

（a）精神失常，无法自理；

（b）被裁定破产；

（c）被判有涉及欺诈或欺骗的罪行；

（d）未经董事会许可，连续3次缺席董事会会议；或

（e）提出辞职。

【21/2008】

10. 填补空职

（1）如果董事会成员出现空职，部长可以任命任何人填补该空职，被任命人员在职位任免有效期内履职。

（2）若根据第（1）款委任某人接替职务的委员是某一人士或某一类人士的代表，获如此委任的委员也须是该人士或该类人士的代表。

11. 董事会会议

（1）主席须根据要求随时召集会议。

（2）董事会每次会议的法定人数为成员总人数的三分之一。

（3）董事会的会议决议以出席并参加表决的成员的简单多数通过，在票数相等的情况下，主席有权投决定票，如主席缺席会议，则由副主席投决定票。

（4）董事会会议由主席主持，如主席缺席，由副主席主持。

（5）董事会不得因成员空缺而推迟会议召开或不履行相关职责。

（6）根据本法和《2018年公共部门（治理）法》规定，董事会可制定相关条款用以规范其自身程序，特别是会议召开、会议通知、会议程序和会议记录的制作、保管和检查。

【5/2018】

12.【根据2018年第5号法案废止】

13. 成员行为的有效性

尽管事后可能发现成员的任命或资质有欠妥之处，成员此前的行为仍有效。

14. 部长指示

（1）部长可在咨询董事会后，根据《2018年公共部门（治理）法》第5条向学院作出任何指示。

【5/2018】

（2）部长可在合适时间以合理方式，向董事会索取有关其权力行使和履职的信息,董事会须按要求提供相关信息或获取该信息的设施。

15. 委员会任命及权力转授

(1) 董事会可任命任意成员数量的委员会,该委员会由董事会成员或其它人员,或董事会认为可更好履行监管目的的成员或其它人员组成。

(2) 董事会可根据其认为合适的任何条件或限制,将本法案赋予学院的所有或部分权力、职能和职责转授给任何委员会或主席或首席执行官,委员会或主席或首席执行官(视情况而定)可据此代表学院行使权力和履行职责。

(3) 董事会可根据其认为合适的任何条件或限制,将本法案赋予学院的所有或部分权力、职能和职责转授给学院的任何雇员,该雇员可以学院名义并代表学院行使或履行上述转授的权力、职能或职责。

第 4 部分
资产、负债及雇员转移

16. 资产与负债转移

(1) 自 1992 年 4 月 1 日起,原归属于职业和工业培训委员会的所有土地、建筑和其他财产,不论是动产还是不动产,其相关权益、特权、义务和债务无须再作任何转易,均转移给学院。

(2) 如果对根据第(1)款将哪些财产(动产或不动产)转移及归属学院产生任何疑问,部长签发的证书即为该财产归属学院的确凿证据。

17. 现有合同

凡涉及根据第 16 条转让的土地、建筑和其他动产或不动产的,及根据第 19 条转到学院服务的职业和工业培训委员会的所有员工的所有契据、协议、文书及工作安排,如在紧接 1992 年 4 月 1 日前存续,则不论是否有利于学院,均具有十足效力及作用,犹如学院已取代原先的职业和工业培训委员会,名列在该等契据、协议、文书及工作安排上,或是其中一方一样。

18. 待决诉讼

在紧接 1992 年 4 月 1 日前由职业和工业培训委员会提起的或针对其提起的、涉及根据以上第 16 条转让的土地、建筑和其他动产或不动产以及相关权益、责任和债务的待决或存在的诉讼或诉因,均由学院继续进行或强制执行,犹如本法尚未颁布前由职业和工业培训委员继续进行或强制执行一样。

19. 雇员转移

(1)自 1992 年 4 月 1 日起,职业和工业培训委员会在紧接该日之前雇用的人员,以不低于其在紧接该日期之前所享有的雇佣条件转移至学院工作。

(2)在学院拟定新的工作计划、服务条款之前,职业和工业培训委员会原有的工作计划、服务条款将继续适用于根据第(1)款转移的任何员工,就像该员工仍在职业和工业培训委员会工作一样。

(3)若根据第(1)款被转移到学院工作的任何雇员是《1904 年孤寡抚恤金法》规定的捐助人,则该雇员必须继续根据该法案缴纳捐助款,就像其未转移至学院工作前一样;就该法案而言,该员工在学院的服务被视为是在为政府工作,学院有权从员工工资中扣除相应数额作为应该缴纳的捐助款。

(4)凡根据第(1)款转到学院工作的任何雇员,如果之前是从政府转到职业和工业培训委员会工作的雇员,则其所享有的退休金权力转为学院服务的任何人是转为职业及工业训练局服务的政府雇员,而该人就该项雇用所享有的退休金利益仍予保留,政府有责任向学院支付在该人退休时应支付的养老金福利的份额,该份额应等同于该员工在政府工作期间应享的养老金总额,与该人在原工业培训委员会、原职业和工业培训委员会以及学院工作期间的养老金薪酬总额比例相当。

20.【省略—已失时效】

21.【省略—已失时效】

第 5 部分
有关工作人员的条款

22. 首席执行官

（1）学院必须有一名首席执行官，其任命、罢免、处罚及晋升须符合《2018 年公共部门（治理）法》。

【5/2018】

（2）除《2018 年公共部门（治理）法》另有规定外，当首席执行官出现下列情况时，董事会可任命任一个人在某一时间节点或整个时间段内临时担任首席执行官——

（a）未到岗或者不在新加坡；或

（b）因任何原因不能正常履行职位职责。

【5/2018】

23. 员工的雇佣

除《2018 年公共部门（治理）法》另有规定外，学院可根据自行确定条款及条件，任命和雇佣能够有效履行其职能所需的其他各官员、雇员、顾问及代理人。

【5/2018】

24. 免受个人责任

凡是真诚办事，或者拟执行或其意是执行本法规定的学院任何成员或雇员，或依照学院指示行事的其他人，均不得对其提起诉讼或者其它法律程序。

25.【根据 2018 年第 5 号法案废止】

第6部分
财务条款

26. 财政年度

学院财政年度从每年的 4 月 1 日开始,到下一年的 3 月 31 日结束。

27. 资助金

为使学院能够履行本法规定的职能,部长可从议会提供的资金中向学院拨付资助金。

28. 借款

为保障本法的实施,学院可从政府或经部长同意的其它任何渠道借款。

28A. 发行股份等

由于根据本法案将原属政府的财产、权利和责任归属于学院,或政府根据任何成文法向学院注入资本或进行其他投资,学院须依照财政部部长指示发行相应股份或其它证券。

【5/2002】

29. 投资权

学院可根据《1965 年解释法》第 33A 条规定的法定机构的标准投资权力进行投资。

【45/2004】

30—34.【根据 2018 年第 5 号法案废止】

第7部分
杂项

35. 学院标志

(1) 在进行相关活动或事务时,对于学院自行选择或者设计的标志,学院对其拥有专用权。

(2) 任何个人或法人团体如使用与学院相同的符号、设计或标识,或与学院的符号、设计或标识相似,以致欺骗或引起混淆,或易致欺骗或引起混淆,即属犯罪,一经定罪,可处不超过 2000 新加坡元的罚款。

36. 学院颁发的证书的权力

(1) 对于达到学院规定标准的任何个人,学院拥有对其颁发证书或其它资格证书的专有权利。

(2) 任何人若颁发或使用、安排或准许他人使用与学院证书名称或其它资格证书相同的证书,即属犯罪,一经定罪,可处不超过 2000 美元的罚款。

37. 强制保险

学院可要求参加任何课程或利用学院依据本法提供或批准的任何设施的任何个人投保人身伤害和生命安全险。

38. 雇员在学院提供或批准的培训期间发生事故

(1) 对于参加课程或利用学院提供或批准的设施的员工[《2019 年工伤补偿法》或此法废除的《工伤补偿法》(2009 年修订版第 354 章)所述含义]发生的事故,除第(2)款另有规定外,该法具有效力。

【5/2008;27/2019】

(2) 就《2019 年工伤补偿法》或该法废除的《工伤补偿法》(2009 年修订版第 354 章)而言,员工为第(1)款所述培训的目的或与之相关的任何行为,如果不是为其雇主的行业或业务的目的或与其相关的目的而作出,则视为如此行事。

【5/2008;27/2019】

39. 从雇主处获取信息的权力

(1) 首席执行官可要求商业或工业雇主提供首席执行官认为对本法而言必要的申报表和其他信息,并保存此类记录以备提交审查。

(2) 除第(3)款另有规定外,根据第(1)款提供的申报表和其他信息,以及根据第(1)款进行审查时获得的任何信息,未经提供申报表或信息所涉业务的雇主同意,只可向以下各方透露——

(a) 学院或学院指定的委员会;

(b) 学院或委员会官员;或

(c) 任何有权参与学院议事程序的人员。

(3) 第(2)款不适用于——

(a) 以摘要形式将若干名雇主所提供或自其取得的类似申报表或数据予以披露,但该摘要的表达方式,令他人不能从中确定关于任何个人的业务详情;或

(b) 为根据本法进行的任何法律诉讼或刑事诉讼(无论是否根据本法)或为这些诉讼的任何报告而披露任何信息。

(4) 在任何法律程序中,声称由首席执行官或代表首席执行官签发的证书,如证书中声明其已批准第(2)款所述的任何类型的信息、申报表或记录,则该证书即可认定为证书中所属事实的证据。

(5) 任何人不遵从根据第(1)款作出的任何规定,即属犯罪,一经定罪,可处不超过 1000 新加坡元的罚款,如属第二次定罪或其后再次被定罪,可处以不超过 2000 新加坡元的罚款。

(6) 任何人,若——

(a) 依据第(1)款作出的任何要求,明知或罔顾后果地提供任何在要项上虚假的申报表或其他资料;

(b) 故意在根据第(1)款须出示的任何记录中提供虚假信息,或明知虚假还意图欺骗他人使用;或

(c) 披露任何违反第(2)款的信息,

即属犯罪,一经定罪,可处不超过 2000 新加坡元的罚款。

40. 妨碍学院官员

任何人妨碍或阻碍学院的任何官员、雇员或顾问履行其在本法或根据本法制定的任何条例下的职责,即属犯罪,一经定罪,可处不超过 2000 新加坡元的罚款。

41. 由学院员工开展的诉讼程序

在检察官授权下,与本法或根据本法制定的任何条例下的任何罪

行有关的诉讼程序可由学院员工开展。

【15/2010】

42. 检察官许可

除非检察官许可,否则不得对本法或根据本法制定的任何条例下的任何罪行提起诉讼。

【15/2010】

43. 法人团体犯罪

如果法人团体犯本法或根据本法制定的任何条例订定的罪行,并且证明该罪行是在该法人团体的任何董事、经理、秘书或其他类似官员或任何声称以此类身份行事的人员同意或纵容下犯下的,或可归因于以上情况,即属犯罪,并可据此受到起诉和惩罚。

44. 规章

(1)经部长批准,学院可制定实施本法规定所需的任何规章。

(2)在不影响第(1)款的情况下,学院可就以下所有或任一事项制定规章:

(a)向参加技术技能培训和教育的人员收取费用,并给予奖学金和其他资金援助;

(b)招收注册的学徒以及学徒方案和计划的具体实施和监管;

(c)任命、晋升、管理、处分、解雇学院员工。

【24/2016】

45. 过渡性条款

(1)根据已废除的《职业和工业培训委员会法》(1985 年修订版第 345 章)的条款所产生的任何文件或实施的任何行为,并且在 1992 年 4 月 1 日仍然存在或有效的所有此类文件或行为将继续有效,如同根据本法的相应条款所产生的或实施的一样。

(2)自 1992 年 4 月 1 日起,任何成文法中对职业和工业培训委员会的所有提述均指新加坡工艺教育学院。

立法史

此立法史为法律修订委员会竭力提供的服务，不构成本法的一部分。

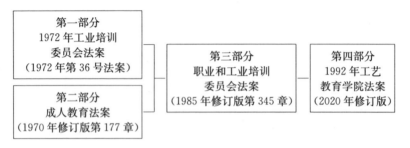

法案前身图示概览

第一部分

1972 年工业培训委员会法案

（1972 年第 36 号法案）

1. 1972 年第 36 号法案——《1972 年工业培训委员会法》

法案：第 37/1972 号法案

一审日期：1972 年 10 月 24 日

二审、三审日期：1972 年 11 月 22 日

生效日期：1973 年 4 月 1 日

第二部分

成人教育(Lembaga Gerakan Pelajaran Dewasa)法案

(1970 年修订版第 177 章)

2. 1960 年第 25 号条例——《1960 年成人教育条例》

法案:第 60/1960 号法案

一审日期:1960 年 1 月 13 日

二审日期:1960 年 2 月 13 日

专责委员会报告日期:1960 年第 L.A.7 号会期文件

三审日期:1960 年 4 月 7 日

生效日期:1960 年 4 月 22 日

3. 1964 年第 13 号条例——《1964 年成人教育条例(修订)》

法案:第 31/1964 号法案

一审日期:1964 年 11 月 2 日

二审、三审日期:1964 年 11 月 19 日

生效日期:1964 年 12 月 4 日

4. 1970 年修订版——《成人教育法》(第 177 章)

施行日期:1971 年 5 月 31 日

5. 1972 年第 G.N. No. S. 128 号法案——《1972 年成人教育(董事会变更)通告》

生效日期:1971 年 11 月 18 日

6. 1972 年第 G.N. No. S. 129 号法案——《1972 年成人教育(董事会变更)(2 号)通告》

生效日期:1972 年 4 月 22 日

7. 1972 年第 G.N. No. S. 294 号法案——《1974 年成人教育(董事会变更)通告》

生效日期:1973 年 4 月 1 日

8. 1972 年第 G.N. No. S. 295 号法案——《1974 年成人教育(董事会变更)(2 号)通告》

生效日期:1974 年 10 月 3 日

9. 1978 年第 G.N. No. S. 127 号法案——《1978 年成人教育(董事会变更)通告》

生效日期:1978 年 4 月 22 日

第三部分

职业和工业培训委员会法案

(1985 年修订版第 345 章)

10. 1979 年第 4 号法案——《1979 年职业和工业培训委员会法》

法案:第 4/1979 号法案

一审日期:1979 年 1 月 10 日

二审、三审日期:1979 年 3 月 5 日

生效日期:1979 年 4 月 1 日(除第 5 部分)

11. 1985 年修订版——《职业和工业培训委员会法》(第 345 章)

施行日期:1987 年 3 月 30 日

第四部分

1992 年工艺教育学院法案

(2020 年修订版)

12. 1992 年第 8 号法案——《1992 年工艺教育学院法》

法案:第 3/1992 号法案

一审日期:1992 年 1 月 13 日

二审、三审日期:1992 年 2 月 27 日

生效日期:1992 年 4 月 1 日

13. 1993 年修订版——《工艺教育学院法》(第 141A 章)

施行日期:1993 年 3 月 15 日

14. 2002 年第 5 号法案——《2002 年法人公司(出资)法》

[第 3 条所作修订与上述法案附表第(16)项一并参阅]

法案:第 7/2002 号法案

一审日期:2002 年 5 月 3 日

二审、三审日期:2002 年 5 月 24 日

生效日期:2002 年 7 月 15 日[第 3 条与附表第(16)项一并参阅]

15. 2004 年第 45 号法案——《2004 年受托人(修订)法》

[第 25(4)条所作修订与上述法案附表第(20)项一并参阅]

法案:第 43/2004 号法案

一审日期:2004 年 9 月 21 日

二审、三审日期:2004 年 10 月 19 日

生效日期:2004 年 12 月 15 日[第 25(4)条与附表第(20)项一并参阅]

16. 2008 年第 5 号法案——《2008 年工人补偿(修订)法》

[第 40 条所作修订与上述法案附表第(7)项一并参阅]

法案:第 50/2007 号法案

一审日期:2007 年 11 月 12 日

二审、三审日期:2008 年 1 月 22 日

生效日期:2008 年 4 月 1 日(第 40 条与附表第 7 项一并参阅)

17. 2008 年第 21 号法案——《2008 年精神健康(护理和治疗)法》

[第 33 条所作修订与上述法案附表二第 1(22)项一并参阅]

法案:第 11/2008 号法案

一审日期:2008 年 7 月 21 日

二审、三审日期:2008 年 9 月 15 日

生效日期:2010 年 3 月 1 日[第 33 条与附表二第 1(22)项一并参阅]

18. 2010 年第 15 号法案——《2010 年刑事诉讼守则》

(第 430 条所作修订与上述法案附表六第 51 项一并参阅)

法案:第 11/2010 号法案

一审日期:2010 年 4 月 26 日

二审日期:2010 年 5 月 18 日

三审日期:2010 年 5 月 19 日

生效日期:2011 年 1 月 2 日(第 430 条与附表六第 51 项一并参阅)

19. 2016 年第 24 号法案——《2016 年未来技能新加坡代理法》

(上述法案第 76 条所作修订)

法案:第 24/2016 号法案

一审日期:2016 年 7 月 11 日

二审、三审日期:2016 年 8 月 16 日

生效日期:2016 年 10 月 3 日(第 76 条)

20. 2016 年第 20 号法案——《2016 年新加坡劳动力发展局法 (修订)》

[上述法案第 20(3)条所作修订]

法案:第 19/2016 号法案

一审日期:2016 年 7 月 11 日

二审、三审日期:2016 年 8 月 16 日

生效日期:2016 年 10 月 4 日[第 20(3)条]

21. 2018 年第 5 号法案——《2018 年公共部门(治理)法》

(上述法案第 72 条所作修订)

法案:第 45/2017 号法案

一审日期:2017 年 11 月 6 日

二审日期:2018 年 1 月 8 日

修订通知:2018 年 1 月 8 日

三审日期:2018 年 1 月 8 日

生效日期:2018 年 4 月 1 日(第 72 条)

22. 2020 年第 G.N. No. S. 461 号法案——《2020 年可变资本公司 (对其他法案的相应修订)令》

生效日期:2020 年 6 月 15 日

23. 2019 年第 27 号法案——《2019 年工伤赔偿法》

［上述法案第 83(9)(b)条所作修订］

法案:第 21/2019 号法案

一审日期:2019 年 8 月 5 日

二审、三审日期:2019 年 9 月 3 日

生效日期:2020 年 9 月 1 日［第 83(9)(b)条］

略语表

C.P.	理事会文件
G.N. No. S(N.S.)	新加坡政府公告编号（新系列）
G.N. No.	政府公告编号
G.N. No. S	新加坡政府公告编号
G.N. Sp. No. S	新加坡政府公告特别编号
L.A.	立法议会
L.N.	法律公告（联邦/马来西亚附属法例）
M. Act	马来亚/马来西亚法案
M. Ordinance	马来亚条例
Parl.	议会
S.S.G.G.(E) No.	海峡殖民地政府宪报（特别）编号
S.S.G.G. No.	海峡殖民地政府宪报编号

对照表

本法已于 2020 年修订版中重新编号。此对照表旨在帮助用户在前一修订版中找到相应条款。

2020 年版本	1993 年版本
—	15—(4)【根据 2018 年第 5 号法案废止】
【省略—已失时效】	20—(1)
【省略—已失时效】	(2)
【省略—已失时效】	(3)
【省略—已失时效】	21

1992 年教育捐赠与储蓄计划法

2020 年修订版

本修订版纳入了截至 2021 年 12 月 1 日(含)的所有修订

于 2021 年 12 月 31 日起实施

法律修订委员会

在《1983 年法律法》修订版授权下

编制并发布

条款目录

第 1 部分
序言

1. 简称
2. 释义

第 2 部分
教育捐赠计划

3. 设立教育储蓄捐赠基金
4. 捐赠基金的启动资金
5. 捐赠基金的支出模式
6. 捐赠基金收入的使用
7. 设立教育储蓄学生基金
8. 教育储蓄学生基金成员
9. 向教育储蓄学生基金成员支付的捐款和利息
10. 现金赠款
11. 咨询委员会
12. 委员会的职能

第 3 部分
从教育储蓄学生基金提款

13. 从教育储蓄学生基金提款的条件
14. 关闭教育储蓄账户等
15. 捐赠教育储蓄学生基金成员的钱款

16. 申请从教育储蓄学生基金中提款

17. 保护教育储蓄学生基金成员的利益

18. 教育储蓄学生基金成员死亡时的应付款项

第 3A 部分
中学后教育计划

19. 设立中学后教育基金

20. 中学后教育基金的成员

21. 支付给中学后教育基金成员的供款及利息

第 3B 部分
从中学后教育基金提款

22. 从中学后教育基金提款的条件

23. 捐赠成员在中学后教育基金中的款项

24. 转移成员在中学后教育基金中的款项

25. 申请从中学后教育账户中提款或转账

26. 保护中学后教育基金成员的利益

27. 中学后教育基金成员死亡时的应付款项

第 4 部分
杂项

28. 开支

29. 财政年度

30. 待存账目

31. 审计员的委任、权力及职责

32. 拒绝向审计员提供资料

33. 向国会提交财务报表、审计报告和年度报告

34. 违法行为

35. 规章

附表

咨询委员会

关于确立教育捐赠计划和促进中学后教育储蓄计划及其相关事宜的法。

【1993 年 1 月 1 日】

条　款

第1部分
序言

1. 简称

本法可称为《1992年教育捐赠与储蓄计划法》。

2. 释义

(1) 在本法中,除文意另有所指外——

"委员会"系指根据第11条设立的咨询委员会;

"教育储蓄账户"系指根据第7(3)条设立的教育储蓄账户;

"教育储蓄学生基金"系指根据第7(1)条设立的教育储蓄学生基金;

"教育储蓄资格年龄"系指规章规定的属于教育储蓄资格年龄的年龄范围;

"教育储蓄计划管理人"系指根据第7(2)节由部长任命,代表部长管理教育储蓄学生基金的公职人员;

"捐赠基金"系指根据第3(1)条设立的教育储蓄捐赠基金;

教育储蓄学生基金成员所涉及的"初级学院",系指下列任何一种非订明学校:

(a) 由政府直接组织和开办的提供全日制大学预科教育的初级学院;

(b) 由个人而非政府开办并由管理委员会管理的初级学院,管理委员会接受政府资助,以支付开办初级学院提供全日制大学预科教育的费用与开支;

(c) 提供全日制大学预科教育的集中式学院;

(d) 任何其他提供全日制大学预科教育,且可规定为初级学院的教育机构；

"父母"包括一名法定监护人；

教育储蓄学生基金成员所涉及的"订明学校"系指——

（a）提供全日制初等或中等教育的机构，为——

（i）由政府直接组织及开办的学校；

（ii）任何根据《1990 年校董会（法团）法》第 3（1）条作出的命令而指明的学校；或

（iii）由个人而非政府开办并由管理委员会管理的学校，该委员会接受政府资助，以支付开办学校的费用与开支；或

（b）任何其他可列为订明学校的教育机构；

"中学后教育账户"系指根据第 19（3）条备存的中学后教育账户；

"中学后教育基金"系指根据第 19（1）条设立的中学后教育基金；

"中学后教育计划管理人"系指由部长委任代表部长管理中学后教育基金的公职人员；

"学校教育"系指在规定学校或者初级学院注册为全日制学生；

中学后教育基金成员所涉及的"兄弟姐妹"系指该成员的亲兄弟姐妹、继兄弟姐妹或收养的兄弟姐妹。

【33/2014】

（2）在本法中，一个人在其某个岁数生日开始之时即为年满该岁数，但若其出生在任何一年的 2 月 29 日，那么，在随后的任何非闰年的年份，其生日则被视为次年的 3 月 1 日。

【33/2014】

第 2 部分
教育捐赠计划

3. 设立教育储蓄捐赠基金

（1）在本法中，设立一个基金，名为教育储蓄捐赠基金，须向该基

金支付——

(a) 议会根据本法案提供的所有启动资金；

(b) 该基金的所有收入；

(c) 部长根据第7(5)条授权从教育储蓄学生基金中划拨的任何款项；和

(d) 根据第15条给予该基金的全部捐款，

均须符合本法授权支付的所有款项。

【33/2014】

(2) 部长负责管理捐赠基金，属于该基金的所有资金可以存入任何银行，或投资于经《1966年财务程序法》批准的任何投资。

(3) 在任何成文法中，捐赠基金被视为政府基金。

4. 捐赠基金的启动资金

(1) 1993年1月1日，政府必须向捐赠基金提供启动资金，数目由财政部长从国会提供的资金中确定。

(2) 在本法中，财政部长可以不时从议会提供的资金中向捐赠基金提供部长可确定数额的启动资金。

(3) 捐赠基金的资金不得用于投资以外的任何用途。

(4) 无论何时，如果捐赠基金的启动资金持续减少，部长必须在使用捐赠基金的收入之前，从捐赠基金的收入中弥补减少的部分。

5. 捐赠基金的支出模式

除非部长授权，否则不得从捐赠基金中支出款项。

6. 捐赠基金收入的使用

(1) 捐赠基金的收入可用于下列所有或任何一项用途：

(a) 向本段规定的任一教育机构提供补助金，以使其提高教学质量；

(b) 向本段规定的任一教育机构的全日制学生提供奖学金；

(c) 向教育储蓄学生基金提供捐款和额外收入；

(d) 用于本法授权或可能规定的任何其他目的。

【33/2014】

（2）为向捐赠基金提供额外收入，财政部长可不时向该基金提供议会可能提供的款项，但该款项不构成该基金的启动资金。

7. 设立教育储蓄学生基金

（1）本法中，设立一个基金，名为"教育储蓄学生基金"，须向该基金支付——

（a）根据第 9 节规定的所有捐款；

（b）该基金的所有收入；和

（c）政府提供的任何现金补助，

均须符合本法授权支付的所有款项。

（2）由部长任命为教育储蓄计划管理人的公职人员必须代表部长管理教育储蓄学生基金，属于该基金的所有资金可——

（a）存入经教育储蓄计划管理人批准的任何银行；也可

（b）投资于受托人可根据任何成文法授权投资的任何证券。

【33/2014】

（3）教育储蓄计划管理人须为教育储蓄学生基金的每位成员，就其基金内账户余额，保留一个账户，名为教育储蓄账户，可根据第 13 或 14 条从中取款。

【33/2014】

（4）教育储蓄计划管理人有权并必须履行本法案赋予或施加的或由部长指示的职责，部长或教育储蓄计划管理人可将所有或任何上述权利和义务书面授权给任何人，但本款授予的权力除外。

【33/2014】

（5）部长可授权将教育储蓄学生基金中其认为不需立即满足该基金目的的任何资金转移给捐赠基金，且这些资金构成捐赠基金收入的一部分。

8. 教育储蓄学生基金成员

（1）以下个人——

（a）新加坡公民；

（b）正在就学，或没有就学但处于教育储蓄资格年龄；并

（c）满足可能规定的任何其他要求，

根据本条规定，为教育储蓄学生基金的成员，直至该个人根据第14条规定终止成员身份为止。

【33/2014】

（2）任何一位中学后教育基金成员个人，或21岁以下的中学后教育基金成员，其自身或其父母任一方均可向教育储蓄计划管理人申请恢复该成员教育储蓄学生基金的成员资格。

【33/2014】

（3）教育储蓄计划管理人可根据第（2）款批准中学后教育基金成员恢复教育储蓄学生基金成员资格的申请，并自管理人订明的日期起生效，如教育储蓄计划管理人信纳该成员——

（a）为新加坡公民；

（b）正在就学；

（c）根据第14（6）条与第14（1）（a）、（b）或（c）条规定，终止教育储蓄学生基金的成员身份；并

（d）满足可能规定的任何其他要求。

【33/2014】

（4）根据本条恢复教育储蓄学生基金成员资格的个人可按照第3A和3B部分继续作为中学后教育基金成员。

【33/2014】

（5）根据第（2）款提出的申请须有教育储蓄计划管理人可能要求的任何文件或证据作为依据。

【33/2014】

9. 向教育储蓄学生基金成员支付捐款和利息

（1）按法律规定，教育储蓄计划管理人每年可用捐赠基金的收入，向教育储蓄学生基金的任何成员支付该年规定数额的单笔捐款，如在该年的任何时候，该成员——

（a）为在规定学校接受小学或中学教育的全日制学生；或

（b）处于教育储蓄资格年龄之间，前提为该成员在该年任何时候都未就学。

【33/2014】

（2）教育储蓄计划管理人还必须按照其规定的频率，从教育储蓄学生基金的收入中向该基金每个成员的教育储蓄账户支付利息，利息根据成员的教育储蓄账户余额，按第（6）款所述利率计算。

【33/2014】

（3）教育储蓄学生基金成员根据第（1）款在一年内有资格获得的捐款金额如下：

（a）对根据第 8(1) 条首次成为该基金成员的个人而言，可获该成员首次成为该基金成员当日为该成员（或该等成员所属的类别）可获得的规定款额；

（b）对其他任何成员而言，可获该成员（或该成员所属类别）在为其规定的该年的资格日可获得的规定款额（或该成员所属类别）。

【33/2014】

（4）除非该成员死亡，否则教育储蓄学生基金成员在一年内根据第（1）款有资格领取的捐款数额须按以下时间支付——

（a）对于第（1）(a)款所述成员情况，不迟于该年的 1 月 31 日；

（b）对于第（1）(b)款所述成员情况，不迟于该年的 4 月 30 日；或

（c）除第（a）和（b）款，对于第（3）(a)款所述成员情况，个人首次成为教育储蓄学生基金成员后尽快落实。

【33/2014】

（5）若教育储蓄学生基金成员按规定的资格日期属于 2 个及以上类别，则在本条内，教育储蓄计划管理人可视情况确定该学生此年所属类别；且教育储蓄计划管理人的决定为最终决定。

【33/2014】

（6）根据教育储蓄学生基金各成员在其教育储蓄账户中的余额，按部长不时规定的利率支付利息。

（7）部长可借《宪报》刊登的命令,每年规定——

（a）教育储蓄学生基金的不同成员或不同类别成员的获得的不同捐款数额;和

（b）在第（3）（b）款内,教育储蓄学生基金的不同成员或不同类别成员的不同资格日期。

【33/2014】

10. 现金赠款

教育储蓄计划管理人还须向教育储蓄学生基金任何成员的教育储蓄账户支付政府可能提供的现金补助,前提是该成员符合政府确定的现金增款的资格标准。

【9A

【33/2014】

11. 咨询委员会

（1）设立一个咨询委员会,就捐赠基金收入的使用问题向部长提供咨询意见。

（2）组成该委员会的成员至少3名,但不超过7名,成员由部长任命。

（3）部长须任命一名成员为主席。

（4）附表适用于委员会。

【10

12. 委员会职能

委员会须不时就与捐赠基金收入使用有关的所有事项向部长提出建议。

【11

第3部分
从教育储蓄学生基金提款

13. 从教育储蓄学生基金提款的条件

（1）教育储蓄学生基金成员在其教育储蓄账户内的任何钱款,可根据本条及第 14 条获教育储蓄计划管理人的授权，从该基金提出。

（2）根据本条规定，未满 21 岁的教育储蓄学生基金成员的父母任一方，或年满 21 岁的教育储蓄学生基金成员，有权随时从其教育储蓄账户中提款，用于：

（a）如该成员正在就学，支付其全部或部分费用，使其能够参加其就读的规定学校或初级学院所批准的任何活动课程；

（b）任何其他规定的目的。

【12

【33/2014】

14. 关闭教育储蓄账户等

（1）教育储蓄计划管理人须在下列第一件与教育储蓄学生基金成员相关的事件发生后，在切实可行的情况下，尽快将成员教育储蓄账户中的所有余额转移到成员的中学后教育账户：

（a）若该成员未在就学，则在其达到教育储蓄资格年龄最高年份之后的年初；

（b）若成员在其达到最高教育资格年龄后的次年年初就学，此时该成员停止就学；

（c）根据第（2）款提前关闭成员教育储蓄账户的申请，根据第（4）款获批。

【33/2014】

（2）教育储蓄学生基金的成员个人，或若成员个人未满 21 岁，父母任一方可向教育储蓄计划管理人申请提前关闭该成员的教育储蓄账户，以便将成员的教育储蓄账户余额转移到其中学后教育账户。

【33/2014】

（3）根据第（2）款提出的申请必须有教育储蓄计划管理人可能要求的任何文件或证据作为依据。

【33/2014】

（4）只有当教育储蓄计划管理人信纳该成员就读于第 22（2）

(a)条所述的认可机构时,该计划管理人才可根据第(2)款批准与教育储蓄学生基金成员有关的申请。

【33/2014】

(5) 教育储蓄计划管理人须关闭成员的教育储蓄账户——

(a) 一旦根据第(1)款将成员的教育储蓄账户中所有余额转至其中学后教育账户;或

(b) 一旦根据第 18 条将已故成员教育储蓄账户的所有余额支付给公共受托人。

【33/2014】

(6) 若个人的教育储蓄账户关闭,则其不再是教育储蓄学生基金的成员。

【13

【33/2014】

15. 捐赠教育储蓄学生基金成员的钱款

(1) 教育储蓄学生基金的成员或未满 21 岁的成员或其父母任一方,可书面通知教育储蓄计划管理人,将该成员教育储蓄账户内的全部或部分钱款捐予捐赠基金。

【33/2014】

(2) 收到第(1)款所述通知后,教育储蓄计划管理人可将通知所述数额的钱款授权支付于捐赠基金。

【13A

【33/2014】

16. 申请从教育储蓄学生基金提款

(1) 若成员根据其教育储蓄学生基金的教育储蓄账户余额,申请从其账户提取任意数额款项用于第 13(20)条所述用途,则教育储蓄计划管理人可根据本法,授权从该成员的教育储蓄账户中提取任何数额款项——

(a) 若为第 139(2)(a)条所述目的提款,则支付给该成员所就读

的规定学校或初级学院;并且

(b) 若为第 139(2)(b)条所述目的提款,则支付给教育储蓄计划管理人可能决定的个人、教育机构或任何其他单位。

【33/2014】

(2) 所有提款申请须有可能规定的证据及教育储蓄计划管理人合理要求的任何其它证据作为依据。

【14

【33/2014】

17. 保护教育储蓄学生基金成员的利益

教育储蓄计划管理人根据第 13、14 或 15 条授权的从教育储蓄学生基金的提款,及该基金任何成员根据任一条款规定获得的权利不得转让或转移,也不得因任何债务或索赔而被附加、扣押或征收。

【15

【33/2014】

18. 教育储蓄学生基金成员死亡时的应付款项

(1) 若教育储蓄学生基金的成员去世,该成员在其教育储蓄账户的总余额须支付给公共受托人,以便依照如下法律处理——

(a)《1967 年无遗嘱继承法》,前提是成员死亡时不是穆斯林;或

(b)《1966 年穆斯林法管理法》第 112 条,前提是成员死亡时是穆斯林。

【2/2012】

(2) 教育储蓄学生基金成员死亡时,教育储蓄计划管理人须根据第(1)款将教育储蓄账户中应付予公共受托人的部分款项付与公共受托人。

【33/2014】

(3) 任何教育储蓄学生基金成员死亡后,从教育储蓄账户支付的所有款项,均被视为以公共受托人根据第(1)条确定有权获得该款项的个人为受益人的信托,但在不影响《1929 年遗产税法案》的情况下,

不被视为构成已故成员遗产的一部分，或不受该成员债务的约束。

【16

第 3A 部分
中学后教育计划

19. 设立中学后教育基金

（1）在本法中，设立一个基金，名为中学后教育基金，须向该基金支付——

（a）第 21 条规定的所有供款；

（b）该基金的所有收入；

（c）根据《2001 年儿童发展共同储蓄法》转入任何中学后教育账户的所有款项；

（d）根据以下规定，所有转入任何中学后教育账户的款项——

　　（i）第 14（1）条；或

　　（ii）在紧接 2014 年 11 月 10 日前有效的本法第 13（2）或
　　　　（3）条；和

（e）政府提供的任何现金补助，

其中必须包括本法授权支付的所有款项。

【13/2011；33/2014】

（2）中学后教育计划管理人须代表部长管理中学后教育基金，所有属于该基金的资金，可——

（a）存放于一家或多家经中学后教育计划管理人批准的银行；和

（b）投资于受托人可根据任何成文法授权投资的任何证券。

（3）中学后教育计划管理人须为中学后教育基金的每一成员，就其在该基金内的余额，保留一个账户，名为中学后教育的账户，可根据第 22、23 或 24 条从中提款。

【33/2014】

(4) 中学后教育计划管理人有权,且必须履行本法赋予或规定的或部长指示的职责,中学后教育计划管理人可将所有或任何这些权力和职责书面授权给任何人,但本款赋予的权力除外。

(5) 部长可根据授权,将中学后教育基金中任何在部长和财政部长看来不需要立即满足中学后教育基金的负债或目的的资金转至统一基金中。

(6) 为向中学后教育基金提供额外收入,财政部长可不时向该基金支付国会可能提供的款项。

【16A

20. 中学后教育基金的成员

任何人可凭借本条成为中学后教育基金成员,前提是该人——

(a) 为新加坡公民;且

(b) 符合任何其他规定的要求。

【16B

21. 支付给中学后教育基金成员的供款及利息

(1) 在符合第(2)款及第 35 条规定的情况下,中学后教育基金资格成员的父母任一方,或任何代表其父母任一方的人,可在为该成员开设中学后教育账户后及该成员年满 18 岁前,不时向该成员的中学后教育账户缴付一笔或多笔款项。

(2) 如中学后教育基金资格成员的父母,根据第(1)款向成员的中学后教育账户缴付款项总额超过了部长当时为此类缴付所规定的最高金额,中学后教育计划管理人可退还超过该规定金额的全部或任意部分款项。

(3) 根据第(4)款规定,如中学后教育基金资格成员的父母任一方或父母任一方的代表人根据第(1)款向该成员的中学后教育账户缴付任意数目款项,政府须向该中学后教育账户缴付等值款项。

(4) 以下款项总和——

(a) 政府根据第(3)款向中学后教育基金资格成员的中学后教育

97

账户作出的所有捐款;和

(b) 在共同储蓄安排下,政府对成员根据《2001 年儿童发展共同储蓄法》第 3 条的规定开立的银行账户(如有)的所有捐款(如有),

不得超过部长当时规定的最高金额。

【13/2011】

(5) 第(2)和第(4)款中,为中学后教育基金不同类别的资格成员规定了不同的最高数额。

(6) 除第(2)款另有规定外,中学后教育计划管理人须——

(a) 根据第(1)及(3)款,将向中学后教育基金任何资格成员的中学后教育账户所作捐款归于该成员;和

(b) 按第(9)款所述利率,根据成员中学后教育账户此期间的余额,按中学后教育计划管理人可规定的频率,向中学后教育基金的每一位成员支付利息,且必须从该基金当时的收入中支出。

(7) 在成员的父母任一方或其父母任一方的代表人根据第(1)款向该成员的中学后教育账户作出相应缴付后,中学后教育计划管理人须尽可能在规定期限内,将政府根据第(3)款所作捐款,归于该中学后教育基金资格成员的中学后教育账户。

(8) 若无法在第(7)款规限的时间内,将政府根据第(3)款所作捐款存入中学后教育基金资格成员的中学后教育账户,中学后教育计划管理人须在部长允许的任何其他时间内存入该捐款。

(9) 可按中学后教育基金的每位成员在其中学后教育账户中的余额支付利息,每年的利率由部长不时确定,部长可为中学后教育基金任何成员在中学后教育账户中余额的不同部分规定不同的利率。

(10) 在本条中——

"共同储蓄安排"指《2001 年儿童发展共同储蓄法案》第 3(1)(a)节中提到的共同储蓄安排;

"中学后教育基金资格成员"指该基金任何满足以下条件的

成员——

（a）符合共同储蓄安排资格要求；且

（b）满足任何其他规定的要求。

【16C

【13/2011】

第 3B 部分
从中学后教育基金提款

22. 从中学后教育基金提款的条件

（1）中学后教育基金的任何成员，可在中学后教育计划管理人的授权下，根据本条、第 23 条及第 35 条所作的任何规定，从该基金提取在其中学后教育账户内的任何存款。

【33/2014】

（2）除根据第 35 条订立的规例另有规定外，中学后教育基金成员的父母任一方（若该成员未满 21 岁），或该基金已满 21 岁的成员，均有权在任意时间从其账户内余额提款，用于——

（a）支付就读于任何获批机构的成员或成员的兄弟姐妹参加或将要参加的获批学习课程或项目所产生的或将产生的所有费用；及

（b）用于任何其他规定用途。

（3）除根据第 35 条订立的规例另有规定外，部长可允许中学后教育基金成员提出其中学后教育账户内全部余额——

（a）基于成员或其父母任一方（如该成员未满 21 岁）提出的申请；且

（b）前提是部长确信该行为是公正公平的。

（4）若提取第（b）款所述全部款额，则该成员的中学后教育账户将会关闭，且该成员即不再是中学后教育基金的成员。

【33/2014】

（5）在第（2）款中，一项课程或项目或一所机构所涉及的"获批的"，指部长就该款而批准。

【16D

23. 捐赠成员在中学后教育基金中的款项

（1）中学后教育基金成员个人或其父母任一方（若该成员未满21岁），可书面通知中学后教育计划管理人，将该成员个人中学后教育账户余额的全部或部分捐赠给该成员或其父母指定的慈善机构（视情况而定），该机构须是专门或主要以发展教育为宗旨的慈善机构。

【33/2014】

（2）中学后教育计划管理人在收到第（1）款所述通知后，可授权将该通知所述款项支付给指定慈善机构。

【33/2014】

（3）在本条中，"慈善机构"系指《1994年慈善法》第2（1）条所指的慈善机构，无论是否根据该法注册。

【16DA

【33/2014】

24. 转移成员在中学后教育基金中的款项

（1）除根据第35条订立的规例另有规定外，中学后教育计划管理人可应年满21岁的中学后教育基金成员申请，准许该成员将其中学后教育账户内全部款项转移至其按《1953年中央公积金法》第13条持有的普通账户（如有），一经转移，该成员的中学后教育账户将被关闭，且该成员不再是中学后教育基金的成员。

【33/2014】

（2）除根据第35条订立的规例另有规定外，中学后教育基金的成员如已达到有关年龄，中学后教育计划管理人可应该成员的申请，准许该成员转移——

（a）该成员在中学后教育账户内余额的全部或任意数额，至其兄弟姐妹的中学后教育账户（如有）；及

（b）根据《1953 年中央公积金法》第 13 条,将余额的任意数额转至其普通账户(如有)。

一经转移,该成员的中学后教育账户将被关闭,且该成员不再是中学后教育基金的成员。

【33/2014】

（3）中学后教育计划管理人可应已达到或即将达到有关年龄的中学后教育基金成员的申请,准许该成员继续作为该基金的成员,并在中学后教育基金账户中继续持有记入其账户内的金额,直至中学后教育计划管理人可规定的有关年龄之前。

（4）除第(3)款另有规定外,若中学后教育基金的任意成员已达到中学后教育计划管理人规定的相关年龄后,未在期限内(不超过12 个月)提出申请,根据第 22(3)条提取或根据第(1)款或第(2)款转移其中学后教育账户内的款项,中学后教育计划管理人须将该成员中学后教育账户内的余额,转入其按《1953 年中央公积金法》第 13 条持有的普通账户(如有),且一经转移,该成员的中学后教育账户将被关闭,该成员不再是中学后教育基金的成员。

【33/2014】

（4A）根据第(1)、(2)或(4)款转入成员根据《1953 年中央公积金法》第 13 条持有的普通账户的每一笔款项,均被视为根据该法案第14(1)条规定向该基金支付的现金赠款。

【2021 年第 39 号法案,2022 年 1 月 1 日生效】

（5）在本条中,"相关年龄"系指为施行本条而规定的年龄。

（6）为中学后教育基金的成员,及根据第 8(3)条恢复成为教育储蓄学生基金的成员的个人,或父母任一方(若个人未满 21 岁)可向中学后教育计划管理人申请将该个人中学后教育账户内的余额转至其教育储蓄账户。

【16E

【33/2014】

25. 申请从中学后教育账户中提款或转账

（1）若中学后教育基金的成员或其父母（视情况而定）按第 22（2）或（3）条规定，申请从成员中学后教育账户余额提取任何一笔款项，中学后教育计划管理人可授权从成员的中学后教育账户中提取该款项。

（2）若成员按第 24（1）或（2）条规定，申请转移其中学后教育账户内的余额，中学后教育计划管理人可授权从成员的中学后教育账户中转移该款项。

（3）若中学后教育基金成员按第 24（6）条规定，申请将其中学后教育账户中的款项转至个人的教育储蓄账户，中学后教育计划管理人可授权将该款项转至该个人的教育储蓄账户，款额不超过早前根据第 14（1）条转入该个人中学后教育账户的款额。

【33/2014】

（4）所有取款或转移申请必须有可规定的证据，以及中学后教育计划管理人合理要求的任何其它证据作为依据。

【16F

26. 保护中学后教育基金成员的利益

（1）依本法规定（包括偿还，提取，转移或使用任何捐赠给中学后教育账户或属于账户内的任何金额），中学后教育基金成员的中学后教育账户中的任何款项都属于该成员，不得转让或因任何债务或索偿而被附加、扣押或征收。

（2）中学后教育计划管理人根据第 22、23 或 24 条授权的中学后教育基金的提款或转账，以及该基金任何成员根据这些条款获得的权利不得分散或转让，也不得因任何债务或索偿而被附加、扣押或征收。

【33/2014】

（3）如中学后教育基金成员的父母任一方已被裁定破产，则其根据第 21（1）条所作捐款不构成《2018 年破产、重组和解散法》第 361 或

362 条规定的低估交易或不公平优先偿还，也不属于父母遗产。

【16G

【40/2018】

27. 中学后教育基金成员死亡时的应付款项

（1）如中学后教育基金成员死亡，该成员在其中学后教育账户中的总余额必须支付给公共受托人，并依照如下法规进行处理——

（a）《1967 年无遗嘱继承法》（若成员死亡时不是穆斯林）；或

（b）《1966 年穆斯林法管理法》第 112 节（若成员死亡时是穆斯林）。

【2/2012】

（2）根据第（1）条将中学后教育基金成员中学后教育账户的总余额支付给公共受托人后，该中学后教育账户将被关闭，且该成员不再是中学后教育基金的成员。

【33/2014】

（3）公众受托人收到该等款项，即为中学后教育基金管理人就中学后教育基金成员死亡时，根据第（1）款应从中学后教育账户中付予公众受托人的款项部分所作妥善解除。

（4）在中学后教育基金的任何成员死亡后，从该成员的中学后教育账户中支付的所有款项，均被视为信托，资助以公众受托人根据第（1）款确定有权享有该款项的人，但在不影响《1929 年遗产税法》的情况下，不被视为构成已故成员遗产的一部分，或不受已故成员的债务约束。

【16H

第 4 部分
杂项

28. 开支

（1）与管理捐赠基金和教育储蓄学生基金有关的所有开支，包括根据第 31(1)条审计这些基金账户的开支,须从捐赠基金的收入中支出。

(2) 与中学后教育基金管理有关的所有支出,包括根据第 31 (1)条审计该基金账户的支出,都须从统一基金中支出。

【17

29. 财政年度

捐赠基金、教育储蓄学生基金和中学后教育基金的财政年度从每年 4 月 1 日开始,至次年 3 月 31 日结束。

【18

30. 待存账目

(1) 部长必须——

(a) 负责保存与捐赠基金、教育储蓄学生基金及中学后教育基金有关的所有交易及事务的确切账户及记录;和

(b) 做一切必要的工作,以确保——

(i) 每项基金的所有款项支出均正确并得到适当授权;及

(ii) 充分控制每项基金的资产和收入。

(2) 部长须在每个财政年度结束后,尽快(但不迟于每年的 6 月 30 日)准备并向审计员提交该基金在该年度的每一份财务报表。

【19

31. 审计员的委任、权力及职责

(1) 捐赠基金、教育储蓄学生基金和中学后教育基金的账目必须由以下人员审计——

(a) 审计长;或

(b) 部长与审计长协商后每年任命的其他审计员。

(2) 除非该人是《1967 年公司法》所指的公共会计师,否则该人不具备根据第(1)(b)款获委任为审计员的资格。

(3) 各基金的审计员或任何经审计员授权的人员,有权在任何合理时间全面且自由查阅与本基金直接或间接有关的财务交易的所有

账目和其他记录,并可复制或摘录任何该等账目和其他记录。

(4) 各基金的审计员须在其报告中声明——

(a) 该财务报表是否公正地显示了该基金的财务交易和事务状况;

(b) 是否保存适当的账目及其他记录,包括该基金所有资产的记录;

(c) 该基金在财政年度内的资金收入、支出和投资以及资产的取得和处置情况是否符合本法规定;及

(d) 审计员认为必要的其他事项。

(5) 各基金的审计员必须在账目提交审计后尽快向部长提交审计报告,还须向部长提交审计员认为必要或部长可能要求的定期和特别报告。

(6) 若审计长不是捐赠基金、教育储蓄学生基金或中学后教育基金的审计员,则必须向审计长提交经审计的财务报表和审计员出具的任何报告的副本。

【20

32. 拒绝向审计员提供资料

(1) 审计员或经审计员授权的任何人员可要求任何人提供其所拥有的或可访问的任何审核员认为其按本法案履行职责所必需的资料。

(2) 任何人在无合理理由的情况下,未按第(1)款规定,遵从审计员任何要求,或以其他方式妨碍、阻碍或延误审计员履行职责或行使其权力,即属犯罪,一经定罪,可处不超过 1000 新加坡元的罚款。

【21

33. 向议会提交财务报表、审计报告和年度报告

部长须尽快,但不迟于每年的 9 月 30 日,就上一财政年度内捐赠基金、教育储蓄学生基金和中学后教育基金的管理编写年度报告,并须向议会提交一份年度报告、审计财务报表和审计报告的

副本。

【22

34. 违法行为

任何人出于与本法有关的任何目的而

（a）故意作出虚假陈述；或

（b）出示、提供、安排或故意允许出示或提供该人明知在与某一重要事项有关的任何虚假文件，

即属犯罪，一经定罪，可处不超过 1000 新加坡元的罚款。

【23

35. 规章

（1）部长可为本法的实施，制定必要或有利的规章。

（2）在不限制第（1）款的情况下，规章可——

（a）规定从捐赠基金的收入中设立奖学金及其他奖金及与之有关的一切事宜，包括每一类奖学金或奖金的资格申请人，以及每一类奖学金或奖金的金额；

（b）规定教育储蓄学生基金的成员或其父母可取款的金额及取款的方式；

（c）规定教育储蓄计划管理人可能要求的申请或使用（b）款中提到的款项的教育储蓄学生基金成员或其父母应提供的信息、证据和文件；

（d）规定从教育储蓄学生基金中提取的任意数额款项的必须退还情况或教育储蓄计划管理人要求的退还情况，以及退还款项的人和方式；

（e）规定如何处理教育储蓄学生基金中无人认领或未支付的款项，或该基金中的其他款项；

（f）规定委员会的程序；

（g）规定中学后教育基金成员或其父母可取款的金额和取款的方式；

（h）规定教育储蓄计划管理人可能要求的申请或使用（g）款中提到的款项的中学后教育基金成员或其父母应提供的信息、证据和文件；

（i）规定从中学后教育基金中提取的任意数额款项的必须退还情况或教育储蓄计划管理人要求的退还情况，以及退还款项的人和方式；

（j）规定如何处理中学后教育基金中无人认领或未支付的款项，或该基金中的其他款项；和

（k）规定可规定的任何事项。

【24

【33/2014】

附　表

第 11(4)条

咨询委员会

1. (1) 根据本款规定,委员会每名成员均按其委任条款担任及卸任职务,并在终止成员身份后,有资格再次获委任。

(2) 委员会的任何成员可随时书面告知部长辞去职务。

(3) 如部长确信委员会某成员出现以下情况,可将该成员免职——

(a) 疏忽职守或行为失当;

(b) 已破产或与其债权人作出偿还安排;

(c) 因身体或精神疾病而丧失工作能力;或

(d) 由于其他原因无法或不适合履行成员的职责。

2. 委员会任何议程的有效性不因委员的空缺或任何成员的委任存在问题而受影响。

3. 委员会召开会议的法定人数为其成员人数的一半。

4. 委员会有关会议的安排,由委员会决定。

5. 主席出席的所有委员会会议均由主席主持,若主席未出席,出席会议的成员必须在其中选出一名成员担任该次会议的主席。

6. 在委员会会议上提出的所有问题,须由出席会议的成员以过半数的票数决定;在投票数目相等的情况下,由主持会议的主席或成员投决定票。

7. 在遵守本法案的规定及根据本法案制定的任何规例的前提下,理事会可以其认为合适的任何方式调节其程序。

立法史

此立法史为法律修订委员会竭力提供的服务,不构成本法的一部分。

1. 1992 年第 33 号法案——《1992 年教育捐赠计划法》

法案:第 34/1992 号法案

一审日期:1992 年 7 月 31 日

二审及三审日期:1992 年 9 月 14 日

生效日期:1993 年 1 月 1 日

2. 1993 年修订版——《教育捐赠计划法》(第 87A 章)

生效日期:1993 年 3 月 15 日

3. 2001 年第 13 号法案——《2001 年儿童发展共同储蓄法》

(上述法案第 22 条所作修订)

法案:第 13/2001 号法案

一审日期:2001 年 2 月 22 日

二审及三审日期:2001 年 3 月 16 日

生效日期:2001 年 4 月 1 日(第 22 条)

4. 2005 年第 32 号法案——《2005 年教育捐赠计划(修订)法》

法案:第 23/2005 号法案

一审日期:2005 年 8 月 15 日

二审及三审日期:2005 年 9 月 19 日

生效日期:2005 年 8 月 17 日

5. 2007 年第 6 号法案——《2007 年教育捐赠计划(修订)法》

法案:第 18/2006 号法案

一审日期:2006 年 11 月 8 日

二审及三审日期:2007 年 1 月 22 日

生效日期:2007 年 5 月 22 日

6. 2007 年第 52 号法案——《2007 年教育捐赠计划(2 号修订)法》

法案:第 40/2007 号法案

一审日期:2007 年 9 月 17 日

二审及三审日期:2007 年 10 月 23 日

生效日期:2008 年 1 月 1 日

注:《教育捐赠计划法》通过本法更名为《教育捐赠与储蓄计划法》。

7. 2009 年修订版——《教育捐赠与储蓄计划法》(第 87A 章)

施行日期:2009 年 7 月 31 日

8. 2011 年第 13 号法案——《2011 年儿童发展共同储蓄(修订)法》

(上述法案第 7 条所作修订)

法案:第 8/2001 号法案

一审日期:2011 年 2 月 28 日

二审及三审日期:2011 年 3 月 10 日

生效日期:2011 年 5 月 1 日(第 7 条)

9. 2012 年第 2 号法案——《2012 年章程(杂项修订)法》

(上述法案第 22 条所作修订)

法案:第 22/2011 号法案

一审日期:2011 年 11 月 21 日

二审日期:2012 年 1 月 18 日

修订通知:2012 年 1 月 18 日

三审日期:2012 年 1 月 18 日

生效日期:2012 年 3 月 1 日(第 22 条)

10. 2014 年第 33 号法案——《2014 年教育捐赠与储蓄计划(修订)法》

法案:第 30/2014 号法案

一审日期:2014 年 9 月 8 日

二审及三审日期:2014 年 10 月 8 日

生效日期:2014 年 11 月 10 日

11. 2018 年第 40 号法案——《2018 年破产、重组和解散法》

(上述法案第 471 条所作修订)

法案:第 32/2018 号法案

一审日期:2018 年 9 月 10 日

二审及三审日期:2018 年 10 月 1 日

生效日期:2020 年 7 月 30 日(第 471 条)

12. 2020 年修订版——《1992 年教育捐赠与储蓄计划法》

施行日期:2021 年 12 月 31 日

13. 2021 年第 39 号法案——《2021 年中央公积金(修订)法》

(上述法案第 11 部分所作修订)

法案:第 36/2021 号法案

一审日期:2021 年 10 月 4 日

二审及三审日期:2021 年 11 月 2 日

生效日期:2022 年 1 月 1 日

略语表

C.P.	理事会文件
G.N. No. S(N.S.)	新加坡政府公告编号（新系列）
G.N. No.	政府公告编号
G.N. No. S	新加坡政府公告编号
G.N. Sp. No. S	新加坡政府公告特别编号
L.A.	立法议会
L.N.	法律公告（联邦/马来西亚附属法例）
M. Act	马来亚/马来西亚法案
M. Ordinance	马来亚条例
Parl.	议会
S.S.G.G.(E) No.	海峡殖民地政府宪报（特别）编号
S.S.G.G. No.	海峡殖民地政府宪报编号

对照表

本法已于 2020 年修订版中重新编号。此对照表旨在帮助用户在前一修订版中找到相应条款。

2020 年版本	2009 年版本
—	2—(3)【根据 2014 年第 33 号法案废止】
9—(4)	9—(3A)
(5)	(3B)
(6)	(4)
(7)	(5)
—	(6)【根据 2014 年第 33 号法案废止】
10	9A
11	10
12	11
13	12
14	13
15	13A
16	14
17	15
18	16
19	16A
20	16B
21	16C
22	16D

续表

2020 年版本	2009 年版本
（3）和（4）	（3）
（5）	（4）
23	16DA
24	16E
25	16F
（3）	（2A）
（4）	（3）
26	16G
27	16H
（2）	（1A）
（3）	（2）
（4）	（3）
28	17
29	18—（1）
【省略—已失时效】	（2）
30	19
31	20
32	21
33	22
34	23
35	24
—	2—（3）【根据 2014 年第 33 号法案废止】
9—（4）	9—（3A）
（5）	（3B）
（6）	（4）
（7）	（5）

2020 年版本	2009 年版本
—	(6)【根据 2014 年第 33 号法案废止】
10	9A
11	10
12	11
13	12
14	13
15	13A
16	14
17	15
18	16
19	16A
20	16B
21	16C
22	16D
(3)和(4)	(3)
(5)	(4)
23	16DA
24	16E
25	16F
(3)	(2A)
(4)	(3)
26	16G
27	16H
(2)	(1A)
(3)	(2)
(4)	(3)

续表

2020 年版本	2009 年版本
28	17
29	18—(1)
【省略—已失时效】	(2)
30	19
31	20
32	21
33	22
34	23
35	24

2001 年教育服务奖励金法

2020 年修订版

本修订版纳入了截至 2021 年 12 月 1 日(含)的所有修订

于 2021 年 12 月 31 日起实施

法律修订委员会

在《1983 年法律法》修订版授权下

编制并发布

条款目录

第 1 部分
序言

1. 简称
2. 释义

第 2 部分
敬业乐业计划

3. 设立"敬业乐业计划"
4. 无权获得的奖励金
5. 保留雇主的解雇权
6. 奖励金的不可转让性及附属条件等
7. 不包括在破产成员财产中的供款
8. 定罪、解雇等对奖励金和供款的影响
9. 奖励金不属于成员遗产的一部分
10. 追讨在不知无资格事实的情况下发放的奖励金

第 3 部分
敬业与乐业基金

11. 设立"敬业与乐业基金"
12. 基金用途
13. 基金盈余
14. 提款

第 4 部分
审计与会计

15. 账目、财务报表与稽核

16. 审计员的委任、权力与职责

17. 基金的定期审查

18. 基金管理规则

———————————

关于设立一项名为"敬业乐业计划"的项目,以鼓励教师在政府和"敬业乐业基金"的控制或管理下长期服务于该计划及其相关事宜的法。

【2002 年 1 月 1 日】

条　款

第 1 部分
序言

1. 简称

本法可称为《2001 年教育服务奖励金法》。

2. 释义

在本法中,除文意另有所指外——

"资助学校"系指——

(a) 由政府以外的任何人设立的学校;及

(b) 由管理委员会管理,接受政府拨款以支付办学开支的学校,但不包括独立学校;

"敬业乐业计划"系指根据第 3 条规例规定的"敬业乐业计划";

"基金"系指根据第 11 条设立的"敬业乐业基金";

"公立学校"系指任何由政府成立并管理的学校,但不包括独立学校;

"独立学校"系指任何——

(a) 根据《1990 年学校董事会(公司)法》第 3(1) 条作出的任何命令中明确规定的学校;或

(b) 为本法之目的,由部长借《宪报》公告宣布为独立学校的学校;

"合格服务"系指规定为合格服务的教学服务;

"学校"包括大专和集中教育学院,不包括任何高等院校或培训院校;

"教学职责"包括——

（a）管理任一所学校；

（b）检查或监督在任一所学校从事教学工作的个人；及

（c）与任何学校提供的教学或其他服务相关的其他职责，教师经验对于履行这些职责是有利的；

"教学服务"系指兼职或全职——

（a）担任教育服务机构的公职人员；或

（b）在资助学校任职，承担教学职责。

第 2 部分
敬业乐业计划

3. 设立"敬业乐业计划"

（1）部长须根据规定设立一项名为"敬业乐业计划"的项目，以造福——

（a）所有受聘（不论在规章生效之前或之后）于教育服务常设机构的公职人员，与级别低于特级公务员的公职人员；及

（b）所有受聘担任教学职务的个人，但非受聘于任何资助学校的管理者担任一学期（不论在规章生效之前或之后）的职务，且薪酬条件与（a）款所述的任何公职人员相当，

在上述规章生效之时或之后，上述人员即成为该计划的成员。

（2）根据第（1）款订立的规例须规定支付奖励金——

（a）给"敬业乐业计划"的成员；或

（b）如成员在奖励金发放前死亡——

 （i）则给部长认为合格的成员亲属；或

 （ii）如该成员无亲属，则给该成员的法定遗产代理人，考虑到该成员已完成规定的合格服务期。

（3）根据第（1）款订立的规例须订明——

（a）政府就每个成员向"敬业与乐业基金"支付供款，包括为不同

类别的成员规定不同供款；

（b）供款和奖励金可能被扣留或恢复的情况；和

（c）合格服务的测定。

4. 无权获得的奖励金

任何成员均无绝对权利获得之前服务的补偿或"敬业乐业计划"下的任何奖励。

5. 保留雇主的解雇权

本法的规定或根据第 3 条制定的任何条例均不限制公共服务委员会，或其任何代表，或任何资助学校的管理者在不给予补偿金的情况下解雇任何教学服务人员的权利。

6. 奖励金的不可转让性及附属条件等

"敬业乐业计划"下发放的奖励金、政府根据"敬业乐业计划"支付的任何供款以及相关利息（如有）均不可转让，也不可因任何债务或索赔而被扣发、扣押或征收，除——

（a）欠政府的债务；或

（b）法院命令已获奖励金的成员定期支付款项，以维持其妻子或前妻或未成年子女（无论是否合法）的生活。

7. 不包括在破产成员财产中的供款

（1）政府根据"敬业乐业计划"支付的任何供款及相关利息（如有）均不受"敬业乐业计划"下任何成员的债务的约束。

（2）第（1）款中提及的供款及利息不得在成员破产时转移给法定受让人，如果成员被裁定为破产人，则根据《2018 年破产、重组和解散法》，此供款及利息（如有）被视为不包括在破产人的财产中。

【40/2018】

8. 定罪、解雇等对奖励金和供款的影响

（1）部长扣留或拒绝支付（全部或部分）根据本法或根据第 3 条所订规例本应支付给成员的任何奖励金属合法行为，如若在支付奖励之日，该成员——

（a）因任何罪行在新加坡或其它地方被任何有管辖权的法院定罪并判处死刑或任何刑期，且未获赦免；或

（b）因教学服务中的任何疏忽、违规或不当行为而被解雇、降职或受到纪律处分。

（2）部长扣留或拒绝给予（全部或部分）本法或第3条所订规例要求政府为"敬业乐业计划"的成员支付的任何供款同属合法行为，如若在供款到期之日，该成员——

（a）因任何罪行在新加坡或其它地方被任何有管辖权的法院定罪并判处死刑或任何刑期，且未获赦免；或

（b）因教学服务中的任何疏忽、违规或不当行为而被解雇、降职或受到纪律处分。

9. 奖励金不属于成员遗产的一部分

除根据第3条所订任何规例另有规定外，所有在"敬业乐业计划"下就已故成员支付或应付的款项不应视为其遗产的构成部分或用于偿付其债务，而应根据《1929年遗产税法》被视为在其去世后转移的财产。

10. 追讨在不知无资格事实的情况下发放的奖励金

"敬业乐业计划"下发放每笔奖励金的条件之一是，如果证明该奖励金是通过故意隐瞒重要事实而获得的，或者是在不知晓事实的情况下发放的，且若向成员发放该奖励金之前已知这些事实，就有理由将该成员从教学服务机构解雇或降低其工资，且政府可以收回、取消或削减该奖励金。

第3部分
敬业与乐业基金

11. 设立"敬业与乐业基金"

（1）设立一项名为**"敬业与乐业基金"**的基金，须向其支付以下所

有款项：

（a）从"统一基金"中拨出且通过任何成文法或根据任何成文法授权支付给基金的款项，作为"敬业乐业计划"的供款，或使基金能够履行其在本法或任何其他成文法下的负债；

（b）新加坡根据成文法分拨给基金的所有收入；

（c）本法或任何其他成文法授权的基金内资金投资的净收入。

（2）该基金须被视为政府基金，且就任何其他成文法而言，被视为公共资金的组成部分。

（3）在第（1）（c）款中，投资的净收入是指将基金内的资金投资所得加上因实现这些投资而获得的任何利润或扣除遭受的任何损失（视情况而定）而确定的金额。

12. 基金用途

基金中的资金仅可被提取并用于满足下列任何一项或多项目的：

（a）"敬业乐业计划"下任何奖励的支付；

（b）基金执行、投资和管理附带或产生的所有费用，包括基金账目的稽核费用；

（c）任何其他与资助学校或公立学校有关，且部长可借《宪报》公告订明的用途。

13. 基金盈余

部长可通过签署令状，授权将基金中部长和财政部长认为不需要立即履行负债或执行基金用途的任何资金转入"统一基金"。

14. 提款

（1）除非款项是由基金支付，或者根据本法被授权或指示提取或转移，否则不得从基金中提款。

（2）除非得到部长授权，否则不得从基金中支出款项。

第4部分
审计与会计

15. 账目、财务报表与稽核

（1）部长负责管理基金。

（2）部长必须安排保存与基金相关的所有交易和事务的正规账目与记录，须采取一切必要措施，确保从基金中支出的款项得到正确的使用和恰当的授权，并对基金的资产和收入适当控制。

（3）部长须在每个财政年度结束后，根据实际情况尽快安排编制该年度的财务报表，并将其提交给第16条所述的审计员。

（4）基金的财政年度自每年4月1日开始，至次年3月31日结束。

16. 审计员的委任、权力与职责

（1）基金的账目和年度财务报表必须由审计长或每年部长与审计长协商后任命的任何其他审计员进行审计。

（2）除非该人为《2004年会计师法》所指的公共会计师，否则其不具备根据第（1）款获委任为审计员的资格。

【5/2004】

（3）审计员的薪酬由基金支付。

（4）审计员或经审计员授权的任何人有权在任何合理时间全面、自由地查阅与基金财务交易直接或间接相关的所有会计和其他记录，并可复制或摘录任何此类会计和其他记录。

（5）审计员或经审计员授权的任何人可以要求任何人向审计员或经审计员授权的人提供该人所掌握的或该人有权访问的、审计员认为对履行本法案规定的审计员职能所必需的任何信息。

（6）任何人在没有合理理由的情况下，不遵守第（5）款规定的审计员的任何要求，或以其他方式阻碍、妨碍或拖延审计员履行其职责或行使其权力，即属犯罪，一经定罪，可处以不超过1000新加坡元的

罚金。

（7）审计员须在审计员报告中声明——

（a）财务报表是否公允地反映了基金的财务交易及财务状况；

（b）是否保存有正规的会计和其他记录，包括基金所有资产的记录；

（c）基金在财政年度内资金的收入、支出和投资以及资产的收购和处置是否符合本法规定；及

（d）审计员认为必要的任何其他审计事项。

（8）审计员须——

（a）在账目提交审核后，根据实际情况尽快向部长提交一份审核报告；且

（b）向部长提交审计员认为必要或部长可能要求的定期和专项报告。

（9）如果审计长不对基金进行稽核，则经审计的财务报表和审计员所作的任何报告在提交给部长时，其副本必须转交给审计长。

（10）部长须根据实际情况尽快向议会提交经审计的财务报表和审计报告的副本。

17. 基金的定期审查

（1）在每种情况下，部长确定的任何持续期间（不超过 5 年）的连续期限内，须由部长委任的人员对基金进行审查，以确定基金的状况，并考虑其预期负债以及基金为履行这些负债可能需要的年度准备金。

（2）虽有第（1）款的规定，如果对"敬业乐业计划"进行了修订，且该修订影响了"敬业乐业计划"下应付奖励金的成本或产生了初始未备基金的负债，则部长可为第 11(1)(a)条之目的任命一人对基金状况进行审查与报告。

（3）根据第（1）款或第（2）款获委任的人员在其审查结束时，须向财政部长和部长报告基金的状况，并考虑基金预期负债以及基金为履

行这些负债可能需要的年度准备金。

（4）部长在收到每份报告后须立即将其副本提交至国会。

18. 基金管理规则

部长可为适当控制和管理基金订立规则。

立法史

此立法史为法律修订委员会竭力提供的服务,不构成本法的一部分。

1. 2001 年第 36 号法案——《2001 年教育服务奖励金法》

法案:第 41/2001 号法案

一审日期:2001 年 9 月 25 日

二审和三审日期:2001 年 10 月 5 日

生效日期:2002 年 1 月 1 日

2. 2002 年修订版——《教育服务奖励金法(第 87B 章)》

施行日期:2002 年 7 月 31 日

3. 2004 年第 5 号法案——《2004 年公司(修订)法》

[第 59 节所作修订与上述法案附表的第(4)项一并参阅]

法案:第 3/2004 号法案

一审日期:2004 年 1 月 5 日

二审和三审日期:2004 年 2 月 6 日

生效日期:2004 年 4 月 1 日[第 59 条与附表第(4)项一并参阅]

4. 2018 年第 40 号法案——2018 年破产、重组和解散法

(上述法案第 472 条所作修订)

法案:第 32/2018 号法案

一审日期:2018 年 9 月 10 日

二审和三审日期:2018 年 10 月 1 日

生效日期:2020 年 7 月 30 日(第 472 条)

略语表

C.P.	理事会文件
G.N. No. S(N.S.)	新加坡政府公告编号(新系列)
G.N. No.	政府公告编号
G.N. No. S	新加坡政府公告编号
G.N. Sp. No. S	新加坡政府公告特别编号
L.A.	立法议会
L.N.	法律公告(联邦/马来西亚附属法例)
M. Act	马来亚/马来西亚法案
M. Ordinance	马来亚条例
Parl.	议会
S.S.G.G.(E) No.	海峡殖民地政府宪报(特别)编号
S.S.G.G. No.	海峡殖民地政府宪报编号

2003 年新加坡考试及评核局法

2020 年修订版

本修订版纳入了截至 2021 年 12 月 1 日(含)的所有修订

自 2021 年 12 月 31 日起实施

法律修订委员会

在《1983 年法律法》修订版授权下

编制并发布

条款目录

第 1 部分
序言

1. 简称

2. 释义

第 2 部分
董事会的设立、成立和组成

3. 新加坡考试及评核局的设立和成立

4. 公章

5. 董事会的成员

6. 主席的委派职能

7. 成员任期

8. 暂委主席等

9. 董事会的议事程序

10.【已废止】

第 3 部分
董事会的职能、职责及权力

11. 董事会的职能和职责

12. 董事会的权力

13. 部长的指令

14. 委员会

15. 权力的转授

第 4 部分
与工作人员有关的条文

16. 首席执行官、高级职员和雇员等

17. 个人免责

18.【已废止】

第 5 部分
财政条文

19. 财政年度

20.【已废止】

21. 董事会资金

22. 拨款

23. 借贷权力

24. 发行股份等

25. 银行账户

26. 款项的运用

27. 投资的权力

28.【已废止】

29.【已废止】

30.【已废止】

31.【已废止】

第 6 部分
财产、资产、负债和雇员的转让

32. 将财产、资产和负债转让给董事会

33. 员工的调动

34. 政府雇员的退休金权利等应予保留

35. 职位取消或重组无受益

36. 现有合同

37. 纪律处分程序和其他法律程序的延续与完成

38. 员工在调动前的不当行为或玩忽职守

第 7 部分
杂项

39. 【已废止】

40. 董事会的符号和图像

41. 保密性

42. 法团违法者和非法人团体

43. 罪行的了结

44. 附表的修订

45. 规章

附表

国家考试

设立和成立新加坡考试及评核局,规定其职能、职责和权力以及与之相关事项之法。

【2004 年 4 月 1 日】

条　款

第 1 部分
序言

1. 简称

该法系指《2003 年新加坡考试及评核局法》。

2. 释义

在本法中，除文意另有所指之外——

"评核"系指除任何国家考试外的任何测试、考试以及评价某人对任何题材的熟练程度、才能、技能、知识或理解程度的其他方法；

"董事会"系指根据第 3 条设立的新加坡考试及评核局；

"主席"系指董事会主席，包括董事会的临时主席；

"首席执行官"系指董事会的首席执行官，包括以该身份行事的任何个人；

"考试部"系指教育部中的考试部；

"成员"系指董事会成员，包括董事会的临时成员；

"国家考试"系指附表中规定的考试。

【5/2018】

第 2 部分
董事会的设立、成立和组成

3. 新加坡考试及评核局的设立和成立

所设立的新加坡考试及评核局之实体，为拥有永久承权的法人团体，有以下权力——

(a) 起诉和被起诉;

(b) 收购、拥有、持有和开发或处置动产和不动产;及

(c) 作出和承担法人团体能够合法作出和承担的任何其他作为及事情。

4. 公章

(1) 董事会必须有一公章,且可适时取消、改变、更改或重新制作。

(2) 所有需加盖董事会印章的契约和其他文件必须加盖董事会的公章。

(3) 所有加盖公章的正式法律文件必须由董事会为此目的一般或特别授权的任何两名成员签署,或由一名成员和首席执行官签署。

(4) 董事会可以通过决议或其他书面形式委任董事会任何高级职员或任何其他代理人,在一般或任何特定情况下代表董事会签署其权力范围内任何事项有关的任何协议或其他未盖章的正式法律文件。

(5) 所有法院、法官和司法人员应对任何文件上加盖的董事会公章予以司法认知,推定其为合法加盖。

5. 董事会的成员

(1) 董事会包括以下成员——

(a) 主席一人;及

(b) 由部长任命的其他成员不少于六名但不超过九名。

(2) 部长可任命首席执行官为其成员。

6. 主席的委派职能

主席可书面授权任何成员行使或履行通过本法或根据本法赋予主席的任何权力或任何职能。

7. 成员任期

(1) 根据部长规定的任命条件和期限,成员担任公职不得超过三

年,并可连选连任。

(2) 任何成员可于任何时候亲署书面向部长提出辞职。

(3) 部长可随时撤销对任何成员的任命,无须指明理由。

(4) 如果成员死亡或辞职或被撤销其任命,部长可任命任何人填补其空缺,直至该成员的任期结束。

(5) 董事会应使用其资金向主席和其他成员支付部长确定的薪资、酬金和津贴。

8. 暂委主席等

主席或任何成员因疾病或其他原因暂时无法工作期间,或不在新加坡期间,部长可任命任何人担任临时主席或临时成员,具体视属何情况而定。

9. 董事会的议事程序

(1) 在董事会所有会议上,成员的简单多数构成法定人数。

(2) 主席主持董事会的所有会议,若其缺席,出席会议的成员须推选出一人主持会议。

(3) 董事会会议须在主席确定的时间和地点举行。

(4) 任何会议上提出的所有问题必须由出席并参与表决的成员的多数票决定。

(5) 在董事会的任何会议上,若表决票数均等,由主席进行审议表决。若其缺席,主持会议的成员有决定性投票权。

(6) 董事会任何议事程序的有效性免受职位空缺或任何成员任命中的不妥善之处所影响。

(7) 根据本法和《2018 年公共部门(治理)法》的规定,董事会可以自行调整其议程。

【5/2018】

10.【被 2018 年第 5 号法案废止】

第 3 部分
董事会的职能、职责及权力

11. 董事会的职能和职责

（1）根据本法的规定，董事会的职能和职责为——

（a）发展和设计国家考试，以支持和促进新加坡教育体制的目标；

（b）组织和进行国家考试；

（c）在任何国家考试或任何由董事会与部长协商确定的国家考试、类似单元或组成中为检查之权威；

（d）刊发并传播董事会职能及职责相关事宜的信息；及

（e）履行根据本法或任何其他成文法赋予董事会的其他职能和职责。

（2）除第（1）分项规定的职能和职责外，董事会可——

（a）根据双方同意的条件——

 （i）为或代表新加坡政府、任何他人或机构，在新加坡及其他地方组织和实施评估，且为评估之检查权威；及

 （ii）涉及国家考试和评估的事项，为新加坡或其他地方的政府、任何他人或机构提供咨询服务以及培训；及

（b）承担部长分配予董事会的职能，

履行职能中，视董事会履行了本法之目的。本法的规定适用于董事会的上述职能。

（3）本条之任何内容不得解释为，董事会将因此在法庭的规定下，根据程序直接或间接被迫承担起任何形式的义务或责任。

12. 董事会的权力

（1）为履行本法和其他成文法规定的职能和职责，董事会有权采取任何必要的、附带或有利的行动，尤其是可——

（a）根据本法对与董事会职能和职责有关事项进行研究或委托他人研究；

（b）经部长批准，确定并收取应试者为参加国家考试所支付的费用；

（c）就使用董事会任何设施和享受其提供的服务收取费用或佣金，包括应新加坡或其他地方的政府、任何他人或机构的要求所进行的任何评估；

（d）经部长批准，可以股东、合伙人或任何其他身份建立或参与建立公司、合伙企业或合资企业，并分享利润；

（e）成为任何国际机构的成员或附属机构，承担类似于董事会的职能、宗旨或职责；

（f）为履行其职能或职责而达成任何必要或适宜的合同；

（g）按照本法的规定，收购或处置董事会为履行其职能或职责而必要或适宜的任何动产或不动产；

（h）从任何来源领取补助金、捐赠、赠品、补贴或捐款，或以一切合法手段筹集资金，用于履行其任何职能或职责；

（i）经董事会特别批准，向董事会的任何高级职员或雇员发放贷款，旨在提高高级职员或雇员工作效率；

（j）向董事会高级职员和雇员及其家庭成员提供娱乐设施及推广娱乐活动，并举办有益的活动保证其福利；

（k）为董事会的高级职员或雇员或前高级职员或前雇员提供养老金、退休金、津贴或其他福利；

（l）为施行本法或任何其他成文法，向任何个人或组织提供资金支持、补助金、援助或协助；及

（m）为董事会的高级职员、雇员或协助董事会履行其职能和职责的任何他人提供培训。培训可由董事会自行提供，也可与其认为合适的其他人员或机构合作提供，并颁发奖学金或支付培训费用。

【S461/2020】

（2）在第（1）（d）分项中，"公司"具有《1967年公司法》第4（1）条所赋予的含义。

【S461/2020】

13. 部长的指令

部长可根据《2018 年公共部门(治理)法》第 5 条向董事会发出任何指令。

【5/2018】

14. 委员会

(1) 董事会可委任、更改或解散各委员会,每个委员会由一名或多名人士(无论是否为其成员)组成,并且董事会可界定或改变委员会的职权范围。

(2) 根据本法和《2018 年公共部门(治理)法》以及董事会的控制,据本条委任的每个委员会可以合适的任何方式规范其程序。

【5/2018】

15. 权力的转授

(1) 对于特定事项或类别事项,董事会可根据本法或任何其他成文法通过书面形式将其职能或权力委托予董事会成员、高级职员、委员会或其代理人。

【5/2018】

(2) 在没有相反证明的情况下,可推定每位声称依据本条规定的授权行事的成员、高级职员、委员会或代理人是按照该授权的条款行事。

第 4 部分
与工作人员有关的条文

16. 首席执行官、高级职员和雇员等

(1) 董事会必须有一名首席执行官,其任命、罢免、惩戒和晋升必须符合《2018 年公共部门(治理)法》。

【5/2018】

(2) 在《2018 年公共部门(治理)法》的规定下,若首席执行官出现

以下情况，董事会可任命他人在任何时期或所有时期内暂时担任其职位——

(a) 缺勤或不在新加坡；或

(b) 由于任何原因，无法履行其职责。

【5/2018】

(3) 在符合《2018 年公共部门（治理）法》规定下，董事会可根据其确定的条款和条件，任命和雇用其他高级职员、雇员、顾问和代理人以促进其职能有效行使。

【5/2018】

17. 个人免责

(1) 在签署或旨在签署本法或任何其他成文法的过程中，不得因秉诚所行之事或意图完成的任何事宜而对董事会的任何成员、高级职员或雇员或在其指令下行事的其他署理人员提起诉讼或其他法律程序。

(2) 若董事会在为公众服务的过程中，向公众提供信息时遵守任何成文法，则董事会及任何参与提供信息的成员、高级职员或雇员对其在秉诚履行其职责过程中或因其他原因造成任何性质的错误或疏忽而使任何公众人士遭受任何损失或损害均不承担责任。

18.【被 2018 年第 5 号法案废除】

第 5 部分
财政条文

19. 财政年度

董事会的财政年度肇始于每年的 4 月 1 日，截至翌年 3 月 31 日。

20.【被 2018 年第 5 号法案废除】

21. 董事会资金

董事会的资金包括——

（a）根据第 32 条转予董事会的所有款项；

（b）董事会通过赠款或补贴收到的所有款项；

（c）董事会所获得的所有礼品、捐赠物和捐款；

（d）董事会的所有费用、收费、佣金、租金、利息、股息和其他应计收入；

（e）董事会根据本法借入的所有款项；

（f）董事会或其中任何高级职员或雇员根据本法或董事会施行的任何其他成文法追回或收取的所有款项（包括因了结罪行而收取的金额）；及

（g）董事会为实现其目的合法收受的所有其他款项。

22. 拨款

为使董事会能够履行本法规定的职能,部长可将其在议会提供的款项中可拨付的部分拨予董事会。

23. 借贷权力

为履行本法或任何其他成文法规定的职能或职责,董事会可从政府筹集贷款,或经财政部长批准,从银行或其他金融机构（无论是在新加坡还是其他地方）筹集贷款,通过——

（a）按揭,透支或其他方式；

（b）根据本法或任何其他成文法,对董事会应收的任何归属财产或任何其他收入公平合法地收取费用；或

（c）创建和发行债权证或债券。

24. 发行股份等

由于——

（a）根据该法将政府的任何财产、权利或负债归入董事会；或

（b）政府根据任何成文法在董事会中进行任何注资或其他投资,董事会须向财政部长发行该部长指示的股份或其他证券。

25. 银行账户

（1）董事会须在合适的银行开立并维持一个或多个账户。

（2）每个账户须由董事会授权之人士操作。

26. 款项的运用

董事会的款项须仅用于支付其开支、解除其债务和负债，以及支付经授权或被要求支付的任何款项之用途。

27. 投资的权力

董事会可根据《1965年解释法》第33A条所定义法定机构之标准投资权力进行投资。

28.【被2018年第5号法案废除】

29.【被2018年第5号法案废除】

30.【被2018年第5号法案废除】

31.【被2018年第5号法案废除】

第6部分
财产、资产、负债和雇员的转让

32. 将财产、资产和负债转让给董事会

（1）自2004年4月1日起——

（a）由财政部长确定、考试部使用或管理且归属于政府的动产和不动产；

（b）考试基金中的所有款项；及

（c）政府与考试部有关的所有资产、利益、权利、特权、负债和债务；

若无进一步担保、作为或契约，则转让至并归属于董事会。

（2）若任何根据第（1）款已转让至或归属于董事会的特定财产、资产、利息、权利、特权、负债和债务产生任何问题，财政部长签署的证明则是确凿的证据，可证明该财产、资产、利息、权利、特权、负债和债务是否已转移至或归属于董事会。

（3）根据第（1）款转让至并归属于董事会的任何不动产须由任期

内的董事会持有,并遵守主席确定的条款和条件。

(4) 由政府或针对政府所提起的涉及转让财产之诉讼若于 2004 年 4 月 1 日有待审理,可由董事会或针对董事会继续进行、完成和执行。

(5) 2004 年 4 月 1 日前与政府签署的任何财产转让协定,无论其所分配权利和负债是否具有可转让之性质,自签署日起,就认定——

(a) 董事会是此协定的缔约方;及

(b) 政府在 2004 年 4 月 1 日当天或之后待做的任何事项的任何提述,都代之以董事会的提述。

(6) 在本条中,"考试基金"系指根据《教育(学校)条例》第 90(1) 条设立的基金。

33. 员工的调动

(1) 自 2004 年 4 月 1 日起,将部长确定的人员或(在该日期之前受雇于政府考试部)调任至董事会任职,享受调任前同等优惠条件。

(2) 若就任何人员或某类人员是否根据第(1)款调任至董事会产生任何问题,部长签署的证明则是确凿的证据,可证明该人员或某类人员是否以此方式被调职。

(3) 在董事会拟订服务条款和条件之前,政府的方案和任职条款和条件继续适用于根据第(1)款调任至董事会的所有人员,认定其仍在政府任职。

34. 政府雇员的退休金权利等应予保留

(1) 董事会拟订的条款和条件须考虑根据第 33 条调任至董事会的人员在受雇于政府期间所享有的任职条款和条件(包括薪金和应计休假权)。

(2) 与在董事会任职年限相关的任何条款或条件须承认被调职人员在受雇于政府期间的任职年限为其在董事会任职之年限。

(3) 董事会拟定的条款和条件中的任何内容均不对调任至董事会人员根据《1956 年退休金法》获得应付退休金、养老金或津贴的条件造成不利影响。

（4）若某人根据第 33 条被调任至该董事会，政府有责任向董事会支付该雇员在退休时应付予其的退休金、养老金及津贴。份额应与该雇员于政府任职期间应计退休金薪酬的合计金额或其在政府和董事会任职期间应计退休金薪酬的合计金额所占比例相同。

（5）在某人任职于董事会期间且其案件不属于据本条设立的任何退休金或其他计划范围内，若其于任职期间退休、死亡或被遣散，董事会可将其确定的津贴或酬金给予该人或董事会认为合适的完全或部分依赖于该人的其他人。

35. 职位取消或重组无受益

尽管存在《1956 年退休金法》的规定，但是根据第 33 条调任至董事会的人无权根据该法以董事会设立和成立后取消或重组职位从而导致其从政府中卸任为理由而要求受益。

36. 现有合同

所有 2004 年 4 月 1 日前与政府签署的、与考试部或第 33 条规定中调任董事会的任何人有关的契约、合同、计划、债券、协议、文书和安排在该日期当天和之后继续生效，可由董事会强制执行或针对该董事会强制执行，自动视为董事会（而非政府）已成立或为合约一方。

37. 纪律处分程序和其他法律程序的延续与完成

（1）在 2004 年 4 月 1 日，若被调任至董事会的政府雇员的任何纪律处分程序正在审理，则该程序须由董事会执行并完成。

（2）在 2004 年 4 月 1 日，有任何事项正在被聆讯或调查，或已由委员会据其权力聆讯或调查完毕，但未就此作出任何命令、裁决或指示，则委员会必须完成聆讯或调查，并在该日期之前据授予的权限作出命令、裁定或指示。

（3）委员会据本条作出的任何命令、裁定或指示均应视为董事会的命令、裁决或指示，其效力与董事会根据该法授予的权限所作出的任何命令、裁定和指示的效力相同。

（4）在 2004 年 4 月 1 日前由政府考试部或针对政府考试部提出的所有未决的或存在的法律程序或诉讼可由董事会或针对董事会继续、完成和执行。

38. 员工在调动前的不当行为或玩忽职守

若某人继续任职于政府并且该法尚未颁布，则董事会可训斥、降低职位、令其退职、开除或以其他方式惩罚在政府任职期间因有过不当行为或玩忽职守而应被训斥、降低职位、退职、开除或以其他方式惩罚的个人。

第 7 部分
杂项

39.【被 2018 年第 5 号法案废除】

40. 董事会的符号和图象

（1）董事会对其可选择或设计的符号和图象有专属使用权，并有专属权陈列或展示与其活动或事务相关的符号和图象。

（2）若任何人使用的符号和图象——

（a）与董事会的完全相同；或

（b）与董事会的极其相似，意在造成或者有可能欺骗和混淆，

即属犯罪，一经定罪，可处不超过 10000 新加坡元之罚款或监禁不超过 6 个月，或两者兼施。

41. 保密性

（1）除因履职、行使其职能或法庭合法要求，或任何成文法要求或允许的情况外，以下任何人员——

（a）董事会成员、高级职员、雇员或代理人；或

（b）董事会委员会成员，

不得披露其在履行职责或行使职能时获得的与董事会或任何其他人事务有关的任何信息。

（2）任何人如违反第（1）款，即属犯罪，一经定罪，可处不超过2000新加坡元之罚款或监禁不超过 24 个月，或两者兼施。

42. 法团违法者和非法人团体

（1）根据该法，若法人团体之罪行是因其高级职员的同意、纵容或疏忽犯下，则视该高级职员和法人团体犯罪，并应受到相应的诉讼和惩罚。

（2）法人团体之事务由其成员管理，则第（1）款适用于其成员管理职能有关的行为和失责行为，并认定该成员是法人团体之董事。

（3）根据该法，若合伙企业之罪行是因合伙人的同意、纵容或疏忽犯下，则视该合伙人及合伙企业犯罪，并应受到相应的诉讼和惩罚。

（4）根据该法，若非法人团体（不包括合伙企业）之罪行是因该协会高级职员或其管理机构成员的同意、纵容或疏忽犯下，则该高级职员或成员以及该协会应视为犯罪，并应受到相应的诉讼和惩罚。

（5）于本节中"高级职员"——

（a）就法人团体而言，系指董事、管理委员会成员、首席执行官、经理、秘书或法人团体中其他类似的高级职员或声称以此类身份行事之人；或

（b）就非法人团体而言（不包括合伙企业），系指该协会之主席、秘书和委员会成员，包括担任类似于委员会主席、秘书或成员职位之人。

（6）"合伙人"包括声称为合伙人之人。

43. 罪行的了结

（1）首席执行官或获其授权的任何高级职员可对该法规定的可罚款抵罪的罪行，实行罚款抵罪，向犯罪嫌疑人合理收取总计不超过1000新加坡元之罚款。

（2）收取该款项后，不得就该罪行对其提起进一步的诉讼。

44. 附表的修订

部长可通过在《宪报》上发出通知，修订附表。

45. 规章

（1）为使该法之条文和目的生效，董事会可经部长批准制定必要的或适宜之规章。

（2）在不限制第（1）款的原则下，董事会可出于以下目的制定规章：

（a）在不违反《2018 年公共部门（治理）法》的情况下，规范董事会或董事会各委员会之议事程序；

（b）为施行该法规定费用及收费；

（c）规范国家考试和董事会据该法进行的任何评估；

（d）规定据该法可以可罚款抵罪的罪行。

【5/2018】

（3）规章可规定违反者应处不超过 10000 新加坡元的罚款或监禁不超过 12 个月，或两者兼施。在定罪后若继续犯罪，则进一步罚款，每天或一天中部分时间之罚款不超过 1000 新加坡元。

附　表

Sections 2 and 44
国家考试

1. 小学毕业考试

2. 新加坡—剑桥 GCE′O′级考试

3. 新加坡—剑桥 GCE′N′级考试

4. 新加坡—剑桥 GCE′A′级考试

立法史

本立法史是法律修订委员会尽力提供的服务,不构成本法的一部分。

1. 2003 年第 32 号法案——《2003 新加坡考试及评核局法》

法案:31/2003

一审日期:2003 年 10 月 16 日

二审和三审日期:2003 年 11 月 11 日

生效日期:2004 年 4 月 1 日

2. 2004 年第 45 号法案——《2004 年受托人(修正案)法》

[第 25(4)条作出的修订与上述法案附表第(45)项一并参阅]

法案:43/2004

一审日期:2004 年 9 月 21 日

二审和三审日期:2004 年 10 月 19 日

生效日期:2004 年 12 月 15 日

[第 25(4)条与附表第(45)项一并参阅]

3. 2004 年修订版——《新加坡考试及评核局法》(299A 章)

实施日期:2004 年 12 月 31 日

4. 2018 年第 5 号法案——《2018 年公共部门(治理)法》

(根据上述法案第 99 条作出的修订)

法案:45/2017

一审日期:2017 年 11 月 6 日

二审日期:2018 年 1 月 8 日

修订公告:2018 年 1 月 8 日

三审日期:2018 年 1 月 8 日

生效日期:2018 年 4 月 1 日(第 99 条)

5. 新加坡政府公告编号 461/2020——《2020 年可变资本公司(其他法案的相应修正案)令》

生效日期:2020 年 6 月 15 日

略语表

C.P.	理事会文件
G.N.No.S(N.S.)	新加坡政府公告编号(新系列)
G.N. No.	政府公告编号
G.N. No. S	新加坡政府公告编号
G.N. Sp. No. S	新加坡政府公告特别编号
L.A.	立法议会
L.N	法律公告(联邦/马来西亚附属法例)
M. Act	马来亚/马来西亚法案
M. Ordinance	马来亚条例
Parl.	议会
S.S.G.G.(E) No.	海峡殖民地政府宪报(特别)编号
S.S.G.G. No.	海峡殖民地政府宪报编号

对照表

本法在 2020 年修订版中经历了重新编号。提供该对照表旨在帮助读者在前一修订版本中找到对应的条文。

2020 年版	2004 年版
—	15—(3)【被 2018 年第 5 号法案删除】
已失时效而略去	46

2009 年私立教育法

2020 年修订版

本修订版纳入了截至 2021 年 12 月 1 日（含）的所有修订

于 2021 年 12 月 31 日起实施

法律修订委员会

在《1983 年法律法》修订版授权下

编制并发布

条款目录

第 1 部分
序言

1. 简称

2. 释义

第 2 部分
法案管理

3. 法案监督局

4. 管理局职能

5. 私立教育委员会

6. 向统一基金支付财务罚款等

第 3 部分
私立教育机构的监管

第 1 分部—私立教育机构的注册

7. 注册要求

8. 申请批准或续展注册

9. 批准或续展注册

10. 拒绝批准或续展注册的理由

11. 暂停或取消注册

12. 批准更改名称

13. 指示名称变更的权力

第 2 分部—注册私立教育机构的管理

14. 负责人职责
15. 负责人的停职或罢免

第 3 分部—有关注册私立教育机构课程的规定

16. 准许提供或开设课程

第 4 分部—有关注册私立教育机构教师的规定

17. 关于注册私立教育机构教师的通知
18. 禁止或限制派遣教师的权力

第 5 分部—有关广告的规定

19. 禁止某些广告
20. 针对广告的补救措施

第 6 分部—行政处罚

21. 管理局可对违规私立教育机构施以的措施

第 4 部分
其他服务的规管

22. 设立或维护管理局的核证或认证方案
23. 对某些其他服务的限制

第 5 部分
上诉

24. 上诉委员会组成
25. 上诉委员会的职责、权力及行事程序

26. 向上诉委员会提起上诉

27. 上诉委员会委员利益冲突的披露

28. 上诉的相关规则

第 6 部分
督察、执法及犯罪

29. 督察的任命

30. 检查注册私立教育机构

31. 督察执法权力

32. 指导补救措施的一般权力

33. 指示课程退款等的权力

34. 一般罪行和处罚

第 7 部分
杂项

35. 管理局发出详情或资料征用令的权力

36. 信息注册与发布

37. 管理局在争端解决方案方面的权力

38. 法院的管辖权

39. 法人团体等的违法行为

40. 犯罪构成

41. 一般豁免

42. 文件的送达

43. 修订附表

44. 规章

45. 对某些教育机构的不适用

46. 保留及过渡性条款

附表

私立教育的定义

规定私立教育机构的管理与认证,以确保提供优质教育及其相关事宜的法。

【24/2016】

【2009 年 12 月 1 日:除第三至七部分;

2009 年 12 月 21 日:第三至七部分】

条　款

第 1 部分
序言

1. 简称

本法可称为《2009 年私立教育法》。

2. 释义

在本法中,除文意另有所指外——

"广告"包括通知、通告、宣传册、手册、简章、方案或其它文件,以及面向公众或向其它任何组织或个人发布的公告、通知或提示,发布形式为——

（a）口头或书面;

（b）固定、张贴或展示在墙壁、广告牌、围板以及其他物体上发布的海报、标语牌、通知或其它文件;

（c）语音广播、电视、互联网或其它媒体;

（d）以其它形式或方式发布的广告;

"管理局"系指根据《2016 年新加坡未来技能局法》第 3 条设立的新加坡未来技能局;

"上诉委员会"系指根据第 24 条组成的委员会;

"授予"系指就私立教育机构而言,包括该私立教育机构以其自身名义或以其他方式授予的学位、文凭或证书;

"法人团体"包括有限责任合伙企业;

"首席执行官"系指根据《2016 年新加坡未来技能局法》第 38 条任命的管理局首席执行官,包括任何以该身份行事的人员;

"公司"具有《1967 年公司法》第 4(1) 条赋予的含义;

"课程"就私立教育机构而言,系指私立教育机构提供的学习课程或培训计划;

"课程费用"系指私立教育机构直接或间接从——

(a) 学生或有意或已办理手续成为学生的人员(在本法中称为"有意向学生",无论在新加坡境内或境外);

(b) 为该学生或有意向学生支付费用的人员,

收取的私立教育机构为学生或有意向学生提供或示意提供课程的费用。

"董事"具有《1967 年公司法》第 4(1)条所赋予的含义;

"教育"包括指导、培训或教学;

"教育机构"系指准备提供或正在提供教育的人员,无论是单独提供教育还是与其他人联合、合作或附属提供教育;

"考试服务"就私立教育机构而言,系指用以评估参加或报名参加私立教育机构课程的人员熟练程度、能力倾向、技能、知识或理解力的测试、考试或其他方法;

"督察员"系指管理局根据第 29(1)条委任的督察员;

"有限责任合伙企业"的含义见《2005 年有限责任合伙企业法》第 2(1)条规定;

"负责人"

(a) 就属于法人团体的私立教育机构而言,指负责管理该法人团体事务的董事、合伙人或其董事会或管理委员会成员,或该法人团体其他类似官员,并包括其指示或意愿与董事、合伙人或其他成员(视情况而定)与惯常行事符合或负有正式或非正式责任的人员;

(b) 就属于非法人团体(合伙企业除外)的私立教育机构而言,指该非法人团体负责管理该非法人团体事务的理事机构成员,或担任类似于该理事机构成员职位的人员;

(c) 就属于伙伴关系的私立教育机构而言,指该伙伴关系合伙人;

(d) 就独资经营的私立教育机构而言,指独资经营者;

"合伙人"包括以合伙人身份行事的人员；

"合伙企业"包括符合《2008 年有限责任合伙企业法》规定的有限责任合伙企业；

"处所"，就私立教育机构（无论是否注册）或拟设立的私立教育机构而言，系指该私立教育机构或拟设私立教育机构用于或将用于提供私立教育的任何建筑物、围场、球场、露天场所或其他场所；

"法定争端解决方案"系指第 37 条规定下的争端解决方案；

"私立教育"具有附表所赋予的含义；

"私立教育机构"系指

（a）无论在新加坡还是其他地方提供私立教育的人员，无论此人提供私立教育是否

（i）以营利为目的；

（ii）同时开展其它教育；

（iii）单独或与其他人联合或协作或附属办学；

（b）根据《1957 年教育法》注册的学校，并接受教育部长在《宪报》上发布的通知中指定的资助学校的补助金或补贴，但不包括部长鉴于私立教育机构与根据《1957 年教育法》注册的学校的联系、合作或隶属关系后，在《宪报》发布通知宣布排除在本定义之外的私立教育机构；

"注册私立教育机构"系指根据第 3 部分注册的私立教育机构；

"注册社团"系指根据《1966 年社团法》注册或视为注册的社团；

"翻新工程"系指对处所进行的结构或非结构性增建及改造，但不包括维修及保养工程；

"方案"系指第 22(1)条规定设立或维持的自愿认可或认证方案；

"学生"就教育机构而言，系指接受或在该教育机构注册以接受该教育机构提供的教育的人员；

"教师"系指为教育机构学生授课、备课，发布课程或批改书面作业的人员；

"未注册私立教育机构"系指不属于或不再属于注册私立教育机

构的私立教育机构,但不包括根据第 3 部分第 41 条获豁免注册的教育机构。

【24/2016】

第 2 部分
法案管理

3. 法案监督局

此监督局负责本法的监督与执行。

【24/2016】

4. 管理局职能

(1) 在不影响《2016 年新加坡未来技能局法》第 5 条的情况下,依本法规定,本机构具有以下职能——

(a) 对在新加坡或其他地方提供或提议提供私立教育的人员进行登记,并定时对其进行评价与重新评价;

(b) 以其他方式规管提议或提供直接或间接与私立教育有关服务的人员;

(c) 促进并推动新加坡私立教育行业的发展;

(d) 建立或支持资格认证或认证计划及其他措施,提高私立教育行业或新加坡教育行业整体标准;

(e) 推动新加坡私立教育课程改进;

(f) 为公众获得下述相关、有意义且准确的信息提供便利——

    (i) 依据本法规定注册的私立教育机构和进行登记的人员,及其对本法案的遵守情况;

    (ii) 学生或有意向学生解决争议的途径;

    (iii) 新加坡的私立教育行业。

【24/2016】

(2) 在履行本法规定的职能时,管理局应考虑——

（a）注册私立教育机构财务能力、员工和资源充分性和质量，以使学生取得在私立教育机构中学习课程的预期效果；

（b）确保在管理局注册的提供私立教育的机构能维持最低标准；

（c）确保公众获得下述准确而有用的信息——

    （i）已注册私立教育机构提供的课程和报名参加课程的条件，让欲申请的学生就报名课程做出明智的决定；

    （ii）已注册私立教育机构及其对本法的遵守情况；

（d）确保学生特别是海外学生能及时妥善解决争议，考虑到其新加坡暂住居民的身份更是如此。

【24/2016】

5. 私立教育委员会

在不影响《2016 年新加坡未来技能局法》第 34 条规定的情况下，管理局可任命委员会，即私立教育委员会，授权其行使该法规定的权力。

6. 向统一基金支付财务罚款等

（1）根据第 21 条或第 37 条征收的财务罚款以及根据第 40 条收取的所有组合款项均须支付给统一基金。

【24/2016】

（2）根据本法规定收取的所有费用和其他款项均须支付给管理局。

【24/2016】

第 3 部分

私立教育机构的监管

第 1 分部—私立教育机构的注册

7. 注册要求

（1）根据本法规定，在新加坡的任何个人不得——

（a）在新加坡或其他地方试图提供或提供私立教育；

（b）在新加坡或其他地方以私立教育名义颁发学位、毕业文凭或证明（包括任何荣誉学位或其他荣誉）；

除非该人为注册私立教育机构。

（2）任何人如违反第（1）款规定，即属犯罪。

（3）任何人如故意协助未注册私立教育机构提供私立教育，即属犯罪。

（4）管理局可采取必要措施关停未注册教育机构，包括但不限于——

（a）使用必需的武力或援助，将在未注册私立教育机构管有或控制的处所内人员带离该处所；

（b）封闭所有或其中任何该处所的入口或出口。

【24/2016】

（5）管理局在行使第（4）款规定的权利时，产生的合理费用以及与行使权力有关的其他可能产生的合理费用由机构作为民事债务向未注册教育机构负责人（视属何情况而定）追偿；此类未经注册私立教育机构每位管理者均应对该机构这些费用承担连带责任。

【24/2016】

（6）在不影响第（4）款或第（5）款或本法赋予管理局的其他权利情况下，管理局可向未注册私立教育机构管理人员发送书面指示，要求未注册私立教育机构在指定时间内将所收到的全部课程款项退还学生。

【24/2016】

（7）第（6）款适用于未注册私立教育机构与有关学生双方签订协议或合同的情况。

（8）如果未能执行管理局根据第（6）款发布的书面指示，未注册私立教育机构及书面指示中被提及的所有管理者均属犯罪。

【24/2016】

（9）在符合第（7）款的规定下，被指控犯有第（8）款规定相关罪行可将有合理的理由不遵守第(6)款规定管理局的书面指示作为辩词。

【24/2016】

(10) 根据本法规定,任何人无权在法庭追讨在新加坡提供的私立教育费用、学费或报酬,除非提供私立教育的主体已根据本法注册从而提供私立教育,且该主体是按照第 16 条规定进行的教育活动。

【34

【24/2016】

8. 申请批准或续展注册

(1) 每一项私立教育机构注册的批准或续展申请——

(a) 须由私立教育负责人(在本条中称申请人)以规定形式和方式并在规定时间内向管理局提出;

(b) 须附有订明费用;

(c) 可随附一份申请,向管理局申请豁免本法规定的私立教育机构注册或续展注册的要求。

【24/2016】

(2) 管理局可根据第(1)款要求提出申请的申请人向其提供管理局认为与申请有关的必要信息或文件。

【24/2016】

(3) 如申请人未能在指定时间向管理局提供第(2)款所要求的与其申请有关的信息或文件——

(a) 则该申请被视为已撤回;

(b) 若申请附有豁免本法规定的私立教育机构注册或续展注册的要求的申请,则该豁免申请也视为已撤回。

【35

【24/2016】

9. 批准或续展注册

(1) 管理局在收到根据第 8(1)条提出的关于私立教育机构的注册批准或续展申请后,可在其认为必要的情况下进行调查——

（a）如若该申请附带了对私立教育机构注册或续展注册的本法规定的任何要求的豁免申请——

  （i）在放弃本法规定的作为豁免申请主体的私立教育机构的注册或续展注册的所有或任何要求后，根据其认为合适的条款和条件，授予或续展（视情况而定）私立教育机构的注册；

  （ii）拒绝放弃根据本法案对私立教育机构的注册或续期所规定的全部或任何要求，并依照第 10 条拒绝授予或续展（视情况而定）私立教育机构的注册；

（b）在任何其他情况下——

  （i）根据其认为合适的条款和条件，批准或续期（视情况而定）私立教育机构的注册；

  （ii）依照第 10 条拒绝批准或续展（视情况而定）私人教育机构的注册。

（2）每一项私立教育机构的注册及其续展，仅限于管理局规定的期间内。

（3）在不限制第（1）（a）（i）款和（b）（i）款规定的情况下，除事先获得管理局书面批准外，管理局注册私立教育机构须遵守的条款和条件应规定——

（a）私立教育机构不得签订合同协议或其他安排（无论是否合伙）与一方或多方合作，从而双方获得各自利益，无论是以分享协议产出形式还是以各方共同或集体利润形式开展与私立教育无关的活动；或

（b）私立教育机构只能提供私立教育和其他与提供私立教育有关的活动。

（4）管理局可随时增加、更改或撤销私立教育机构注册条款或条件，无需赔偿。

（5）为了避免疑问，第（3）款并不授权施加任何条款或条件，限制

或禁止注册社团的任何特定成员签订第(3)(a)款中提到的任何合同协议或其他安排,或进行任何与提供私立教育无关的活动。

10. 拒绝批准或续展注册的理由

(1) 管理局可拒绝批准或续展私立教育机构的注册,若——

(a) 私立教育机构不是公司或注册社团;

(b) 私立教育机构的处所——

　　(i) 不适合或可能不适合提供私立教育;

　　(ii) 不卫生或不适合提供私立教育,或在其他方面有危险或不安全;

　　(iii) 全部或部分用于提供私人教育或教育以外的任何目的;

　　(iv) 不符合根据第 44 条订立的条例;

(c) 私立教育机构教师总数的全部或一半以上,或其拟任教师总数的全部或一半以上——

　　(i) 不具备第 17(1)(a)条所订明的最低资格或经验,或不符合该等其他标准;

　　(ii) 在其他方面不适合在私立教育机构任教;

(d) 在有关私立教育机构批准或续展注册(视属何情况而定)的申请中,做出在要项上虚假或具误导性陈述或提供在要项上虚假或具误导性的资料,或由于遗漏要项;

(e) 私立教育机构或其任何负责人——

　　(i) 正在违反或已经违反本法;

　　(ii) 在申请批准或续展(视情况而定)私立教育机构注册之日前 5 年内被判犯有本法规定的罪行;

　　(iii) 在申请批准或续展(视属何情况而定)该私立教育机构注册的日期前 5 年内,被判犯有其他涉及欺诈或不诚实的罪行,或被裁定涉及发现私立教育机构或其负责人(视情况而定)在新加坡或其他地方欺诈或不诚实行事;

(f) 私立教育机构负责人或拟议负责人不是经营或管理私立教

机构的合适人选;

(g) 管理局认为,批准或续展(视情况而定)私立教育机构的注册不符合公众利益,也不符合私立教育机构的学生、意向学生或潜在学生的利益;

(h) 管理局确信该私立教育机构的名称,或该私立教育机构(或其任何部门或学院)的处所或学校名称,或该私立教育机构拟提供或已提供的教育的名称——

(i) 可能误导公众了解私立教育机构、处所、学校或系或学院或教育机构(视情况而定)的真实性质或目的;

(ii) 与其他私立教育机构或其他教育机构(无论是在新加坡还是在其他地方)的名称相同或近似,可能欺骗或迷惑公众或教育机构的学生;

(iii) 不受欢迎或令人反感;

(iv) 部长借《宪报》公告指示管理局不接受注册或被禁止的名称。

(2) 管理局在根据第(1)款拒绝批准或续展私立教育机构注册之前,必须向该私立教育机构及其负责人发出书面通知,告知其这样做的意图。

(3) 在收到管理局根据第(2)款发出的通知后,就为何应批准或续展私立教育机构的注册,有关私立教育机构或其任何管理人可在通知日期后 14 天内向管理局提出理由。

(4) 如果在私立教育机构或其负责人根据第(3)款规定提出理由或提出理由的期限届满后,管理局决定不批准或不续展该私立教育机构的注册——

(a) 管理局须书面通知私立教育机构及其负责人其决定;

(b) 如果私立教育机构注册没有续展,注册将相应失效。

11. 暂停或取消注册

(1) 管理局可在不予补偿的情况下暂停(不超过 6 个月)或取消任何私立教育机构的注册,或缩短私立教育机构的注册期限,若——

(a) 私立教育机构不再是公司或注册社团;

(b) 私立教育机构处所——

    (i) 不适合提供私立教育;

    (ii) 不卫生或不适合提供私立教育,或在其他方面有危险或不安全;

    (iii) 全部或部分用于提供私人教育或教育以外的任何目的;

    (iv) 不符合根据第 44 条订立的条例;

(c) 私立教育机构教师总数的全部或一半以上——

    (i) 不具备根据第 17(1)(a)条规定的最低资格或经验,或不符合其他标准;

    (ii) 在其他方面不适合在私立教育机构任教;

(d) 如果管理局在授予或续展注册(视情况而定)之前刚刚知晓相关情况,则管理局会根据第 10 条规定,拒绝批准或续展私立教育机构的注册;

(e) 有合理理由相信注册的批准或续展是通过虚假陈述或在要项上虚假的陈述获得的;

(f) 私立教育机构或其负责人——

    (i) 正在违反或已经违反本法案;

    (ii) 在私立教育机构注册期间,被判违反本法规定的罪行;

    (iii) 在该私立教育机构注册期间,被判犯有其他涉及欺诈或不诚实的罪行,或被裁定该私立教育机构或其负责人(视属何情况而定)在新加坡或其他地方有欺诈或不诚实行为;

(g) 私立教育机构负责人不是经营或管理私立教育机构的合适人选;

(h) 管理局认为,继续注册私立教育机构不符合公众利益,也不符合私立教育机构学生、有意向学生或潜在学生的利益；

（i）私立教育机构未能遵守管理局根据第 13 条规定发布的指示；

（j）管理局确信私立教育机构已停止提供私立教育；

（k）私立教育机构被清盘或以其他方式解散；

（l）违反私立教育机构注册的条款或条件；

（m）在管理局看来，私立教育机构的管理方式——

　　（i）违背公众利益；

　　（ii）对其学生、意向学生或未来学生有害或可能有害。

【24/2016】

（2）管理局须在根据第（1）款暂停或取消私立教育机构的注册或缩短该私立教育机构的注册期限之前，向该私立教育机构发出书面通知，告知其有意这样做。

【24/2016】

（3）在收到管理局根据第（2）款规定发出的通知后，有关私立教育机构或其负责人可在通知日期后 14 天内向管理局，说明不应暂停或取消该私立教育机构的注册的理由，或者不应根据具体情况缩短注册期限的理由。

【24/2016】

（4）管理局须在私立教育机构或其负责人根据第（3）款提出理由的期限届满后，将其决定书面通知私立教育机构。

【24/2016】

（5）除第 26 条另有规定外，管理局根据第（1）款作出的暂停或取消私立教育机构注册或缩短注册期限的决定，在管理局将决定通知送达相关私立教育机构后 14 天内不得生效。

【38

【24/2016】

12. 批准更改名称

（1）注册私立教育机构在将其名称、私立教育机构处所或学校

（或其任何部门或学院）或其提供的教育机构名称更改为新名称之前，须事先获得管理局的批准。

【24/2016】

（2）为第（1）款之目的，有意根据第（1）款规定更改名称的注册私立教育机构的负责人须按照规定形式和方式向管理局提交批准新名称的申请，该申请必须附有规定的费用。

【24/2016】

（3）管理局如信纳该私立教育机构的新名称，或该私立教育机构（视情况而定）提供的处所、学校（或其任何院系或教员）或教育机构（视情况而定）的新名称是第 10(1)(h)条所提述的名称，可拒绝根据第（1）款规定批予批准。

【39
【24/2016】

13. 指示名称变更的权力

（1）尽管本法有相关规定，但管理局可指示注册私立教育机构变更其名称，或变更私立教育机构提供的处所或学校（或其任何部门或学院）或教育的名称，改为管理局根据第 12 条批准的新名称，前提是管理局确信该私立教育机构已通过处所、学校（或其部门或教员）或教育机构名称注册（无论是由于疏忽还是其他原因，也无论是在 2009 年 12 月 21 日之前、当天或之后）——

（a）第 10(1)(h)条所提述的；

（b）其使用受到《1998 年商标法》颁布的禁令的限制。

【24/2016】

（2）根据第（1）款获发指示的注册私立教育机构必须在该指示发出之日起 6 周内，或管理局在特定情况下允许的更长时间内遵守该指示，除非该指示被部长提前撤销。

【24/2016】

（3）任何注册私立教育机构违反第（2）款规定，即属犯罪。

（4）为免生疑问，管理局必须接受高等法院普通庭关于授予第（1）（b）款所述禁令的决定。

【42

【24/2016；24/2018】

第 2 分部—注册私立教育机构的管理

14. 负责人职责

（1）注册私立教育机构的负责人的职责是经营或管理该注册私立教育机构，特别是——

（a）确保保存适当的记录，包括含有以下信息的记录——

（i）私立教育机构开设或提供的课程管理信息；

（ii）私立教育机构调派的教师信息；

（iii）私立教育机构学生的出勤信息；和

（iv）可能就私立教育机构的行政和治理安排、财务可行性、教育计划和学生福利申领流程、资源和其他事项规定的任何细节；

（b）在私立教育机构即将停止办学的情况下，确保按照如下规定时间书面通知管理局以及每个在读学生和有意向报考该教育机构的学生，告知停办及一切必要安排，例如由该私立教育机构出资帮助在读学生和有意向报考的学生在另一家注册私立教育机构完成相同或类似课程学习。

（i）当管理局依据第 10 条拒绝为某私立教育机构注册续展，或是依据第 11 条规定，当某私立教育机构的注册被暂停或取消或注册期限被缩短时，该私立教育机构将不得不停止办学。那么这种情况下，至少在停止办学前 14 天或在管理局允许的特定情况下的其他期限内发出通知。

（ii）如该私立教育机构因任何其他原因必须停止办学，则至少在停止办学前 30 天发出通知。

(c) 在对私立教育机构办学场所进行整体或部分翻新之前或在搬迁私立教育机构办学场所之前,须按照规定的形式和方式获得管理局的许可。

(d) 下列情形要书面通知管理局——

 (i) 如果私立教育机构的所有权、控制权或管理权有任何变化,在发生变化后的 14 天内通知管理局;

 (ii) 如果私立教育机构的负责人曾因任何可判处监禁的罪行而被定罪,则在定罪之日后 14 天内通知管理局;

 (iii) 如果私立教育机构受到法律诉讼,在该法律诉讼发起后的 14 天内通知管理局。

(e) 按照管理局规定的时间和方式提供与私立教育机构相关的信息或文件;

(f) 履行其他规定的职责,或完成管理局借书面通知对特定情况下达的任务。

【24/2016】

(2) 为第(1)款之目的,注册私立教育机构的每位负责人必须

(a) 保有——

 (i) 电话号码;

 (ii) 家庭住址;

 (iii) 电子邮件邮箱或传真号码;

供管理局随时就注册私立教育机构的任何事宜与负责人取得联系;

(b) 当私立教育机构在注册时,或是某人新当选为注册私立教育机构的负责人时,须向管理局提供第(a)款中的联系方式。

(c) 若私立教育机构负责人的联系方式发生任何变化,须在 14 日内通知管理局。

【24/2016;34/2016】

(3) 在没有正当理由的情况下,任何负责人如未能履行第(1)款

或第(2)款规定的职责,即属犯罪。

【41

15. 负责人的停职或罢免

(1) 根据本法,管理局在其他权限不受约束的情况下,可随时指示注册私立教育机构——

　　(a) 暂停或罢免任何被任命的负责人,前提是管理局认定该人——

　　　　(i) 并非经营或管理该注册私立教育机构的适当人选;

　　　　(ii) 不能履行本法第14条规定的负责人的职责;

　　(b) 在管理局认为必要的时期内,任命任何其他人员以履行第(a)款提到的负责人职责。

【24/2016】

(2) 任何注册私立教育机构若违反管理局根据第(1)款发布的任何指示,即属犯罪。

【42

【24/2016】

第3分部—有关注册私立教育机构课程的规定

16. 准许提供或开设课程

(1) 除第(2)款和第(3)款另有规定外,若无特别说明,任何注册私立教育机构均不得在新加坡或其他地方私自开设或提供课程,无论是个人行为还是与他人联合或合作行为均不允许,除非是得到管理局的书面许可并按照许可的条款和条件开设的课程。

【24/2016】

(2) 第(1)款不适用于规定的课程。

(3) 未经部长书面许可,任何注册私立教育机构均不得在新加坡或其他地方开设或提供学位课程(包括副学士学位、学士学位、研究生学位或任何其他以自己名义授予的学位)。

(4) 根据第(1)款向管理局提交的课程许可申请须——

（a）由注册私立教育机构的负责人（在本条中称为申请人）以可能规定的形式和方式并在规定的时间内代表注册私立教育机构向管理局提出；

（b）同时提交规定的费用。

【24/2016】

（5）管理局在接到注册私立教育机构根据第（4）款提出的课程许可申请后，须对其进行必要的审查，之后根据相应的条款和条件授予其许可，或拒绝授予其许可。

【24/2016】

（6）管理局根据第（1）款在决定是否授予课程许可时，可以关注其认为合适的任何考虑因素。

【24/2016】

（7）管理局可以要求根据第（4）款提出申请的申请人提供与该申请有关的必要信息或文件。

【24/2016】

（8）如果申请人未能在管理局规定的时间内向其提供第（7）款要求的与其申请有关的任何信息或文件，则该申请被视为已撤回。

【24/2016】

（9）除第 22 条外，第（5）款在不受约束的情况下，课程许可条款和条件中可包括管理局要求注册私立教育机构成为或继续保持为（视情况而定）认证计划的成员。

【24/2016】

（10）管理局可以在任何时候且不予补偿的条件下——

（a）增加、更改或撤销其根据第（5）款授予的许可中的任何条款或条件；

（b）暂停或撤销根据第（5）款授予的许可。

【24/2016】

（11）任何违反第（1）款或（3）款的注册私立教育机构，均属犯罪。

（12）任何人明知或罔顾后果地——

（a）散布或发布任何由注册私立教育机构开设或提供的课程广告，且该课程不是管理局根据第（1）款授予其许可的课程；

（b）就此类课程向任何学生索取或收受任何金钱，均属犯罪。

【43

【24/2016】

第4分部—有关注册私立教育机构教师的规定

17. 关于注册私立教育机构教师的通知

（1）任何注册私立教育机构不得派人为该机构的所有或任何学生教授任何课程，除非——

（a）该人具备最低资格和经验，并符合其他规定的标准；

（b）注册私立教育机构的负责人已经以规定的形式和方式以及在规定的时间内将该人的详情通知管理局；

（c）且第（b）款所述的通知附有规定的费用。

【24/2016】

（2）管理局可随时——

（a）对注册私立教育机构的任何教师施加其认为合适的要求或限制，包括但不限于与教师可教授的科目或课程有关的要求或限制；

（b）增加、更改或撤销根据第（a）款施加的任何要求或限制。

【24/2016】

（3）任何注册私立教育机构违反根据第（2）款施加的任何要求或限制，即属犯罪。

【44

18. 禁止或限制派遣教师的权力

（1）管理局可随时指示注册私立教育机构停止派遣教师从事教学工作，不论其是向该机构所有学生或单个学生教授课程，前提是管理局信纳——

（a）根据本法向管理局提供的该人的任何信息在要项上虚假的或

具误导性,或由于遗漏了要项;

(b) 该人不具备第 17(1)(a)款规定的最低资格或经验,或不符合其他标准,或无资格教授该课程;

(c) 该人作为注册私立教育机构教师的身份行为不当;

(d) 该人正在违反或已经违反本法案;

(e) 该人不是在注册私立教育机构任教的适当人选。

【24/2016】

(2) 任何注册私立教育机构违反根据第(1)款发布的管理局的任何指示,即属犯罪。

【45

【24/2016】

第 5 分部—有关广告的规定

19. 禁止某些广告

(1) 任何人不得故意或罔顾后果地散布或发布,或导致散布或发布与私立教育机构有关的任何在要项上属虚假或具误导性的广告。

(2) 为第(1)款之目的——

(a) "广告"包括在以下渠道可以获取的广告——

(i) 在新加坡或其他地方出版或流通的报纸、杂志、期刊或其他期刊;

(ii) 新加坡或其他地方的广播或电视节目;

(iii) 以任何其他广播或通讯方式在新加坡或其他地方传播或接收;及

(b) 除非相反证明成立,否则关于私立教育机构的广告在以下情况下被推定为在要项上虚假或具误导性的广告——

(i) 虚假描述该私立教育机构;

(ii) 包含有关私立教育机构或该机构开设的任何课程的虚假或误导性信息;

（iii）不包含规定的信息，或与规定的要求不符。

（3）任何人违反第（1）款，即属犯罪，一经定罪，可判处 5000 新加坡元以下的罚款或 6 个月以下监禁，或两者兼施。

【46

20. 针对广告的补救措施

（1）在不限制第 32 条的情况下，若任何人已经散布或发布，或导致散布或发布任何违反第 16（12）款或第 19 条的广告，管理局可责令该人自费采取以下所有或任何一条补救措施——

（a）采取一切切实可行的步骤撤回广告；

（b）以管理局指定或批准的方式修改广告；

（c）停止散布或发布与该广告完全或基本相同的任何其他广告；

（d）以管理局指定或批准的方式和内容散布或发布，或让人散布或发布更正广告。

【24/2016】

（2）该人必须承担管理局根据第（1）款向其发出指令所产生的一切成本和费用。

【24/2016】

（3）如果该人未能执行管理局根据第（1）款向其发出的指令，管理局可采取其认为合理和必要的步骤来执行该指令，并以追讨民事债务的形式向该人收取执行过程中产生的一切成本和费用。

【24/2016】

（4）任何人违反管理局根据第（1）款发布的任何指示，即属犯罪。

【47

【24/2016】

第 6 分部—行政处罚

21. 管理局可对违规私立教育机构施以的措施

（1）在不限制本法案赋予管理局其他权力的情况下，若私立教育机构——

（a）违反其注册的条款或条件；

（b）未遵守第 12(1) 条或 17(1) 条或该条中的规定且不构成犯罪，管理局可酌情——

（c）处以不超过 5000 新加坡元的罚款；

（d）制裁私立教育机构；

（e）责令私立教育机构按照管理局规定条款或条件进行注册，对其现有注册条款和条件进行补充或替换。

【24/2016】

（2）私人教育机构按照第(1)(c)款支付的财务处罚可作为民事债务由管理局向私立教育机构收取。

【24/2016】

（3）管理局依照第(1)款对有关私立教育机构做出决定书前，应向该私立教育机构发出书面通知，说明其意图。

【24/2016】

（4）收到管理局根据第(3)款发来的通知后，相关私立教育机构或其负责人应于通知日期后 14 日内，按照第(1)(c)款相关规定向管理局说明其免受财务处罚、制裁或裁定的理由。

【24/2016】

（5）在收到私立教育机构或其负责人根据第(4)款提供的理由后，或提供理由期限已到的情况下，管理局应书面通知私立教育机构其决定。

【24/2016】

（6）按照第 26 条规定，管理局根据第(1)款做出的决定书在其书面告知相关私立教育决定书 14 天后方能生效。

【48

【24/2016】

第4部分
其他服务的规管

22. 设立或维护管理局的核证或认证方案

（1）管理局为下述机构设立或维护一个或多个自愿的核证或认证方案——

（a）注册私立教育机构；

（b）管理局认为适当的其他各级教育机构。

【24/2016】

（2）达到方案参与者要求的教育机构可向管理局申请成为方案参与者。

【24/2016】

（3）如果管理局认为某教育机构符合管理局确定的资格标准，可接受该教育机构成为方案参与者的申请，该教育机构须按照管理局确定的形式或方式提供书面保证，保证将遵守管理局确定的方案条款和条件。

（4）管理局可随时变更方案条款和条件，并向方案成员下发书面通知。

（5）管理局制定的方案条款及条件如下：

（a）方案参与者须指定一名管理代表监督方案要求有效实施和维护；

（b）方案参与者须提供方案随时需要的所有资料及文件，包括信息一致或准确声明；

（c）方案参与者须向评审人员提供便利和合理的协助，包括但不限于为评审人员提供相关信息，确保评审人员现场检查时的安全；

（d）方案参与者须支付因申请成为方案参与者或继续保持与方案的联系而产生的所有费用；

（e）方案参与者须遵守管理局制定的、有关质量或标准的行为准则或指示；

（f）方案参与者须支持管理局为方案制定的学生费用保障计划，遵守学生费用保障有关条款和条件；

（g）方案参与者须确保与其有关的或管理局制定的其他信息向公众公开；

（h）方案参与者须准许管理局公布方案成员名单或方案中已被撤销、暂停或移除的成员名单。

【24/2016】

（6）管理局可委任有关人员管理方案或方案的某个方面或部分，但须符合管理局规定的条款和限制。

【24/2016】

（7）由教育机构或代教育机构或其任何负责人为方案之目的提供的任何资料——

（a）可用于调查或检控违犯成文法的人员；

（b）可以研究结果、比较研究、可比较教育机构联合等形式，或以管理局确定的形式、方式或目的使用或发表。

23. 对某些其他服务的限制

（1）除第（3）款另有规定外，未经管理局同意，任何人不得直接或间接设立、维持、给予或提供与私立教育机构或私立教育有关鉴定或认证方案。

（2）除第（3）款另有规定外，未经管理局许可，任何人不得在新加坡向新加坡私人教育机构给予或提供考试服务。

（3）第（1）款或第（2）款不适用于

（a）新加坡政府、依照成文法为公共目的设立的任何法定机构或由政府或法定机构管控的实体机构；

（b）规定中的其他人员。

（4）管理局任何按照第（1）款或第（2）款所作的批准——

（a）可根据管理局规定的条款和条件批予；

（b）可根据管理局的书面通知随时予以撤销。

（5）凡违反第（1）款或第（2）款者，即属违法。

【50

第5部分
上诉

24. 上诉委员会组成

（1）上诉委员会由1名主席和4名委员组成，主席和委员由部长任命。

（2）部长任命1名上诉委员会秘书。

（3）除部长另有指示外，上诉委员会委员任职期限为3年并可连续任命。

（4）部长可随时撤回上诉委员会委员任命。

（5）上诉委员会委员可以书面形式向部长提出辞职。

（6）上诉委员会委员薪酬及交通和生活津贴由部长确定。

【51

25. 上诉委员会的职责、权力及行事程序

（1）上诉委员会按照第26（1）条规定，听取并对所有管理局可上诉申诉并做出裁定。

【24/2016】

（2）上诉委员会在履行本法案规定职责时有以下权力：

（a）录取经宣誓而作的证供；

（b）传召有关人员出席上诉委员会听证，提供其掌握的证据、出示其掌握的文件或其他物品，除非为了在法庭上不公开审理以保护有关人员而不安排人员应答或提供文件；

（c）下达视察私立教育机构处所；

（d）现场查看私立教育机构处所。

（3）上诉委员会法定人数为 3 人。

（4）上诉委员会会议由上诉委员会主席主持。主席缺席时,委员会委员推举 1 名委员主持会议。

（5）上诉委员会程序不向公众开放。

（6）有委员缺席时,不得对上诉委员会行为或程序提出质疑。

（7）上诉委员会所有委员均为《1871 年刑法典》规定的公务人员。

（8）根据本法规定,上诉委员会可以其认为合适的方式规范其行事程序。

【52

26. 向上诉委员会提起上诉

（1）任何人若不满——

（a）管理局做出的任何决定——

（i）拒绝按照第 9 条规定批予或续展私立教育机构注册;

（ii）按照第 9 条规定对私立教育机构注册强加条款或条件;

（iii）按照第 11 条规定暂停或注销私立教育机构注册;

（iv）按照第 12 条规定拒不批准私立教育机构名称、处所或学校(部门或院系)名称或私立教育机构提供的教育名称变更;

（v）按照第 13 条规定以私立教育机构、处所或学校(部门或院系)或私立教育机构提供的教育名义,指示其变更名称;

（vi）按照第 15(1)(a)条规定,停职或撤销注册私立教育机构负责人,或按照第 15(1)(b)条规定,解除私立教育机构负责人职权,任命他人;

（vii）拒绝根据第 16(1)条规定授予许可,或授予许可时强加条款或条件;

（viii）根据第 21(1)条规定,施加财务处罚、制裁或命令;

（ix）拒绝根据第 23 条批准,或根据该款批准时强加条款或条件；

(b) 管理局根据第 7(6)、15、18、20、32 或 33 条做出的任何指令；

(c) 任何根据第 35 条要求的要项或资料；

(d) 管理局根据第 37(3)条做出的任何决定，

(上述中任何决定、指示或申报在本法中称为可上诉裁定)，在根据第 28 条规定的可上诉裁定类别时间内，可向上诉委员会提出上诉。

【24/2016】

(2) 根据第(1)款提出的上诉须以第 28 条规定的形式或方式提出。

(3) 上诉委员会可——

(a) 确认、搁置或修改可上诉涉及的可上诉决定；

(b) 以上诉委员会认为合适的方式做出指示，包括指示管理局审查与上诉有关的可上诉决定，且上诉委员会的决定为最终裁决。

【24/2016】

(4) 上诉委员会的决定由上诉委员会秘书书面告知上诉人。

(5) 根据第(1)款规定，针对可上诉的决定提出的上诉不能中止与此上诉有关的可上诉决定的效力，除非上诉涉及——

(a) 管理局根据第 7(6)条或第 33 条书面指示，要求私立教育机构或其负责人向私立教育机构学生或有此意向的学生全额退款或部分退款学费；

(b) 管理局做出的被第 28 条规定为可上诉决定，但暂停为可上诉决定的其他任何决定。

【53

【24/2016】

27. 上诉委员会委员利益冲突的披露

(1) 上诉委员会委员须向部长或部长授权人员禀明因其作为上诉委员会委员，由以下原因引起的个人职权或利益上的利益冲突或潜在利益冲突（若有）的性质和程度——

（a）成员担任的职务；

（b）成员在合同中的利益；

（c）成员占有或拥有的财产；

（d）与本法案规定的私立教育机构或个人任何直接或间接的关系；

（e）与行业或消费主体的联系或关联。

（2）部长或部长授权人员如果认为上诉委员会人员因为第（1）款规定的利益冲突或潜在利益冲突而无法妥善有效地履行职责，部长可替换该委员或指示该委员不得参与与其利益或潜在利益有关的事务。

【54

28. 上诉的相关规则

部长可就以下方面制定规则——

（a）向上诉委员会提出上诉的期限；

（b）向上诉委员会提出上诉的形式和方式；

（c）向上诉委员会提出上诉须缴付的费用；

（d）上诉委员会需留存的记录；

（e）规定所要求的或准许的事项和事务，或本部分条款生效所必要或有利的事项和事务。

【55

第 6 部分
督察、执法及犯罪

29. 督察的任命

（1）为本法之目的，管理局可任命其官员或雇员为督察。

（2）管理局须向督察提供身份证以证明其督察身份。

【24/2016】

（3）任何一位督察在根据本法行使权力时,须按要求向该权力行使所影响人员出示督察身份证。

【56

30. 检查注册私立教育机构

（1）督察可进入和检查注册私立教育机构拥有或控制的处所,以确定该机构是否一直或正在遵守本法。

（2）在根据第（1）款进行检查时,督察可——

（a）检查其认为必要的书籍、文件、材料或物品,并将其带走或复制以供进一步检查;

（b）要求任何人,无论是注册私立教育机构负责人、教师或学生还是其他人,配合管理局督察或官员,并

> （i）出示由该人管有或保管的书籍、文件、材料或物品以供检查,管理局督察或官员可将这些书籍、文件、材料或物品带走或复制以供进一步检查;

> （ii）提供该人有权提供的与注册私立教育机构的控制或管理、在注册私立教育机构进行的教学、注册私立教育机构的学生活动或督察可能指定的其他事项等有关的信息;

（c）作出为进行检查做必要或有利的事情。

【57

【24/2016】

31. 督察执法权力

（1）除本法赋予的权力外,督察还可——

（a）当其有合理理由相信可在任何处所或其任何部分（无论是否由注册私立教育机构拥有或控制）找到本法案规定的犯罪证据时,在合理时间进入该场所或其任何位置,并在督察认为必要的情况下搜查、扣押和带走书籍、文件、材料或物品或对其进行复制;

（b）要求督察认为犯有罪行的人员提供其身份证据;

（c）通过书面命令,要求新加坡境内根据督察提供或以其他方式

获得的信息,疑似熟悉案件事实或情况的人员面见督察;

(d) 口头审查被合理认为熟悉案件的事实或情况或督察可能指定的其他事项的任何人,并将该人的答复或陈述简化为书面形式;

(e) 要求任何人提供信息或出示该人拥有的书籍、文件或副本,并检查、复制、摘录或扣押和带走该书籍或文件;

(f) 对于被合理认为熟悉案件事实或情况或督察可能指定的其他事项的处所和人员,拍摄督察认为必要的照片或录像。

(2) 第(1)(d)款所述人员有义务如实陈述其所熟悉的事实或情况。

(3) 第(1)(d)款所述人员所作的陈述必须向该人员宣读,在必要时在更正后由此人签名。

(4) 调查过程中获得的所有陈述、回答、信息和文件,在根据本法案对做出或出示这些陈述、答复、信息和文件的人员提起的诉讼中,都可以作为证据。

【58

32. 指导补救措施的一般权力

(1) 在不限制本法赋予管理局其他权力情况下,如果管理局认为——

(a) 注册私立教育机构未遵守本法任何规定,或本法任何规定与注册私立教育机构无关;或

(b) 注册私立教育机构没有得到有效或适当的管理,

可向注册私立教育机构负责人发出书面通知,指示其在通知规定时间内采取措施以遵守本法案规定或使注册私立教育机构得到有效或妥善的管理。

【24/2016】

(2) 管理局根据第(1)款规定发出指示的注册私立教育机构须承担因遵守指示而产生的所有成本和开支。

【24/2016】

（3）如果管理局根据第（1）款规定向注册私立教育机构负责人发出指示，负责人不遵守该指示，管理局可采取其认为合理和必要的步骤执行该指示，并从注册私立教育机构收回其在此过程中合理产生的所有成本和费用，作为所欠管理局的民事债务。

【24/2016】

（4）如果管理局根据第（1）款规定向注册私立教育机构负责人发出的指示未得到遵守，则该注册私立教育机构负责人构成犯罪。

【24/2016】

（5）被控犯有第（4）款所述罪行的人员，如证明其有合理理由不遵守该罪行所对应的管理局指示，可进行免责辩护。

【59

【24/2016】

33. 指示课程退款等的权力

（1）本条适用于与私立教育机构提供课程相关的私立教育机构学生或有意向的学生，前提是——

（a）课程未在约定开始日期开始；

（b）课程在开始后至结束前时间段内停止提供；

（c）由于管理局根据第 10 条规定拒绝更新私立教育机构注册，或管理局根据第 11 条规定暂停、取消或缩短私立教育机构注册期限，使该课程未全部提供给学生或有意向的学生，且学生或有意向的学生在默认日期前未从私立教育机构退学。

【24/2016】

（2）在不限制本法赋予管理局的其他权力情况下，管理局可向注册私立教育机构负责人发出书面指示，或在注册被取消情况下，向之前注册的私立教育机构发出书面指示，指示注册私立教育机构或之前注册私立教育机构（视情况而定）执行以下任一项或所有规定：

（a）在指示规定时间内，退还注册私立教育机构或前注册私立教育机构（视情况而定）在默认日期前收到的与学生或有意向的学生相关的全部课程费或机构认为公平的部分课程费；

（b）安排注册私立教育机构或前注册私立教育机构（视情况而定）学生或有意向的学生在另一注册私立教育机构获得名额，以完成相同或类似课程，费用由私立教育机构承担或以其他方式承担，并根据以下情况通知学生或有意向的学生——

> （i）如管理局根据第 10 条规定拒绝更新私立教育机构注册，或根据第 11 条规定，私立教育机构注册被暂停或取消办学，或其注册期限被缩短，则该教育机构须至少在停止提供课程前 14 天或管理局在特定情况下允许的其他期限通知学生或有意向的学生；

> （ii）如果私立教育机构因其他原因必须停止提供私立教育，该教育机构须至少在停止提供课程前 30 天通知学生或有意向的学生。

【24/2016】

（3）无论注册私立教育机构或前注册私立教育机构与有关学生或有意向的学生之间的协议或合同内容是什么，第（2）款仍适用，并且在符合第（4）款的情况下，有关学生或有意向的学生有权在有管辖权的法院，以民事债项向注册私立教育机构或前注册私立教育机构（视属何情况而定）追讨根据第（2）款规定做出的退款指示所指明的款额。

（4）如果该学生或有意向的学生接受第（2）（b）款提议，由私立教育机构承担费用完成相同或类似课程，那么已注册私立教育机构或前注册私立教育机构（视情况而定）无需承担退款责任。

（5）如管理局根据第（2）款规定发出的书面指示未得到遵守，则该私立教育机构及该指示所对应的该私立教育机构负责人构成犯罪。

【24/2016】

（6）除第（4）款规定外，任何被控犯有第（5）款所定罪行的人员，如可证明其有合理理由不遵守管理局书面指示，则可进行免责辩护。

【24/2016】

（7）本条内容不影响《1994 年慈善法》、《2018 年破产、重组和解散法》、《1966 年社团法》或其他与私立教育机构清盘或解散有关的成文法实施。

【40/2018】

（8）在本条中——

"约定的开始日期"，就私立教育机构给予或提供的课程而言，系指课程计划开始日期；

"默认日期"指

（a）如果第（1）（a）款适用，则指约定的开始日期；

（b）如果第（1）（b）或（c）款适用，则指课程停止提供的日期。

【60

34. 一般罪行和处罚

（1）任何人——

（a）与根据本法规定提出的申请或根据第 17（1）条提出的通知有关——

　　（i）做出明知虚假或不相信是真实的或武断做出的虚假陈述；

　　（ii）故意隐瞒重要事实；

（b）忽视或拒绝出示书籍、文件、材料或物品，或提供信息，忽视或拒绝按要求面见督察，提供在要项上虚假且明知虚假或不信以为真的书籍、文件、材料或信息；或根据第 30 条或第 31 条规定，故意隐瞒重要事实而提供具有误导性信息；

（c）妨碍或阻碍管理局、管理局官员或督察在行使本法案授予或根据本法案授予的权力合法履行职能或职责；

（d）被传唤出席上诉委员会听证会并提供证据或出示文件或其他物品，但无合理辩解，拒绝或忽略此要求，或拒绝回答上诉委员会提出的或经上诉委员会同意提出的问题，或以其他方式在上诉委员会行使本法案规定的权力时妨碍、阻碍或欺骗上诉委员会；

即属犯罪,一经定罪,可处不超过 5000 新加坡元的罚款或不超过 6 个月的监禁,或两者兼施。

【24/2016】

(2) 犯有本法规定罪行且未明确规定处罚行为,一经定罪,将被处以不超过 10000 新加坡元的罚款或不超过 12 个月的监禁,或两者兼施。如果属惯犯,则在定罪后每日(不足一天按一天算)再处以不超过 1000 新加坡元的罚款。

【61

第 7 部分
杂项

35. 管理局发出详情或资料征用令的权力

(1) 管理局可随时向任何人员发出书面征用,要求其提供征用中规定的与本法适用事项有关的详情或资料。

【24/2016】

(2) 管理局根据第(1)款发出的征用令可——

(a) 指明所需提供详情或资料的形式和时间;

(b) 要求按照征用令中指定时间或时间内定期提供详情或资料;

(c) 指明交付详情或资料的地点或方式。

【24/2016】

(3) 收到管理局根据第(1)款规定发出征用令的人员必尽其所知和所信,提供征用令指定的详情或信息。

【24/2016】

(4) 无合理辩解而未能遵守管理局根据第(1)款规定发出的征用令,即属犯罪。

【24/2016】

(5) 遵守或声称遵守管理局根据第(1)款规定发出的征用令的人

员向管理局提供其明知是虚假或误导性的信息或文件,即属犯罪。

【62

【24/2016】

36. 信息注册与发布

(1)管理局可就以下方面以其确定的方式设立、维持及安排公布一个或多个与下述情形有关的注册表——

(a)注册私立教育机构或各级私立教育机构,以及可能规定的其他人;

(b)由(a)中提及的任何人或任何类别人员给予或提供的或即将给予或提供的课程;

(c)与一般私立教育有关的或与管理局确定的计划有关的其他信息。

【24/2016】

(2)可根据第 44 条规定制定法规,规定根据第(1)款规定建立或维持注册表的方式,包括要求记入注册表的细节或详情。

(3)在缴付规定费用后,可查阅根据第(1)款规定设立的注册表并从中摘录。

(4)根据第(3)款规定获取的摘录,如果经管理局证明是真实副本,可在法律程序中作为证据予以采纳。

【63

【24/2016】

37. 管理局在争端解决方案方面的权力

(1)根据第 44 条规定,可对一个或多个争端解决方案的制定做出规定,这些争端源自注册私立教育机构给学生提供的服务或与之相关。

【24/2016】

(2)在不限制条款(1)的情况下,可根据第 44 条就以下事项订立规例——

(a)要求注册私立教育机构参与已制定的争端解决方案,并遵循方案中的条款和条件。

（b）根据已制定的争端解决方案开设一系列认可的争端解决中心；

（c）将本条规定付诸实施。

（3）如果管理局确认注册私营教育机构违反了第（2）条款，可采取以下所有或任一项措施：

（a）处以管理局认为合适的一定数额的罚款，总数不超过 5000 新加坡元；

（b）若管理局认为有必要，可对私立教育机构进行制裁以保护公众利益或部分公众利益；

（c）要求私立教育机构注册必须遵循管理局制定的条款或条件，包括对现有条款增补及替换的部分。

【24/2016】

（4）管理局根据第（3）款做出涉及私营教育机构的决定前，须将其意向书面告知私营教育机构。

【24/2016】

（5）相关私立教育机构或其负责人收到管理局根据第（4）款规定开具的告知书后，可根据具体情况在收到通知 14 天内向管理局出示不应受到财政处罚、制裁或根据第（3）（c）款规定进行制裁的理由。

【24/2016】

（6）私立教育机构或其负责人出示根据第（5）款规定开具的理由之后，或者已经超过出具理由的截止日期，管理局必须向私立教育机构出示其书面决定。

【24/2016】

（7）依据第 26 条规定，管理局根据第（3）款做出决定都不能即时生效，需等待管理局将决定通知书送交相关私立教育机构 14 天有效期满后才能执行。

【24/2016】

（8）管理局可借《宪报》公告或其他方式发布有助于法定争端解决方案实施的指导准则。

【64

【24/2016】

38. 法院的管辖权

尽管《2010 年刑事诉讼法》中有任何相反规定,地方法院对任何违反私立教育法案的罪行有管辖权,并有权对相关违法行为实施充分处罚。

【38

39. 法人团体等的违法行为

（1）若某法人团体触犯本法规定的违法行为得以证实——

（a）得到高级职员许可或纵容;或

（b）源于高级职员玩忽职守;

涉事职员及法人团体的行为则属违法行为,面临被起诉及相应处罚。

（2）若法人团体事务由其成员管理,且该成员行使董事职责,第（1）款规定适用于该成员做出的与其管理职能相关的行为和违法行为。

（3）若合伙企业触犯本法规定的违法行为得以证实——

（a）得到合伙人许可或纵容;

（b）源于合伙人玩忽职守,

合伙人及合伙企业的行为则属违法行为,面临被起诉及相应的处罚。

（4）若某非法人团体（不是合伙企业）触犯本法规定的违法行为得以证实——

（a）得到非法人团体高级职员或管理部门成员的许可或纵容;

（b）源于该高级职员或管理人员玩忽职守;

该高级职员或管理人员以及非法人团体行为属违法行为,面临被起诉及相应的处罚。

（5）在本条中，"高级职员"指

（a）涉及法人团体，指代董事长、合伙人、管理委员会成员、首席执行官、负责人、秘书或其他类似官员，包括声称具有这种行事职能的任何人；

（b）涉及非法人团体（不是合伙企业），指代主席、秘书、委员会成员或职能类同于负责人、秘书、委员会成员的任何人，包括声称具有这种行事职能的任何人。

（6）部长可以制定规则，也可以对本条规定进行修改，以便这些条款适用于根据新加坡境外法律成立或认可的法人团体或非法人团体。

【66

40. 犯罪构成

（1）首席执行官或首席执行官授权的官员可与违反本法的行为达成和解，称为庭外和解，需对涉嫌违法人员收取一定罚款，不超过以下数额较少的那部分金额：

（a）该违法行为法定最高罚款数额一半；

（b）5000 新加坡元。

（2）罚款支付数额见第（1）款规定，针对此违法人员不再继续进一步审理。

【67

41. 一般豁免

部长可借在《宪报》刊登的命令豁免某些人员、班级、课程、宣传活动，只用服从指定条款或条件，不必遵守私立教育法案规定。

【68

42. 文件的送达

（1）由私立教育法案要求或授权的通知、命令、指示或其他文件可以下列方式送达——

（a）若接收者为个人——

　（i）面交送达；

　（ii）交给共同居住成人或者以预付邮资挂号邮件方式寄给本人常用或最后为人所知的居住地址；

　（iii）交给共同工作的成人或者以预付邮资挂号邮件方式寄给本人常用或最后为人所知的工作地址；

　（iv）在本人常用或最后为人所知居住或工作地点显眼处粘贴通知副件；或

　（v）通过传真传送至本人常用或最后为人所知居住或工作地点的传真号码，或传送至本人最近提供给管理局的用于接收私人文档的传真号码；

（b）若接收者为合伙企业（不是有限责任合伙企业）——

　（i）送至其中一个合伙人、合伙企业的秘书处或类似职员处；

　（ii）面交或预付邮资挂号邮件方式寄给新加坡合伙企业主营业地或最后为人所知营业地；

　（iii）通过传真传送至新加坡合伙企业主营业地或最后为人所知的营业地的传真号码；

（c）若接收者为有限责任合伙企业或法人团体——

　（i）送至法人团体秘书处、类似职员处或有限责任公司负责人处；

　（ii）面交或预付邮资挂号邮件方式寄至新加坡有限责任合伙公司或法人团体注册办公室或总部处；

　（iii）通过传真传送至新加坡有限责任合伙公司或法人团体的注册办事处或总部的传真号码。

【24/2016】

（2）若本法要求或授权的通知、命令、指示或其他文件通过传真传送至第（1）款规定的最后为人所知的居住地、营业地、注册办事处或总办事处的传真号码，传送当天，接收人（通过电子或其他方式）收到传真发送成功的通知,显示成功发送至居住地、营业地、注册办事处或总办事处,则视为正式送达。

(3) 若本法要求或授权的通知、命令、指示或其他文件通过预付挂号信方式寄送,通知或文件寄出两天后,无论是否被退回,都视为正式送达。

(4) 若本法要求或授权的通知、命令、指示或其他文件需要送至企业所有者或营业场地的占用人——

(a) 可将原件或真实副本递送至营业场所中的成年人,如果经过合理的审慎考虑发现没有适合接受的成年人,可将通知、命令、指示或其他文件粘附在场所显眼位置;且

(b) 如果对于接收人称呼为营业场所所有者或占用人,没有其他名称或说明,则视为妥善送达。

(5) 在不限制本条内容情况下,若本法要求或授权的通知、命令、指示或其他文件需要送至私立教育机构一名或多名负责人,

(a) 可将原件或真实副本递送至私立教育机构中的成年人,如果经过合理的审慎考虑发现没有适合接受的成年人,可将通知、命令、指示或其他文件粘附在场地显眼位置;

(b) 如果接收人称呼为注册私立教育机构一名或多名负责人,没有其他名称或说明,则视为妥善送达。

(6) 本条不适用于法庭诉讼中的通知和文件。

【69

43. 修订附表

(1) 部长可随时借《宪报》刊登的命令,通过将教育添加为私立教育来修改方案。

(2) 部长可以在根据第(1)款规定发布的命令中制定必要或有利的附带条款、继起性的法律规定及补充规则。

(3) 本条制定的所有规则在《宪报》刊登后必须尽快提交至国会。

【70

44. 规章

(1) 管理局在部长许可下可以制定必要条例促成该法各项规则和功能生效。

【24/2016】

(2) 在不限制第(1)款的情况下,可对以下所有或任意一点订定条例:

(a) 根据本法要求采用的形式、提供的信息或文件、用于其他目的的申请和表格;

(b) 根据本法规定应付的费用及收费,包括逾期付款应缴纳的利息或罚款,所有或部分费用及收费的免除、退还和减免;

(c) 对于私立教育机构及处所和学院(系别、部门)名称的要求和限制,或私立教育机构提供的教育名称及使用和显示这些名称的要求和限制。

(d) 私立教育机构处所,包括但不限于——

(i) 对办公或行政区域的要求;

(ii) 教室的数量、类型、大小;

(iii) 提供的设施与设备;

(iv) 处所中或周边标记;

(v) 处所使用;

(vi) 与他人共享处所的限制规定;

(e) 根据本法规定进行登记和记录的形式和方式、对登记和记录内容进行的审查、摘录、副本的提供以及管理局得到的收益,包括财务记录。

(f) 私立教育机构按照规定的形式或方式进行的信息出版,这些信息涉及私立教育机构处所、教师、课程,包括但不限于课程资金、课程计划、考试计划、课程特色及项目模块。

(g) 对于私立教育机构开设课程的管理要求,包括但不限于以下各方面:课程名称、课程项目时长、招生人数、与学生签订的协议及合

同形式和内容、董事会的设立以及其他用于学术监督、考试及管理结构和过程监管的机构;

(h) 注册私立教育机构对于教师的部署安排;

(i) 注册私立教育机构开展的或以私立教育机构名义进行的广告宣传、商业营销及游说活动;

(j) 对提供直接或间接涉及私立教育规定服务的相关人员进行的监管,包括确保法案规则及修订规则的实施适用于这些人员;

(k) 根据第 40 条可能进行庭外和解的违法行为;

(l) 根据本法制定所有需要且允许制定的有助于促进法案实施的必要条例。

【24/2016】

(3) 根据第(1)款订定的条例——

(a) 可涉及所有或任一等级或类型私立教育机构;

(b) 可针对不同等级或类型私立教育机构制定不同规定;

(c) 可规定违反任何指定规则的行为属违法行为;

(d) 除根据第 21 条规定的目标制定的规则,可以规定不超过 1000 新加坡元的罚款或不超过 12 个月的监禁,或对某种违法行为两者兼施,对于定罪后仍然持续的违法行为,可就持续犯罪的每天(不足一天亦作一天算)另施以不超过 1000 新加坡元的处罚。

【71

45. 对某些教育机构的不适用

(1) 本法不适用于下列人员,所有下列人员不得视为私立教育机构或私立教育机构负责人或教师:

(a) 政府或政府所有或控制的实体以及公立学校的教师;

(b) 根据《1992 年工艺教育学院法》成立的新加坡工艺教育学院,或新加坡工艺教育学院及其各自教师(全部或部分)拥有的公司或企业;

(c) 以下理工学院或企业及其各自教师:

(i) 根据《1992 年南洋理工学院法》成立的南洋理工学院;

(ii) 根据《1967 年义安理工学院法》成立的义安理工学院；

(iii) 根据《2002 年共和国理工学院法》设立的共和国理工学院；

(iv) 根据《1954 年新加坡理工学院法》成立的新加坡理工学院；

(v) 根据《1990 年淡马锡理工学院法》成立的淡马锡理工学院；

(vi) 按照(i)至(v)项规定的理工学院(全部或部分)拥有的公司；

(d) 根据公共法案设立或组成并具有公共职能的其他机构，或由该机构所有(全部或部分)或控制，可提供或正在提供教育的实体及其教师；

(e) 根据《1957 年教育法》注册的学校组织、管理委员会、负责人和教师，并获得政府向该法所指的资助学校提供的补助金或援助金，除非该组织在根据第 2 条"私立教育机构"定义发出的通知中有所规定；

(f) 根据《1957 年教育法》注册并接受政府补助的面向身体或智力残疾学生的特殊教育学校的组织、管理委员会、负责人和教师；

(g) 根据宗教信仰和原则，按照宗教信条和原则提供教育、不提供其他教育的教育机构组织、管理委员会、负责人和教师，包括根据 1957 年《教育法》第 3 条豁免的学校，以及 1966 年《穆斯林法律管理法》第 87(1)条提及的穆斯林宗教学校；

(h) 根据《1990 年学校董事会(公司)法》为学校成立的管理委员会、董事和该学校教师；

(i) 南洋理工大学、新加坡国立大学、新加坡管理大学、新加坡技术与设计大学、新加坡理工学院、新加坡社会科学大学，以及其提供大学教育职能由成文法确定的任何其他人，由此类大学或个人拥有(全部或部分)或控制的实体以及各自大学和实体教师；

(j) 根据《1993 年儿童和青少年法》批准、任命或设立的安全场所或青少年康复中心,或根据《1951 年罪犯缓刑法案》第 12 条规定批准的机构及其各自负责人。

(2) 本法不适用于根据《2017 年幼儿发展中心法》获得许可的幼儿发展中心、该中心被许可人的关键任命人(定义见该法)以及该中心教师,或与之相关的幼儿发展中心。

【72

【19/2017】

46. 保留及过渡性条款

(1) 尽管本法有规定,但在 2009 年 12 月 21 日之前根据《1957 年教育法》注册并在新加坡境内的任何人——

(a) 在新加坡或其他地方示意提供或正在提供私立教育;

(b) 无论是在新加坡或其他地方颁发与私立教育有关的学位、文凭或证书(包括任何荣誉学位或其他荣誉);

(在本条中被称作现有受监管的私立教育机构)自该日期起 18 个月内被视为注册私立教育机构,须遵守《1957 年教育法》(如适用)规定的注册为学校的相同条件,前提是这些条件不违反本法案规定。

(2) 尽管有本法的规定,2009 年 12 月 21 日之前,由现有受监管私立教育机构根据《1957 年教育法》合法提供的课程,无论是在新加坡还是其他地方,无论是自行提供课程,还是与任何其他人联合提供课程,在第(1)款界定同一期间内被视为获得市政局第 16 条规定的准许。

(3) 尽管有本法的规定,但在 2009 年 12 月 21 日之前,现有受监管私立教育机构派遣根据《1957 年教育法》授权的教师向现有受监管私立教育机构的所有或任何学生教授任何课程,被视为第(1)款规定的同一时期遵守第 17 条的规定。

(4) 如果在 2009 年 12 月 21 日(视情况而定)之前,教育部长或申诉委员会或其代表启动活动,则该活动可由市政局、部长或申诉委员会(视情况而定)或在其授权下根据这些相应规定进行和完成。

附　表

第 2 与 43(1)条

私立教育的定义

1. 在本附表中,除文意另有所指外——

"服务合同"具有《1968 年就业法》第 2 条赋予的含义;

"雇员"指与雇主签订服务合同或根据服务合同工作的人员;

"雇主"具有《1968 年就业法》第 2 条赋予的含义;

"全日制"就提供教育而言,指提供至少一个月教育,每周 5 天,每天至少 3 小时;

"中学后教育"通常指为 16 岁或 16 岁以上人员提供的教育;

"初等或中等教育"通常指为 6 岁以上 18 岁以下青少年提供的教育。

2. "私立教育"指以下任何类型教育,无论全部或部分以线上方式、信函或其他方式提供:

(a) 获得文凭或学位的教育;

(b) 获得证书的全日制初等或中等教育;

(c) 完全或基本上按照外国或国际课程进行全日制小学或中学教育;

(d) 为身体或智力残疾学生提供全日制特殊教育;

(e) 旨在为学生备考的全日制教育;

　　(i) 让学生获得除提供此类全日制教育人员以外的人员颁发的资质证书;

　　(ii) 让学生有权进入一所教育机构。

3. "私立教育" 不包括——

（a）雇主承诺雇佣并对其进行培训的学徒制或让该人员接受系统行业或职业培训；

（b）雇主专为其雇员提供的教育。

立法史

此立法史为法律修订委员会竭力提供的服务,不构成本法的一部分。

1. 2009 年第 21 号法案——《2009 年私立教育法》

法案:第 15/2009 号法案

一审日期:2009 年 8 月 18 日

二审和三审日期:2009 年 9 月 14 日

生效日期:2009 年 12 月 1 日(除第 3 部分至第 7 部分)

2. 2009 年 12 月 27 日(第 3 部分至第 7 部分)

2011 年第 3 号法案——《2011 年儿童和青少年(修订)法》

(上述法案第 36 条所作修订)

法案:第 35/2010 号法案

一审日期:2010 年 11 月 22 日

二审和三审日期:2011 年 1 月 19 日

生效日期:2011 年 7 月 20 日(第 36 条)

3. 2011 年第 14 号法案——《2011 年新加坡科技与设计大学法》

(上述法案第 12 条所作修订)

法案:第 9/2011 号法案

一审日期:2011 年 3 月 1 日

二审和三审日期:2011 年 4 月 11 日

生效日期:2011 年 10 月 18 日(第 12 条)

4. 2011 年修订版——《私立教育法(第 247A 章)》

施行日期:2011 年 12 月 31 日

5. 2014 年第 11 号法案——《2014 年新加坡理工大学法》

（上述法案第 12 条所作修订）

法案：第 7/2014 号法案

一审日期：2014 年 1 月 20 日

二审和三审日期：2014 年 2 月 17 日

生效日期：2014 年 3 月 28 日（第 12 条）

6. 2016 年第 16 号法案——《2016 年章程（杂项修订）法》

（上述法案第 28 条所作修订）

法案：第 15/2016 号法案

一审日期：2016 年 4 月 14 日

二审和三审日期：2016 年 5 月 9 日

生效日期：2016 年 6 月 10 日（第 28 条）

7. 2016 年第 24 号法案——《2016 新加坡未来技能局法》

（上述法案第 71 和 72 条所作修订）

法案：第 24/2016 号法案

一审日期：2016 年 7 月 11 日

二审和三审日期：2016 年 8 月 16 日

生效日期：2016 年 10 月 3 日［第 71(1)(b) 至 (h) 和 72 条］

　　　　　2016 年 10 月 4 日［第 71(1)(a) 和 (2) 条］

8. 2017 年第 30 号法案——《2017 年新跃社科大学法》

［根据上述法案第 12(2) 条所作的修订］

法案：第 24/2017 号法案

一审日期：2017 年 4 月 3 日

二审和三审日期：2017 年 5 月 8 日

生效日期：2017 年 7 月 11 日［第 12(2) 条］

9. 2017 年第 19 号法案——《2017 年幼儿发展中心法》

［上述法第 53(5) 条所作修订］

法案：第 7/2017 号法案

一审日期:2017 年 2 月 6 日

二审和三审日期:2017 年 2 月 28 日

生效日期:2019 年 1 月 2 日[第 53(5)条]

10. 2018 年第 40 号法案——《破产、重整和清算法》

（上述法案第 503 条所作修订）

法案:第 32/2018 号法案

一审日期:2018 年 9 月 10 日

二审和三审日期:2018 年 10 月 1 日

生效日期:2020 年 7 月 30 日(第 503 条)

11. 2019 年第 40 号法案——《2019 年最高法院制度(修订)法》

［上述法案第 28(1)条所作修订与附表第 124 项一并参阅］

法案:第 32/2019 号法案

一审日期:2019 年 10 月 7 日

二审日期:2019 年 11 月 5 日

修订通知:2019 年 11 月 5 日

三审日期:2019 年 11 月 5 日

生效日期:2021 年 1 月 2 日

［第 28(1)条与附表第 124 项一并参阅］

略语表

C.P.	理事会文件
G.N. No. S(N.S.)	新加坡政府公告编号（新系列）
G.N. No.	政府公告编号
G.N. No. S	新加坡政府公告编号
G.N. Sp. No. S	新加坡政府公告特别编号
L.A.	立法议会
L.N.	法律公告（联邦/马来西亚附属法例）
M. Act	马来亚/马来西亚法案
M. Ordinance	马来亚条例
Parl.	议会
S.S.G.G.(E) No.	海峡殖民地政府宪报（特别）编号
S.S.G.G. No.	海峡殖民地政府宪报编号

对照表

本法已于 2020 年修订版中重新编号。此对照表旨在帮助用户在前一修订版中找到相应条款。

2020 年版本	2021 年版本
—	7【根据 2016 年第 24 号法案废止】
—	8【根据 2016 年第 24 号法案废止】
—	9【根据 2016 年第 24 号法案废止】
—	10【根据 2016 年第 24 号法案废止】
—	11【根据 2016 年第 24 号法案废止】
—	12【根据 2016 年第 24 号法案废止】
—	13【根据 2016 年第 24 号法案废止】
—	14【根据 2016 年第 24 号法案废止】
—	15【根据 2016 年第 24 号法案废止】
—	16【根据 2016 年第 24 号法案废止】
—	17【根据 2016 年第 24 号法案废止】
—	18【根据 2016 年第 24 号法案废止】
—	19【根据 2016 年第 24 号法案废止】
—	20【根据 2016 年第 24 号法案废止】
—	21【根据 2016 年第 24 号法案废止】
—	22【根据 2016 年第 24 号法案废止】
—	23【根据 2016 年第 24 号法案废止】
—	24【根据 2016 年第 24 号法案废止】
—	25【根据 2016 年第 24 号法案废止】
—	26【根据 2016 年第 24 号法案废止】

续表

2020 年版本	2021 年版本
—	27【根据 2016 年第 24 号法案废止】
—	28【根据 2016 年第 24 号法案废止】
—	29【根据 2016 年第 24 号法案废止】
—	30【根据 2016 年第 24 号法案废止】
—	31【根据 2016 年第 24 号法案废止】
—	32【根据 2016 年第 24 号法案废止】
—	33【根据 2016 年第 24 号法案废止】
7	34
8	35
9	36
10	37
11	38
12	39
13	40
14	41
15	42
16	43
17	44
18	45
19	46
20	47
21	48
22	49
23	50
24	51
25	52
26	53

续表

2020 年版本	2021 年版本
27	54
28	55
29	56
30	57
31	58
32	59
33	60
34	61
35	62
36	63
37	64
38	65
39	66
40	67
41	68
42	69
43	70
44	71
45	72
46	73
【省略—已失时效】	(5)
【省略—已失时效】	(6)
【省略—已失时效】	(7)
附表	附表一
	附表二【根据 2016 年第 24 号法案废止】
	附表三【根据 2016 年第 24 号法案废止】

1954 年新加坡理工学院法

2020 年修订版

本修订版纳入了截至 2021 年 12 月 1 日（含）的所有修订

于 2021 年 12 月 31 日起实施

法律修订委员会

在《1983 年法律法》修订版授权下

编制并发布

条款目录

1. 简称

2. 释义

3. 理工学院的设立

4. 董事会章程

5. 董事会成员离任

6. 填补董事会成员的空职

7. 董事会的职能

8. 董事会秘书

9. 董事会会议

10. 董事会签订合同和持有财产的权力

11. 董事会借贷和投资的权力

11A. 股份等的发行

12. 公章的使用

13. 学务委员会的设立

14. 校长的委任、权力和职责

14A. 其他管干事和员工等

15. 新加坡理工学院学生会

16. 《1966 年社团法》在学生会的适用

17. 理工学院财政年度

18.—22.【废止】

23. 规章

关于设立新加坡理工学院及其相关事宜的法。

【1954 年 10 月 27 日】

条　款

1. 简称

本法可称为《1954 年新加坡理工学院法》。

2. 释义

在本法中,除文意另有所指外——

"董事会"系指根据第 4 条组成的新加坡理工学院董事会;

"学务委员会"系指根据第 13 条设立的学务委员会;

"附例"系指董事会根据第 7 条订立的附例;

"主席"系指董事会主席;

"校长"系指新加坡理工学院的校长,也包括任何以该身份行事的个人。

【5/2018】

3. 理工学院的设立

为了提供技术、科学、商业和艺术方面的学习、培训和研究,现设立一个学院,名为新加坡理工学院(在本法中称为理工学院)。

4. 董事会章程

(1) 理工学院董事会为一个永久延续的法人团体,并备有公章,可以其法团名义起诉与被起诉。

(2) 董事会包含以下成员:

(a) 一名主席;

(b) 一名副主席;

(c) 校长;和

(d) 可由部长决定的其他人员,不少于 9 人,亦不多于 15 人。

(3) 除校长外,董事会的每名成员均由部长任命,除非部长另有指示,否则其任期自任命之日起为期 3 年,并有资格被再次任命。

5. 董事会成员离任

(1) 如有下述情形,董事会成员停任其职位——

(a) 董事会成员破产,或暂停向其债权人偿还,或未与其债权人达成任何协议或和解,或

(b) 未经董事会许可,连续三次缺席董事会会议。

(2) 若部长认为该董事会成员(除校长之外)不适合继续任职或无法履职,部长可撤销其任命。

(3) 董事会成员(除校长外)可随时借书面告知部长辞去职务。

6. 填补董事会成员的空职

若董事会成员(除校长以外)职位空缺,部长可任命任何人填补空缺,并在该人的前任任期剩余时间内担任该职位。

7. 董事会的职能

(1) 董事会在行使其权力和履行其职能时,有义务以它认为最符合促进理工学院目标和利益的方式行事。

(2) 董事会的职能包括开展所有活动,从事所有对理工学院管理和控制以及理工学院资产必要、有利和适当的事情。

(3) 特别是,在不限制第(2)款的情况下,董事会职能包括下述各项:

(a) 在理工学院可用资金范围内授权适当和必要的支出;

(b) 按照本法或根据本法订定的任何条例的要求,编制理工学院工作的年度报告,并编制年度预算和年度报表;

(c) 聘任学术及行政人员,以及聘任董事会认为有需要或适当的顾问;

(d) 在咨询学务委员会后,订立有关理工学院学术管理的附例,特别是关于——

(i) 进入理工学院所需的资格、为学生提供的教学课程、理工学院的学期长短和学期数、授予理工学院学生的证书或

文凭以及吊销颁发的任何证书或文凭;

(ii) 奖学金和助学金的发放,以及任何此类助学金的撤销;及

(iii) 为各个学校及学院与理工学院的通联提供经费;

(e) 订立有关下述的附则——

(i) 与董事会、学务委员会和根据本法规定正式任命的任何委员会的会议有关程序;

(ii) 咨询委员会的设立、成员和职能以及与该咨询委员会会议相关的程序;

(iii) 理工学院记账的形式和方法;

(iv) 理工学院官员和任何根据本法规定正式任命的委员会的权力和职能;

(v) 理工学院学生应支付的费用;

(f) 提供给理工学院员工或这些员工的任何部分养老金、退休金或公积金计划等福利,并为设立这些计划作出的安排;

(g) 理工学院官员、教师、工作人员和学生住所的管理和规定以及教师、工作人员和学生的福利和纪律;

(h) 索要及收取附例所订明的任何费用。

(4) 董事会可从其成员中委任若干一般或特殊性质的委员会,并由董事会认为合适的人数组成,其用途旨在董事会认为通过这些委员会会更好地加以规管。

(5) 董事会每个委员会的议事过程须进行书面记录,并须随时接受董事会任何成员或任何委员会成员的检查。

(6) 董事会的任何委员会均有充分权力在根据第(4)条授予其的权力范围内就其通过的任何决议采取行动,且委员会的所有决定必须向董事会报告。

8. 董事会秘书

理工学院的注册官为董事会秘书,其须出席校董会的所有会议,除非校董会主席有正当理由。

9. 董事会会议

（1）主席须视需要随时召集董事会会议。

（2）董事会的每次会议，法定人数为 6 人。

（3）董事会会议的每项决定均应以出席并参加表决的成员的简单多数票通过，但在票数相等的情况下，主席或主席缺席时，董事会副主席可投决定票。

（4）主席缺席时由副主席主持董事会会议。

（5）主席和副主席缺席董事会会议时，由出席成员选举的成员主持会议。

（6）董事会可准许董事会一名成员离开董事会会议。

（7）董事会不因成员空缺而停止举行会议或对其他事项采取行动。

（8）根据本法和《2018 年公共部门（治理）法》，董事会可订立常规以规范自身程序。

【5/2018】

10. 董事会签订合同和持有财产的权力

（1）董事会可订立为实施本法规定所必需或有利的任何合同。

（2）委员会可取得并持有为实施本法规定所必需或有利的动产或不动产，并可为此目的出售、租赁、抵押或以其他方式让与或处置以上述方式取得的任何财产。

11. 董事会借贷和投资的权力

（1）董事会可以任何公司土地或董事会的任何资金为抵押，有息借入其认为必要或有利的资金，以实施本法案的规定。

（2）董事会可根据《1965 年解释法》第 33A 条所界定的法定机构的标准投资力进行投资。

【45/2004】

（3）董事会可做任何附带或附属于法人团体的事。

11A. 股份等的发行

由于政府根据本法转予理工学院的任何财产、权利或债务，或政府依照任何成文法向理工学院的资本注入或进行其他投资,董事会须按照财政部长的指示向其发行股份或其他证券。

【5/2002】

12. 公章的使用

校董会的公章须由校长保管,且除非校董会主席或校董会成员及校长在场或校董会主席或校董会成员及校长已在文书上签字以表示其在场,否则不得在任何文书(文凭或学术证书除外)上加盖公章。

13. 学务委员会的设立

现设立一个名为理工学院学务委员会的法团,其职责为根据本法的规定及根据本法订立的任何规例向董事会和校长提供建议。

14. 校长的委任、权力和职责

(1)理工学院须有一名校长,该校长由董事会根据董事会决定的条款和条件任命,且董事会可以以正当理由辞退校长。

(2)校长的任命、免职、纪律处分和晋升必须符合《2018年公共部门(治理)法》。

【5/2018】

(3)校长是理工学院的首席行政和学术主任,就以下事项向董事会负责——

(a)根据校董会的政策,妥善管理理工学院;

(b)根据校董会的政策,负责理工学院的学术管理;

(c)妥善执行附例;和

(d)负责理工学院学生的纪律,且在不违反本法的情况下,校长拥有一切必要的、有利的和适当的权力。

(4)校长有权出席董事会任何委员会的任何会议并发言,但无权在会议上投票,除非校长是委员会成员。

14A. 其他管干事和员工等

根据《2018年公共部门(治理)法》,董事会可根据其决定的条款和条件,任命和雇用有效履行其职能所需的其他主任、员工、顾问和代理人。

【5/2018】

15. 新加坡理工学院学生会

(1) 现成立一个学生组织,名为新加坡理工学院学生会,该学生会依据第 23(1)条订定的条例建立,并包含这些条例规定的子机构。

(2) 新加坡理工学院学生会及其各组成机构的章程、成员、职能和其他事宜均按条例规定。

(3) 校董会可向任何班级的学生征收其为新加坡理工学院学生会及其组成机构的利益而产生的费用,该费用可按董事会认为符合学生会及其组成机构目的的任何方式收取。

16.《1966 年社团法》在学生会的适用

(1) 虽然《1966 年社团法》中有任何相反的规定,该法适用于依据第 23(1)条制定的条例成立的新加坡理工学院学生会及其子机构。

(2) 负责社团的部长可借《宪报》刊登的命令,豁免新加坡理工学院学生会及其任何组成机构,使其在命令中任何条件的规限下免受《1966 年社团法》的所有或任何规限。

17. 理工学院财政年度

理工学院的财政年度从每年的 4 月 1 日开始,到次年的 3 月 31 日结束。

18.—22.【根据 2018 年第 5 号法案废止】

23. 规章

(1) 经部长批准,董事会可就下列事项制定规章:

(a) 编制、审计并向部长提交概算、预算、报表和申报表;

(b) 学务委员会的成员和职能;

(c) 可享退休金的公务员转职理工学院的条件;

(d) 理工学院学术和行政人员的任用、晋升、行为、纪律管制、解雇和终止服务；

（e）学生的行为和纪律控制；

（f）本法要求或可能规定的任何其他事项。

（2）根据本条制定的所有规章须于《宪报》刊登。

立法史

此立法史为法律修订委员会竭力提供的服务,不构成本法的一部分。

1. 1954 年第 23 号条例——《1954 年新加坡理工学院条例》

法案:G.N. No. S 第 271/1954 号法案

一审日期:1954 年 8 月 17 日

二审日期:1954 年 9 月 21 日

三审日期:1954 年 10 月 12 日

生效日期:1954 年 10 月 27 日

2. 1955 年修订版——《新加坡理工学院条例》(第 204 章)

施行日期:1956 年 7 月 1 日

3. 1957 年第 9 号条例——《1957 年新加坡理工学院(修订)条例》

法案:第 94/1957 号法案

一审日期:1957 年 2 月 13 日

二审日期:1957 年 4 月 24 日

修订公告:1957 年 4 月 24 日

三审日期:1957 年 4 月 24 日

生效日期:1957 年 5 月 17 日

4. 1959 年第 71 号条例——《1959 年权力移交条例》

(第 4 条所作修订与上述条例的附表——并参阅)

法案:第 30/1959 号法案

一审日期:1959 年 9 月 22 日

二审和三日期:1959 年 11 月 11 日

生效日期:1959 年 11 月 20 日(第 4 条与附表——并参阅)

5. 1959 年第 G. N. No. S(N.S.) 178 号法案——《1959 年新加坡宪法(法律修改)(4 号)令》

生效日期:1959 年 11 月 20 日

6. 1970 年修订版——《新加坡理工学院法》(第 180 章)

施行日期:1971 年 5 月 31 日

7. 1971 年第 26 号法案——《1971 年新加坡理工学院(修订)法》

法案:第 13/1971 号法案

一审日期:1971 年 10 月 19 日

二审和三审日期:1971 年 12 月 2 日

生效日期:1972 年 3 月 1 日

8. 1980 年第 7 号法案——《1980 年新加坡理工学院(修订)法》

法案:第 42/1979 号法案

一审日期:1976 年 12 月 11 日

二审和三审日期:1980 年 2 月 26 日

生效日期:1980 年 4 月 1 日

9. 1985 年修订版——《新加坡理工学院法》(第 303 章)

施行日期:1987 年 3 月 30 日

10. 2002 年第 5 号法案——《2002 年法定公司(出资)法》

〔上述法案第 3 条作出修订与附表第(41)项一并参阅〕

法案:第 42/2002 号法案

一审日期:2002 年 5 月 3 日

二审和三审日期:2002 年 5 月 24 日

生效日期:2002 年 6 月 15 日〔第 3 条与附表第(41)项一并参阅〕

11. 2004 年第 45 号法案——《2004 年受托人(修订)法》

〔上述法案第 25(4)条所作修订与附表第(47)项一并参阅〕

法案:第 43/2004 号法案

一审日期:2004 年 9 月 21 日

二审和三审日期:2004 年 10 月 19 日

生效日期:2004 年 12 月 15 日[第 25(4)条与附表第(47)项一并参阅]

12. 2016 年第 16 号法案——《2016 年法规(杂项修订)法》

(上述法案第 40 条所作修订)

法案:第 15/2016 号法案

一审日期:2016 年 4 月 14 日

二审和三审日期:2016 年 5 月 9 日

生效日期:2016 年 6 月 10 日(第 40 条)

13. 2018 年第 5 号法案——《2018 年公共部门(治理)法》

(上述法案第 101 条所作修订)

法案:第 45/2017 号法案

一审日期:2017 年 11 月 6 日

二审日期:2018 年 1 月 8 日

修订公告:2018 年 1 月 8 日

三审日期:2018 年 1 月 8 日

生效日期:2018 年 4 月 1 日(第 101 条)

略语表

C.P.	理事会文件
G.N. No. S(N.S.)	新加坡政府公告编号（新系列）
G.N. No.	政府公告编号
G.N. No. S	新加坡政府公告编号
G.N. Sp. No. S	新加坡政府公告特别编号
L.A.	立法议会
L.N.	法律公告（联邦/马来西亚附属法例）
M. Act	马来亚/马来西亚法案
M. Ordinance	马来亚条例
Parl.	议会
S.S.G.G.(E) No.	海峡殖民地政府宪报（特别）编号
S.S.G.G. No.	海峡殖民地政府宪报编号

对照表

本法已于 2020 年修订版中重新编号。此对照表旨在帮助用户在前一修订版中找到相应条款。

2020 年版本	1985 年版本
7—(2)和(3)	7—(2)
(4)和(5)	(3)
(6)	(4)
14—(2)	14—(1A)
(3)	(2)
(4)	(3)
【省略—已失时效】	15—(4)

1992 年南洋理工学院法

2020 年修订版

本修订版纳入了截至 2021 年 12 月 1 日（含）的所有修订

于 2021 年 12 月 31 日起实施

法律修订委员会

在《1983 年法律法》修订版授权下

编制并发布

条款目录

1. 简称

2. 释义

3. 南洋理工学院的设立

4. 公章

5. 理工学院的宗旨及权力

6. 理工学院董事会及评议会

7. 理工学院的院系

8. 委员会及权力的授权

9. 主管人员及教务人员

9A.【废止】

10. 理工学院章程

11. 考试

12. 授予文凭的权力等

13. 补助金

14. 发行股票等

15.《1966 年社团法》在学生会的适用

附表

南洋理工学院章程

一部关于设立南洋理工学院及其相关事宜的法。

【1992 年 4 月 1 日】

条　款

1. 简称

本法可称为《1992 年南洋理工学院法》。

2. 释义

在本法中,除文意另有所指外——

"董事会"系指第 4 条中的理工学院董事会;

"章程"系指附表中所载的理工学院章程;

"理工学院"系指根据第 3 条成立的南洋理工学院;

"校长"系指理工学院校长,包括任何以该身份行事的个人;

"评议会"系指理工学院的参议院。

【5/2018】

3. 南洋理工学院的设立

现设立一所理工学院,名为南洋理工学院,其为一个具有延续的法人团体,备有公章,并可以该名称:

(a) 起诉与被起诉;

(b) 获取、拥有、持有、开发或处置动产和不动产;及

(c) 从事和承担法人团体可能合法从事或承担的所有其他行为或事情。

4. 公章

(1) 理工学院公章须按照董事会的指示保管。

(2) 所有需加盖理工学院公章的契据、文件和其他文书,必须加盖理工学院的公章,而加盖公章的文书必须由校长签署或一名副校长和另一名董事会成员共同签署。

(3) 所有法庭及以司法主管人员行事的人对任何需要加盖理工

学院公章的文件作出司法认知,并假定该公章已妥善加盖。

5. 理工学院的宗旨及权力

(1) 理工学院的宗旨——

(a) 提供工程、技术、健康科学、贸易和其他学科的指导和培训;

(b) 通过研究和其他手段促进知识的进步及其实际应用;以及

(c) 促进与工商界的知识与技能交流。

(2) 理工学院可——

(a) 为其学生提供其认为合适的任何设施;

(b) 设立并任命讲师和其他职务以及办公室,雇佣理工学院认为必要的任何其他员工;

(c) 确定、要求和收取学费及其他费用;

(d) 向工商界提供其认为合适的技术和咨询服务;

(e) 组建或参与组建符合董事会宗旨的公司或其他事业;

(f) 以一切合法手段募集和接受来自各方的捐赠和捐款,或筹集资金;

(g) 向任何个人或组织提供捐赠和捐款;以及

(h) 做所有必要的、附带的或有利于实现其全部或任何宗旨的事情。

(3) 在第(2)(e)款中,"公司"——

(a) 具有《1967 年公司法》第 4(1)条赋予的含义;以及

(b) 包括该法意义范围内的一家外国公司。

【S461/2020】

6. 理工学院董事会及评议会

(1) 董事会和评议会的章程、职能、权力以及职责由法案和章程规定。

(2) 根据本法各条款及章程的规定,董事会是理工学院的最高管治机构,须管理理工学院的财产和事务。

(3) 根据本法、《2018 年公共部门(治理)法》和章程的规定以及董事会的财务控制,评议会负责管理与理工学院教育相关的所有事宜。

【5/2018】

(4) 董事会或评议会的任何法案或决议均不得仅因以下原因无效:董事会或评议会任何成员的缺席,或在任何成员的资格或任命上存在的任何缺陷。

7. 理工学院的院系

(1) 应设立工程学院、信息技术学院、工商管理学院、健康科学学院以及董事会根据评议会的建议组建的任何其他学院。

(2) 每所学院都应有一名院长,其权力由董事会授予。

(3) 董事会可根据评议会的建议,以其认为合适的方式,组建、解散或改革任何学院和任何学院的任何部门、中心、单位及其他分部。

8. 委员会及权力的授权

(1) 董事会、评议会和校长可以成立他们认为合适的任何委员会。

(2) 除非另有明确规定,否则任何委员会可(视情况而定)部分由非理工学院董事会成员、评议会成员或主管人员组成。

(3) 根据本法、《2018 年公共部门(治理)法》和章程的规定,董事会、评议会和校长可在其认为适当的限制或条件下,将其任何权力和职责授权给任何委员会。

【5/2018】

9. 主管人员及教务人员

(1) 理工学院的校长、副校长、注册官及其他主管人员须由董事会根据章程任命。

(2) 理工学院的教务人员指学院院长、讲师及根据章程指定为教务人员的任何其他人员,均由董事会根据校长的建议任命。

(3) 主管人员和教务人员的权力和职责、任职期限和条件以及薪酬由本法、章程和各自的任命条款规定。但董事会可根据校长的建议,将其认为合适的权力和职责进一步分配给任何主管人员及教务人员。

9A. 【根据 2018 年第 5 号法案废止】

10. 理工学院章程

（1）根据本法规定,理工学院受附表所列章程规定的约束。

（2）部长可在咨询董事会后,借《宪报》刊登的命令修订章程。

（3）根据章程制定的条例并非附属条例。

11. 考试

理工学院举行的所有考试均须按照理工学院章程和根据章程制定的所有条例进行。

12. 授予文凭的权力等

理工学院有权——

（a）颁发文凭和证书及根据理工学院章程订定的条例规定的任何其他学术荣誉;以及

（b）为未注册学生提供理工学院安排的讲座和指导,并向其颁发文凭、证书和其他学术荣誉。

13. 补助金

（1）部长须向理工学院支付议会可能提供的款项,作为对理工学院的补助金。

（2）根据第(1)款支付于理工学院的所有款项,可由理工学院使用或支出,以实现理工学院所有或任何宗旨。

14. 发行股票等

政府根据本法将任何财产、权利或债务归属于理工学院,或政府依照任何成文法向理工学院注入资本或进行其他投资,理工学院须按照财政部长的指示向其发行股份或其他证券。

【13A

【5/2002】

15.《1966 年社团法》在学生会的适用

（1）尽管《1966 年社团法》中有相反规定,但该法规定适用于南洋理工学院学生会及其根据理工学院章程下条例而建子机构。

（2）负责社团的部长可借《宪报》刊登的命令，在符合该命令规定的任何条件下，豁免南洋理工学院学生会及其任何子机构，使其免受《1966 年社团法》中所有或任何条款的规限。

【19

附　表

第 2 条和第 10(1)条

南洋理工学院章程

第 1 部分

序言

1. 释义

(1) 在本章程中,除文意另有规定外——

"法案"系指《1992 年南洋理工学院法》;

"董事会"系指理工学院董事会;

"主席"系指董事会主席;

"章程"系指理工学院章程;

"讲师"系指理工学院的教务人员;

"理工学院"系指南洋理工学院;

"校长"系指理工学院校长;

"注册学生"系指在理工学院注册课程或科目,从而获得理工学院文凭、证书或其他学术荣誉的学生;

"注册官"系指理工学院的注册官;

"规章"系指根据章程制定的规章;

"学院"系指工程学院、信息技术学院、工商管理学院、健康科学学院以及董事会根据评议会的建议组建的其他学院;

"评议会"系指理工学院的评议会。

(2) 在本章程中——

(a) 凡在章程中提述的特定条,均指本章程中的条;

(b) 凡在某条中提述特定款,均指该条中的款;以及

(c) 凡在某款中提述特定项,均指该款中的项。

第 2 部分

理工学院的主管人员

2. 校长和副校长的任命、权力和职责

(1) 校长由董事会根据董事会确定的条款和条件任命。

(2) 校长的任免、纪律和晋升须符合《2018 年公共部门(治理)法》。

(3) 校长是理工学院的首席执行官和首席学术官,就以下事项对董事会负责——

(a) 根据董事会确定的政策对理工学院进行适当的管理及学术类事务的管理;

(b) 正确执行根据章程订定的条例;及

(c) 理工学院职员和学生的福利及纪律。

(4) 为实施第(3)款,校长有为实现此目的所需或适当的权力。

(5) 校长有权出席理工学院任何委员会的任何会议并发言,但除非校长是委员会成员,否则无权在会议上投票。

(6) 董事会应根据董事会确定的条款和条件任命一名或多名副校长。

(7) 副校长须履行校长(或董事会,如果校长不能指派)指派给他的职责。

3. 注册官

(1) 注册官由董事会根据其确定的条款和条件任命。

(2) 注册官须——

(a) 担任董事会秘书;

(b) 出席董事会的所有会议,除非主席允许其缺席;

(c) 妥善做好会议记录;及

(d) 执行董事会指派给注册官的其他职责。

（3）在注册官缺席的情况下，主席可任命一名合适的人员担任特定会议秘书。

（4）注册官无权对董事会的任何问题进行表决，除非其为董事会成员。

4. 其他主管人员和雇员等

根据 2018 年《公共部门（治理）法》，董事会可根据其确定的条款和条件，任命和聘用其他主管人员、雇员、顾问和代理人，这对有效履行其职能是必须的。

第 3 部分
董事会和评议会

5. 董事会

（1）董事会由以下成员组成：

（a）一名主席；

（b）一名副主席；

（c）校长；

（d）部长决定的其他成员（不少于 9 人，亦不多于 15 人）。

（2）董事会的每位成员（校长除外）均由部长任命，除非部长另有指示，否则其任期为三年，自任命之日起生效，并有资格再获委任。

6. 董事会的权力

（1）董事会须管理理工学院的事务，但本法或章程授予理工学院其他主管部门或主管人员的事务除外。

（2）在不限制第（1）款的情况下，董事会根据本法和章程，有权——

（a）管理和处理理工学院的财务、账目、投资、财产、业务等所有事务，并为此任命银行家、法律顾问、律师和适合委任的主管人员或代理人；

（b）根据《1965 年解释法》第 33A 条规定的法定机构标准投资权力，投资理工学院的资金；

（c）代表理工学院购买、授予、出售、转让、让与、交出、放弃、交换、分割、抵押、转让、重新转让、转移和接受不动产和动产的租赁；

(d) 提供理工学院所需的建筑物、处所、家具、仪器及其他设施；

(e) 代表理工学院借款，并为此目的抵押理工学院的全部或任何部分财产（不动产或动产），或以理工学院认为合适的不动产、动产或其他财产作担保；

(f) 代表理工学院签订、更改、执行和取消合同；

(g) 代表理工学院出版书籍和其他材料；

(h) 与评议会协商，审查理工学院的教育教学；

(i) 与其他理工学院和权威机构合作，管理和举行考试，对学校和其他学术机构进行考试和检查，拓展理工学院的教学以及作他用；

(j) 向部长提议对章程的任何条款进行增补、修订或废止；

(k) 规定学费；

(l) 任命主管人员、讲师和其他雇员，确定其职责、薪酬、任命条款和条件；

(m) 在新加坡境内或境外任命委员会，为董事会可能任命的任何职位选择候选人；

(n) 将其任何权力授予董事会任何成员或董事会任何委员会，或授予理工学院的任何主管人员、讲师或其他雇员；及

(o) 为使本法或章程授予董事会的权力生效，执行其他所有必要的行为和事项。

(3) 董事会可根据条例就下列事宜或目的制定规章：

(a) 理工学院事务的管理；

(b) 理工学院职员、讲师及其他雇员的委任、晋升、行为、纪律管制、解雇及终止服务；

(c) 学生的福利、纪律、休学和开除；

(d) 合同的形式；

(e) 理工学院的出版物；

(f) 各项费用；

（g）制定本法或章程许可的任何条例；

（h）根据本法或章程授权董事会可管理的任何事项。

（4）除非董事会另有规定，否则所有此类条例自制定之日起生效。

7. 董事会成员的离任

（1）若部长认为董事会成员（校长除外）不适合继续任职或无法履行其职责，部长可撤销对董事会成员的任命。

（2）董事会成员（校长除外）可书面告知部长，辞去其职务。

8. 董事会成员空职的填补

若董事会成员（校长除外）的职位空缺，部长可任命任何人填补该空缺，该人的任期以其前任人余下的任期为限。

9. 董事会会议

（1）主席须视需要随时召集董事会会议。

（2）董事会每次会议的法定人数为 6 人。

（3）董事会会议的每项决定，须由出席会议并参加表决人数的简单多数通过，但如各方票数均等，主席可投决定票，若主席缺席，副主席可投决定票。

（4）由主席主持董事会会议，若其缺席，由副主席主持董事会会议。

（5）在董事会会议主席、副主席缺席的情况下，出席会议的成员可选举会议主持者。

（6）董事会可批准其成员缺席董事会会议。

（7）董事会不得仅因议席空缺而不召开会议或不采取任何行动。

（8）根据本章程和《2018 年公共部门（治理）法》，董事会可订立常规，以规管其行事程序。

10. 评议会

（1）评议会包括：

（a）校长，即主席；

（b）学院院长；

（c）由董事会任命的一定数量的理工学院主管人员；以及

（d）由董事会决定的一定数量的经所有讲师选举产生的讲师。

（2）评议会须在每个学年的每个学期至少召开两次会议，以及在其他必要的时间召开会议。

（3）评议会每次会议的法定人数为其成员总数的四分之一。

（4）评议会主席可要求理工学院的任何主管人员、讲师或其他雇员出席评议会的会议。

（5）注册官是评议会的秘书，除非注册官被任命为评议会的议员，否则无权就评议会遇到的任何问题进行表决。

11. 评议会的权力

根据本法和章程的规定以及董事会提供的资金，评议会有权：

（a）为理工学院颁发的文凭、证书和其他奖项提供学习课程，以及任何其他合适的学习课程；

（b）指导和规范理工学院的教育教学；

（c）借进行研究出版刊物促进知识进步；

（d）指导举行考试的方式；

（e）确定在其他理工学院或学习地点的考试及学习课程中哪些可以等同于南洋理工学院的考试及学习课程；

（f）就提供教育及其他学术设施事宜向董事会进言；

（g）根据章程和条例，决定有资格被授予文凭、证书和其他荣誉的人员；

（h）组织各院系；

（i）确定竞赛的时间、方式和条件，并按照竞赛的条款授予助学金、奖学金以及其他教育捐赠和奖品；

（j）要求任何学术不合格的学生终止在理工学院的学业；

（k）为未注册学生提供讲座和学习课程；

（l）就董事会可能提交给评议会的任何事项向董事会提出建议；

（m）将其任何权力委托给评议会的任何成员、评议会的任何委员会或理工学院的任何主管人员或讲师；以及

（n）采取所有其他必要的行动,使本法和章程赋予评议会的权力生效。

12. 评议会制定的条例

（1）评议会可就下列任何事项或目的订立规例:

（a）学生的录取和注册;

（b）颁发文凭、证书以及其他荣誉的条件;

（c）学习课程和考试;

（d）学士服;

（e）奖学金及其他教育捐赠和奖品的发放;

（f）考试的举行;

（g）根据本法或章程授权制定任何需要的条例;

（h）对个人可在何种条件下豁免于评议会制定的任何条例,规定条件;

（i）本法或章程授权评议会管理的所有其他事项。

（2）除非董事会另有授权,否则所有此类条例必须报予董事会,自制定之日起至少一学期后实施。

第 4 部分
考试

13. 考试

（1）文凭、证书及其他奖项的考试须按照评议会制定的条例进行。

（2）注册官须履行由评议会授予的考试职责,也可由副手履行这些职责。

第 5 部分
财务条款

14. 财政年度

理工学院的财政年度自每年 4 月 1 日起,至次年 3 月 31 日结束。

15. 编制概算

董事会指示的理工学院主管人员有责任编制理工学院每个财政年度的收支预算，以供董事会审议。

16. 董事会接受赠品的权力

（1）董事会可代表理工学院，在其可能确定的条件下，通过赠予、赠品、遗嘱处置或其他方式接受财产和钱款以资助理工学院的财务。

（2）必须保存所有向理工学院捐款的记录，包括捐赠者的姓名以及任何特殊情况下的捐赠。

17. 因特定目的捐赠的财产单独核算

因任何特定目的捐赠的所有财产、钱款或资金，均须按照其可能的捐赠目的使用和管理，且必须单独核算。

第6部分
学生会

18. 南洋理工学院学生会

（1）南洋理工学院学生会根据董事会制定的条例成立，由该条例订明的子机构组成。

（2）须明确规定南洋理工学院学生会及其各组成机构的章程、会员、职能及其他相关事项。

（3）理工学院可为学生会及其组成机构的利益，向学生或任何类别的学生征收和收取其规定的费用，且该费用可按理工学院认为符合学生会及其组成机构的宗旨的任何方式使用。

【45/2004；5/2018】

立法史

此立法史为法律修订委员会竭力提供的服务,不构成本法的一部分。

1. 1992 年第 11 号法案——《1992 年南洋理工学院法》

法案:第 13/1992 号法案

一审日期:1992 年 2 月 27 日

二审和三审日期:1992 年 3 月 20 日

生效日期:1992 年 4 月 1 日

2. 1993 年修订版——《南洋理工学院法》(第 191A 章)

施行日期:1993 年 3 月 15 日

3. 2002 年第 5 号法案——《2002 年法定公司(出资)法》

[第 3 条所作修订与上述法案附表第(22)项一并参阅]

法案:第 7/2002 号法案

一审日期:2002 年 5 月 3 日

二审和三审日期:2002 年 5 月 24 日

生效日期:2002 年 7 月 15 日[第 3 条与附表第(22)项一并参阅]

4. 2004 年第 45 号法案——《2004 年受托人(修订)法》

[第 25(4)条所作修订与上述法案附表第(29)项一并参阅]

法案:第 43/2004 号法案

一审日期:2004 年 9 月 21 日

二审和三审日期:2004 年 10 月 19 日

生效日期:2004 年 12 月 15 日[第 25(4)条与附表第(29)项一并参阅]

5. 2016 年第 16 号法案——《2016 年法规(杂项修订)法》

(上述法案第 21 条所作修订)

法案:第 15/2016 号法案

一审日期:2016 年 4 月 14 日

二审和三审日期:2016 年 5 月 9 日

生效日期:2016 年 6 月 10 日(第 21 条)

6. 2018 年第 5 号法案——《2018 年公共部门(治理)法》

(上述法案第 79 条所作修订)

法案:第 45/2017 号法案

一审日期:2017 年 11 月 6 日

二审日期:2018 年 1 月 8 日

修订通知:2018 年 1 月 8 日

三审日期:2018 年 1 月 8 日

生效日期:2018 年 4 月 1 日(第 79 条)

7. 2020 年第 G.N. S 461 号法案——《2020 年可变资本公司(对其他法案的相应修订)令》

生效日期:2020 年 6 月 15 日

略语表

C.P.   理事会文件
G.N. No. S(N.S.)   新加坡政府公告编号（新系列）
G.N. No.   政府公告编号
G.N. No. S   新加坡政府公告编号
G.N. Sp. No. S   新加坡政府公告特别编号
L.A.   立法议会
L.N.   法律公告（联邦/马来西亚附属法例）
M. Act   马来亚/马来西亚法案
M. Ordinance   马来亚条例
Parl.   议会
S.S.G.G.（E）No.   海峡殖民地政府宪报（特别）编号
S.S.G.G. No.   海峡殖民地政府宪报编号

对照表

本法已于 2020 年修订版中重新编号。此对照表旨在帮助用户在前一修订版中找到相应条款。

2020 年版本	1993 年版本
14	13A
—	14【根据 2018 年第 5 号法案废止】
—	15【根据 2018 年第 5 号法案废止】
—	16【根据 2018 年第 5 号法案废止】
—	17【根据 2018 年第 5 号法案废止】
—	18【根据 2018 年第 5 号法案废止】
15	19

1967 年义安理工学院法

2020 年修订版

本修订版纳入了截至 2021 年 12 月 1 日(含)的所有修订

于 2021 年 12 月 31 日起实施

法律修订委员会

在《1983 年法律法》修订版授权下

编制并发布

条款目录

1. 简称

2. 释义

3. 义安理工学院的设立

4. 理工学院的宗旨及职能

5. 董事会与评议会

6. 董事会为最高管治机构

7. 董事会的组成

8. 董事会成员的离任

9. 董事会成员职位空缺的填补

10. 董事会的职能

11. 董事会的权力

12. 董事会会议

13. 注册官的任命及职责

14. 公章的使用

15. 评议会的权力

16. 评议会的组成

17. 委员会与理事会

18.【废止】

19. 校长的任命及职责

19A. 其他管理人员及员工等

20. 理工学院的收入及财产

20A. 发行股票等

21.【废止】

22. 义安理工学院学生会

23.《1966 年社团法》在学生会中的适用

24. 规则

25. 对合同和馈赠等的解释

关于义安理工学院的设立及其相关事宜的法。

【1967 年 11 月 10 日】

条　款

1. 简称

本法可称为《1967 年义安理工学院法》。

2. 释义

在本法中,除文意另有所指外——

"主席"系指董事会主席;

"董事会"系指根据本法第 5 条设立的理工学院董事会;

"义安公司"系指根据《1933 年义安公司条例》成立的义安公司;

"理工学院"系指根据本法第 3 条成立的义安理工学院;

"校长"系指理工学院的校长,亦指任何署理校长职位的个人;

"注册官"系指根据本法第 13(1)款委任的理工学院注册官;

"评议会"系指根据本法第 5 条设立的理工学院评议会。

【5/2018】

3. 义安理工学院的设立

现根据本法设立一所理工学院,名为义安理工学院,其为一个永久延续的法人团体,须备有公章。该法人团体具有全面权力以该名称起诉与被起诉,并以该名称进行法人团体可依法进行的任何其他行为,也具有本法赋予的其他权力。

4. 理工学院的宗旨及职能

理工学院的宗旨及职能为——

(a) 协力于知识的保存、传播、交流及增长;

(b) 提供科学、技术与商务学科,以及其他董事会不时决定开设学科的正规课程;及

(c) 促进新加坡的民智、文化、商业及工业发展,借以协力提高其

253

经济与社会福利。

5. 董事会与评议会

理工学院设有一个董事会和一个评议会,其组成、职能及权力见本法。

6. 董事会为最高管治机构

根据本法规定,董事会是理工学院的最高管治及行政机构,须根据第 4 条规定的机构宗旨及职能管理理工学院的财产。

7. 董事会的组成

(1)董事会成员包括:

(a)1 名主席;

(b)1 名副主席;

(c)校长;

(d)由董事会管理委员会提名的 3 名义安公司代表;及

(e)可由部长决定的不少于 6 名亦不超过 12 名的其他人士。

(2)除校长外,所有董事会成员均由部长任命,除非部长另有指示,否则其任期乃由委任之日起计为期 3 年,但有资格再获委任。

8. 董事会成员的离任

(1)董事会成员如有下述情形,则须离任——

(a)破产或停止偿付其债权人,或与其债权人整体达成任何安排或和解;或

(b)未经董事会许可,擅自缺席会议连续三次以上。

(2)若部长认为其不适合继续任职或无能力履行其职责,则可撤销该董事会成员(除校长外)的委任。

(3)董事会成员(除校长外)可随时借书面通知向部长提出辞职。

9. 董事会成员职位空缺的填补

(1)如果董事会成员(除校长外)的职位出现空缺,部长可以委任任何人填补该空缺,任满其前任的未满任期。

(2)若根据第(1)款为获委任人所替代的董事会成员曾为义安公

司的代表,则获委任的人亦须为由管理委员会提名的义安公司的代表。

10. 董事会的职能

(1) 董事会有责任以最能够发扬理工学院的宗旨及职能的方式行使其权力。

(2) 董事会的职能包括——

(a) 在理工学院现有资金范围内,批准适当且必要的经费;

(b) 收存校长编制的理工学院年度工作报告;

(c) 根据本法制定的任何规则编制年度概算和年度报表;

(d) 聘任董事会认为必要或适宜的学术及行政人员,及聘任此类顾问;

(e) 为理工学院筹集资金,带来理工学院的收入;

(f) 规管理工学院的纪律;及

(g) 执行董事会认为为行使或履行其全部或任何一项职能及责任所必需的所有事项及事情。

11. 董事会的权力

为施行本法规定,若理事会认为有需要或适宜,可——

(a) 签订合同;

(b) 获取、购买、取得、持有与享有任何动产及不动产;

(c) 按任何董事会认为合适的条款,出售、转易、转让、退回和交出、按揭、批租、再转让、转移、或以其他方式处置属于理工学院的任何动产或不动产;

(d) 以理工学院的任何土地或任何资金为担保,有息借款;

(e) 根据《1965 年解释法》第 33A 条中规定的法定机构的标准投资权力,对理工学院的资金进行投资;及

(f) 处理法人团体附带的或附属于法人团体的所有其他事项及事情。

【45/2004】

12. 董事会会议

（1）主席须视需要随时召集董事会会议。

（2）董事会每次会议的法定人数为 6 人。

（3）董事会会议的每项决定，须由出席会议并参加表决人数的简单多数通过，但如各方票数均等，主席可投决定票，若主席缺席，副主席可投决定票。

（4）由主席主持董事会会议，若其缺席，由副主席主持董事会会议。

（5）在主席和副主席缺席董事会会议的情况下，由出席会议的成员互选的一名成员主持该会议。

（6）董事会可给予其成员缺席董事会会议的许可。

（7）董事会不得仅因议席空缺而不召开会议或不采取任何行动。

（8）根据本法及《2018 年公共部门（治理）法》规定，董事会可订立常规，以规管其行事程序。

【5/2018】

13. 注册官的任命及职责

（1）理工学院必须有一名注册官，由董事会根据其订定的条款及条件委任。

（2）注册官——

（a）为董事会秘书；

（b）若非主席同意其不出席，其须出席董事会所有会议；

（c）须妥善做好会议记录；并

（d）须履行董事会指派的任何其他职责。

（3）在注册官缺席的情况下，主席可委任一名合适的人担任某次会议的秘书。

（4）任何会议的记录均须于会议日期起计 14 天内发给董事会各成员。

（5）除非该注册官是根据第（3）款获委任在某一特定会议上担任

该职务的董事会成员,否则其无权参与任何有待董事会解决的问题的表决。

14. 公章的使用

(1) 理工学院的公章须由校长保管。除非董事会主席或一名成员与校长在场,并于加盖前在文书上签字以示在场,且该签字足以证明理工学院的公章已妥善加盖,及该公章是理工学院的合法印章,否则不得加盖于除毕业证书与学历证书外的任何文书。

(2) 若获董事会正式授权的理工学院任何两名干事在场,并于加盖前在该毕业证书或学历证书上签字以示在场,且该签字足以证明理工学院的公章已妥善加盖,及该公章是理工学院的合法印章,方可将学院公章加盖于任何毕业证书或学历证书上。

15. 评议会的权力

(1) 在遵守本法规定及任何根据本法制定的规则的情况下,评议会掌管——

(a) 理工学院的授课、教育及研究;

(b) 理工学院学生考试的举行;及

(c) 证书、文凭及其他学历的授予。

(2) 董事会可不时增加或改变第(1)款所载的评议会的职责。

16. 评议会的组成

评议会组成如下——

(a) 兼任主席的校长;

(b) 兼任副主席的副校长;

(c) 理工学院各院系负责人;

(d) 理工学院图书馆馆长;

(e) 2 名委员,选自理工学院的全职教职人员,任期 2 年;及

(f) 兼任秘书的注册官。

17. 委员会与理事会

(1) 董事会及评议会可分别委任其认为合适的委员会或理事会。

（2）除非据本法订定的规则另有明确规定,任何委员会或理事会可包含部分非董事会和非评议会成员(视情况而定)。

（3）在符合本法及《2018 年公共部门(治理)法》的规定下,董事会和评议会可将其任何权力及职责转授予任何委员会或理事会,如其认为合适,可就该项转授附加或不附加任何限制或条件。

【5/2018】

18.【根据 2018 年第 5 号法案废止】

19. 校长的任命及职责

（1）董事会须按其所做出的规定及条件委任理工学院校长。

（2）校长的任免、惩戒及晋升须符合《2018 年公共部门(治理)法》。

【5/2018】

（3）校长为——

（a）理工学院的首席行政与学术负责人;并

（b）就以下事宜向董事会负责——

　　（i）依据董事会的政策,妥善管理理工学院的行政及学术事务;

　　（ii）合理执行依据本法制定的任何条例;

　　（iii）规管理工学院的学生纪律;及

　　（iv）编制理工学院的年度工作报告,及第 10(2)(b)与(c)条规定的董事会须接收且拟备的年度概算及年度账目报表。

（4）为使第(3)款生效,在符合本法规定的情况下,校长拥有一切必要或适当的权力。

（5）校长有权在根据第 17(1)条委任的委员会或理事会的任何会议上发言,但无权投票,除非其为委员会或理事会成员。

19A. 其他管理人员及员工等

在遵守《2018 年公共部门(治理)法》的情况下,董事会可根据理事会设立的条款和条件,任命和雇用为有效履行其职能所需的其他干事、员工、顾问及代理人。

【5/2018】

20. 理工学院的收入及财产

（1）理工学院的收入及财产包括——

（a）义安公司可捐助或资助理工学院的钱款及动产；

（b）义安公司可转让或捐赠给理工学院的不动产；及

（c）馈赠、赠款、捐款及其他任何来源与任何性质的资产；

（2）《1933 年义安公司条例》第 20 条不适用于义安公司向理工学院转让或捐赠不动产。

20A. 发行股票等

由于根据本法将政府的任何财产、权利或负债归属于理工学院，或根据任何成文法律将来自政府的任何资本注入或其它投资归属于理工学院，理工学院须依照财政部长的指示向其发行股票或其他证券。

【5/2002】

21.【根据 2018 年第 5 号法案废止】

22. 义安理工学院学生会

（1）理工学院将成立一个学生协会，名为义安理工学院学生会，其依照在第 24（1）条下订立的规则设立，其中包含这些规则规定的成员机构。

（2）义安理工学院学生会的章程、会员、职能及其他相关事宜，以及其每一个成员机构均由规则规定。

（3）为了义安理工学院学生会及成员机构的利益，董事会可按其决定向学生或任何班级的学生征收及收取费用；该费用可通过任何董事会认为符合学生会及其成员机构宗旨的方式收取。

23.《1966 年社团法》在学生会中的适用

（1）除《1966 年社团法》中另有相反规定外，该法规定适用于义安理工学院学生会及其根据在第 24（1）条下制定的规则而设立的成员机构。

（2）负责社团事务的部长可借《宪报》刊登的命令，豁免义安理工学院学生会及其任何成员机构，使其免受《1966 年社团法》的所有或任何规定的限制，但须遵守该命令中规定的任何条件。

24. 规则

（1）经部长批准，董事会可制定任何在其看来为执行本法规定所必要或合适的规则。

（2）在不限制第（1）款的原则下，可就下列任何目的或任何事宜制定规则：

（a）有关理工学院一般行政管理及学术管理的事宜，包括——

　　（i）入读理工学院的必要资格、为理工学院学生开设的教学课程、在理工学院的就读时长与学期数，以及证书、文凭及其他学历资格的颁授；及

　　（ii）奖学金和助学金的颁发及撤销；

（b）设立任何一种制度，在董事会规定的员工或几类员工去世或从理工学院退休或因其他原因离开理工学院时，向其发抚恤金、公积金或其它养老福利金；

（c）在不违反《2018 年公共部门（治理）法》的情况下，规定校董会的议事程序；

（d）规管账目的备存、列报及账目审查；

（e）理工学院收取的课程费用及其可能征收的任何其他费用；

（f）管理图书馆、实验室及本法未明确规定的理工学院的所有其他活动部门；

（g）根据第 17（1）条委任的任何委员会或理事会的章程、权力及职责；

（h）理工学院学术及行政人员的任命、晋升、品行、纪律监察、解雇及终止服务；

（i）学生的品行及纪律管制。

（3）所有根据本条制定的规则，均须在《宪报》刊登。

25. 对合同和馈赠等的解释

1982 年 4 月 16 日起及之后，凡在合同、协议、遗赠、遗嘱、信托或其它文书中提及义安理工学院，均具有提及义安理工学院的效力。

立法史

此立法史为法律修订委员会竭力提供的服务,不构成本法的一部分。

1. 1967 年第 23 号法案——《1967 年义安学院法》

法案:第 7/1967 号法案

一审日期:1967 年 3 月 13 日

二审日期:1967 年 5 月 24 日

提交专责委员会报告:议会 1967 年第 9 号法案

三审日期:1967 年 9 月 8 日

生效日期:1967 年 11 月 10 日

2. 1970 年第 17 号法案——《1970 年义安学院(修订)法》

法案:第 9/1970 号法案

一审日期:1970 年 3 月 17 日

二审和三审日期:1970 年 3 月 30 日

生效日期:1970 年 8 月 22 日

注:此法规定《义安学院法》更名为《义安工艺学院法》。

3. 1970 年修订版——《义安工艺学院法》(第 179 章)

施行日期:1971 年 5 月 31 日

4. 1972 年第 19 号法案——《1972 年义安工艺学院(修订)法》

法案:第 6/1972 号法案

一审日期:1972 年 3 月 7 日

二审和三审日期:1972 年 3 月 23 日

生效日期:1972 年 5 月 12 日

5. 1975 年第 40 号法案——《1975 年义安工艺学院(修订)法》

法案:第 45/1975 号法案

一审日期:1975 年 8 月 19 日

二审和三审日期:1975 年 11 月 11 日

生效日期:1976 年 1 月 1 日

6. 1980 年第 8 号法案——《1980 年义安工艺学院(修订)法》

法案:第 43/1979 号法案

一审日期:1979 年 12 月 11 日

二审和三审日期:1980 年 2 月 26 日

生效日期:1980 年 4 月 1 日

7. 1982 年第 4 号法案——《1982 年义安工艺学院(修订)法》

法案:第 28/1981 号法案

一审日期:1981 年 12 月 22 日

二审和三审日期:1982 年 3 月 3 日

生效日期:1982 年 4 月 16 日

注:*此法规定《义安工艺学院法》更名为《义安理工学院法》。*

8. 1985 年修订版——《义安理工学院法》(第 207 章)

施行日期:1987 年 3 月 30 日

9. 2002 年第 5 号法案——《2002 年法定公司(出资)法》[第 3 条所作修订与上述法案附表第(31)项一并参阅]

法案:第 7/2002 号法案

一审日期:2002 年 5 月 3 日

二审和三审日期:2002 年 5 月 24 日

生效日期:2002 年 7 月 15 日[第 3 条与附表第(31)项]

10. 2004 年第 45 号法案——《2004 年受托人(修订)法》[第 25(4)条所作修订与上述法案附表第(36)项一并参阅]

法案:第 43/2004 号法案

一审日期:2004 年 9 月 21 日

二审和三审日期:2004 年 10 月 19 日

生效日期:2004 年 12 月 15 日[第 3 条与附表第(36)项]

11. 2016 年第 16 号法案——《2016 年法规(杂项修订)法》(上述法案第 24 条所作修订)

法案:第 15/2016 号法案

一审日期:2016 年 4 月 14 日

二审和三审日期:2016 年 5 月 9 日

生效日期:2016 年 6 月 10 日(第 24 条)

12. 2018 年第 5 号法案——《2018 年公共部门(治理)法》(上述法案第 86 条所作修订)

法案:第 45/2017 号法案

一审日期:2017 年 11 月 6 日

二审日期:2018 年 1 月 8 日

修订通知:2018 年 1 月 8 日

三审日期:2018 年 1 月 8 日

生效日期:2018 年 4 月 1 日(第 86 条)

略语表

C.P.	理事会文件
G.N. No. S(N.S.)	新加坡政府公告编号（新系列）
G.N. No.	政府公告编号
G.N. No. S	新加坡政府公告编号
G.N. Sp. No. S	新加坡政府公告特别编号
L.A.	立法议会
L.N.	法律公告（联邦/马来西亚附属法例）
M. Act	马来亚/马来西亚法案
M. Ordinance	马来亚条例
Parl.	议会
S.S.G.G.(E) No.	海峡殖民地政府宪报（特别）编号
S.S.G.G. No.	海峡殖民地政府宪报编号

对照表

本法已于 2020 年修订版中重新编号。此对照表旨在帮助用户在前一修订版中找到相应条款。

2020 年版本	1985 年版本
19—（2）	19—（1A）
（3）	（2）
（4）	（3）
（5）	（4）
【省略—已失时效】	22—（4）
—	附表【根据 2018 年第 5 号法案废止】

2000 年义务教育法

2020 年修订版

本修订版纳入了截至 2021 年 12 月 1 日（含）的所有修订

于 2021 年 12 月 31 日起实施

法律修订委员会

在《1983 年法律法》修订版授权下

编制并发布

条款目录

1. 简称

2. 释义

3. 义务教育

4. 豁免

5. 义务教育委员会的设立及其章程

6. 委员会的职责与权力

7. 刑罚

8. 除受总司长指控外，无人会被控以罪行

9. 犯罪构成

10. 个人免责

11. 本法的施行不影响《1957 年教育法》

12. 规章

关于新加坡初等义务教育及其相关事宜的法。

【2003 年 1 月 1 日】

条　款

1. 简称

本法可称为《2000 年义务教育法》。

2. 释义

在本法中，除文意另有所指外——

"委员会"系指根据本法第 5 条设立的义务教育委员会；

"义务教育适龄儿童"系指 6 岁以上、15 岁以下，符合总司长订定的接受初等教育的条件的儿童；

"总司长"系指教育总司长，亦指根据《1957 年教育法》第 5 条不时获准行使教育总司长职能的教育部官员；

"国民小学"系指提供全日制小学教育的任何机构，包括——

（a）由政府直接组织开办的学校；

（b）根据《1957 年教育法》领取补助金的学校；

（c）根据《1990 年校委会（法团）法》第 3（1）款做出的命令所规定的学校；或

（d）其他订明的学校；

就第 3（1）条所适用的儿童而言，其"父母"包括监护人及任何实际对其进行监护的人；

"初等教育"系指通常在儿童年满 6 岁后开始接受的为期 6 年的教育。

3. 义务教育

（1）符合以下条件的义务教育适龄儿童——

（a）生于 1996 年 1 月 1 日后；

（b）为新加坡公民；并

（c）居住于新加坡；

必须按期于国民小学就读。

（2）若义务教育适龄儿童未按第（1）款规定按期就读国民小学，则父母双方均以犯罪论处。

（3）本条不适用于——

（a）其父母在合理期限内提出令总司长信纳的规定理由，说明其未入学国民小学原因的义务教育适龄儿童；或

（b）根据第 4 条豁免的义务教育适龄儿童。

4. 豁免

（1）部长可借《宪报》刊登的命令，并在遵守其可设定的条款或条件的情况下，豁免任何义务教育适龄儿童或任何一类义务教育适龄儿童，使其免受第 3 条的规限。

（2）据本条批予的豁免可随时撤销。

5. 义务教育委员会的设立及其章程

（1）根据本条，设立一个名为"义务教育委员会"的机构。

（2）委员会的人数组成，由部长任命。

（3）部长须委任一名委员会委员为主席。

（4）依第（5）与（6）款的规定，委员会委员须根据其委任条款就任和离任，且在停止担任委员后，亦有资格再次获委任。

（5）委员会委员可随时借书面通知向部长提出辞职。

（6）若部长确信委员会委员——

（a）玩忽职守或行为不当；

（b）已破产或已与其债权人作出安排；

（c）因身体或精神疾病而丧失行为能力；或

（d）在其他方面不能或不适合履行委员职能，部长可罢免该委员的职务。

（7）委员会任何程序的效力，不受任何委员席位空缺或委员的委任方面有任何欠妥之处而影响。

（8）委员会会议的法定人数须由全体委员人数的二分之一组成。

（9）主席须主持委员会的每次会议，但在主席缺席时，出席会议的委员须选出一名委员主持会议。

（10）委员会可依据本法将其全部或部分职责或权力委托给任何人。

（11）在委员会的任何会议上提出的所有问题，均须由出席委员以多数票决定，若票数均等，会议主持人可投决定票。

（12）在符合本法条款的情况下，委员会可按其认为合适的方式规管委员会程序。

6. 委员会的职责与权力

（1）义务教育委员会的职责如下：

（a）调查是否有人曾经或正在违反本法的条款；

（b）就本法条款的执行向总司长提出建议；

（c）概括而言，作出符合本法条款的所有必要行动和事情。

（2）为履行本法规定的职责，委员会可以——

（a）聆讯及讯问经宣誓的证人；

（b）传召任何人出席委员会聆讯，以作证或出示其所管有的任何文件或其他物品；

（c）一般要求任何人提供任何信息，或出示其所管有的任何文件或其他物品；

（d）要求任何人参加委员会所规定的任何辅导或调解会议；并

（e）作出任何其权力所附带的事情。

（3）在不违背本法条款的情况下，部长可就委员会职责的履行和权力的行使作出任何指示，委员会则必须实施任何该等指示。

7. 刑罚

（1）任何人犯第3(2)条所订罪行，一经定罪，可处5000新加坡元以下罚款或12个月以下监禁，或两者兼施。

（2）凡作出以下行为的人——

（a）拒绝出席委员会的任何聆讯；

（b）拒绝向委员会提供任何信息或出示任何文件；

（c）提供任何在要项上虚假的信息，或出示任何在要项上虚假的文件，而明知为虚假或不信为真；或

（d）妨碍或阻碍总司长、委员会或任何在委员会指示下行事的人，即属违法，一经定罪，可处 5000 新加坡元以下罚款或 12 个月以下监禁，或两者兼施。

8. 除受总司长指控外，无人会被控以罪行

任何人不得被控犯有本法所订定的任何罪行，除非受到总司长的指控。

9. 犯罪构成

总司长可就本条所订定的任何可和解犯罪而准以罚款代替起诉，向合理怀疑犯罪的人收取不超过 2000 新加坡元的款项。

10. 个人免责

任何诉讼或其他法律程序不得针对个人——

（a）委员会的任何委员；或

（b）在委员会的指示下，凡是真诚办事或拟执行或其意是执行本法的其他任何人。

11. 本法的施行不影响《1957 年教育法》

除本法另有明确规定外，本法规定概不影响《1957 年教育法》的施行。

12. 规章

教育部部长可制定执行本法任何条款所必需，或便于执行本法任何条款的规章。

立法史

此立法史为法律修订委员会竭力提供的服务,不构成本法的一部分。

1. 2000 年第 27 号法案——《2000 年义务教育法》

一审日期:2000 年 8 月 25 日

(第 23/2000 号法案,发布日期 2000 年 8 月 26 日)

二审和三审日期:2000 年 10 月 9 日

生效日期:2000 年 10 月 25 日(增补法案的发布日期)

2. 2001 年修订版本——《义务教育法》

施行日期:2001 年 12 月 31 日

3. 2000 年第 27 号法案——《义务教育法》

一审日期:2000 年 8 月 25 日

(第 23/2000 号法案,发布日期 2000 年 8 月 26 日)

二审和三审日期:2000 年 10 月 9 日

生效日期:2003 年 1 月 1 日

注:本法于 2001 年修订后生效。

4. 2020 年修订版——《2000 年义务教育法》

施行日期:2021 年 12 月 31 日

略语表

C.P.	理事会文件
G.N. No. S(N.S.)	新加坡政府公告编号（新系列）
G.N. No.	政府公告编号
G.N. No. S	新加坡政府公告编号
G.N. Sp. No. S	新加坡政府公告特别编号
L.A.	立法议会
L.N.	法律公告（联邦/马来西亚附属法例）
M. Act	马来亚/马来西亚法案
M. Ordinance	马来亚条例
Parl.	议会
S.S.G.G.(E) No.	海峡殖民地政府宪报（特别）编号
S.S.G.G. No.	海峡殖民地政府宪报编号

1990 年淡马锡理工学院法

2020 年修订版

本修订版纳入了截至 2021 年 12 月 1 日（含）的所有修订

自 2021 年 12 月 31 日起实施

法律修订委员会

在《1983 年法律法》修订版授权下

编制并发布

条款目录

1. 简称

2. 释义

3. 淡马锡理工学院的设立与注册成立

4. 淡马锡理工学院的宗旨和权力

5. 董事会和教务委员会的构成、权力和职责

6. 淡马锡理工学院的下属学院

7. 一般委员会

8. 主管人员和教职员工的任命、权力、职责和薪酬

8A.【废止】

9. 淡马锡理工学院章程

10. 考试

11. 授予文凭的权力等

12. 合同的形式

13. 公章

14. 补助款项

15. 股票的发行等

16.《1966 年社团法》于学生会中的适用范围

附表

旨在规定淡马锡理工学院的设立和注册成立等相关事宜之法。

【1990 年 4 月 6 日】

条　款

1. 简称

本法系指《1990 年淡马锡理工学院法》

2. 释义

在本法中，除文意另有所指外——

"董事会"指根据本法设立的淡马锡理工学院的董事会；

"主管人员"指淡马锡理工学院的主管人员；

"理工学院"指根据本法设立并注册成立的淡马锡理工学院；

"理工学院章程"指附表中所列的淡马锡理工学院章程；

"校长"指淡马锡理工学院的校长，包括以该身份行事的任何个人；

"注册学生"指在淡马锡理工学院注册学习某项课程或科目的学生，并获得由淡马锡理工学院颁授的文凭或证书；

"教务长"指淡马锡理工学院的教务长；

"条例"指根据《淡马锡理工学院章程》制定的条例；

"教务委员会"指根据本法设立的淡马锡理工学院教务委员会。

【5/2018】

3. 淡马锡理工学院的设立与注册成立

（1）淡马锡理工学院由董事会、教务委员会、教职员工和理工学院的主管人员组建而成。

（2）淡马锡理工学院为永久延续且拥有公章的法人团体。淡马锡理工学院以此名义拥有如下法律权利——

（a）起诉和被起诉；

（b）获得、拥有、持有和开发或处置财产，包括动产和不动产；

以及

(c) 合法地行使或保留法人团体所有其他行为或事项的权利。

4. 淡马锡理工学院的宗旨和权力

(1) 淡马锡理工学院的宗旨是——

(a) 提供对技术、科学、商业、艺术及其他学科的指导和培训;

(b) 通过研究及其他方式推动知识进步和实际应用;及

(c) 促进与工商界的知识和技能交流。

(2) 淡马锡理工学院可以——

(a) 为学生提供其认为必需的任何设施;

(b) 设立和任命讲师职位和其他职位,并雇用淡马锡理工学院认可的任何其他工作人员;

(c) 确定、要求和收取学费、杂费;

(d) 推动任何业务的建立或获得其利益;及

(e) 作出一切必要的、附带的或有利的事宜以实现其全部或任何宗旨。

5. 董事会和教务委员会的构成、权力和职责

(1) 董事会和教务委员会各自的构成、职能、权力和职责由本法和《淡马锡理工学院章程》规定。

(2) 根据本法和《淡马锡理工学院章程》的规定,董事会是淡马锡理工学院的最高管理机构,学院的财产和事务须由其管理。

(3) 根据本法、《2018 年公共部门(治理)法》和《淡马锡理工学院章程》的规定以及对董事会的财务限制,教务委员会可规定与淡马锡理工学院教育有关的一切事宜。

【5/2018】

(4) 董事会或教务委员会的任何行为或决议均不会仅因其任何成员出现空缺、缺乏资格、选举或任命无效的情况而失效。

6. 淡马锡理工学院的下属学院

(1) 淡马锡理工学院将设立科学与技术学院、商业与设计学院以及由董事会根据教务委员会的建议而设立的任何其他学院。

（2）每个下属学院将配有一名董事会赋予权力的院长。

（3）董事会可根据教务委员会的建议，成立、解散或改革任何下属学院以及任何学院的任何部门、中心、单位和其他分支机构，视其需要而定。

7. 一般委员会

（1）理事会、教务委员会及校长可分别设立他们认为合适的任何委员会。

（2）除非另有明确规定外，任何委员会的部分成员可由非董事会、教务委员会成员或理工学院主管人员之人士（视属何情况而定）组成。

（3）根据本法、《2018年公共部门（治理）法》和《淡马锡理工学院章程》的规定，董事会、教务委员会和校长可分别在他们认为合适（无论有无条件限制）的情况下，将其任何权力和职责委托给任何委员会。

8. 主管人员和教职员工的任命、权力、职责和薪酬

（1）淡马锡理工学院的主管人员包括校长、一名或多名副校长、各下属学院院长、教务长及由董事会委任为理工学院主管人员的任何其他人士。

（2）校长、副校长、教务长及其他主管人员必须由董事会按照《淡马锡理工学院章程》的规定任命。

（3）淡马锡理工学院的教职员工指各学院的院长、讲师和据《淡马锡理工学院章程》被任命为教职员工的任何其他人员。其任命将由董事会根据校长的建议进行。

（4）主管人员和教职员工的权力、职责和任期、任职条件以及其薪酬由本法、《淡马锡理工学院章程》和各自的任命条款规定；对于教职员工中的任何成员，董事会可根据校长的建议任命主管人员，进一步赋予其认为合适的权力和职责。

8A.【于 2018 年第 5 号法案中废除】

9. 淡马锡理工学院章程

（1）根据本法规定，淡马锡理工学院按照附表中所列的《淡马锡理工学院章程》的规定进行管理。

（2）部长在咨询董事会后，可对《淡马锡理工学院章程》进行任何补充或修正，或重新制定并修改。

（3）根据第（2）款对《淡马锡理工学院章程》所作的每一项补充、修正和重新制定，均须在《宪报》上刊登公布，并可以董事会指示的其他方式公布。

（4）《1965 年解释法》适用于包括《淡马锡理工学院章程》在内的任何一部法案。本法中定义的所有表述在《淡马锡理工学院章程》中出现时具有相同的含义，除非《淡马锡理工学院章程》中另有规定，或规定相反。

（5）根据《淡马锡理工学院章程》制定的条例无须在《宪报》上公布，也不属于其附属立法。

10. 考试

淡马锡理工学院举行的所有考试必须按照《淡马锡理工学院章程》和条例规定的方式进行。

11. 授予文凭的权力等

淡马锡理工学院有权力——

（a）授予文凭和证书以及条例中规定的任何其他学术荣誉；及

（b）为非注册学生提供淡马锡理工学院可安排的讲座和指导，并为其颁发证书。

12. 合同的形式

（1）代表淡马锡理工学院的合同可按以下方式订立：

（a）如在私人之间订立的合同，则根据法律要求应以书面形式订立；如果合同是在法律规定下订立的，则代表淡马锡理工学院的合同应以书面形式订立并加盖理工学院的公章；

（b）如在私人之间订立的合同，根据法律规定应以书面形式订立，并由负责该合同的各方签署，则可由任何根据董事会明示或默示授权行事之人代表淡马锡理工学院以书面形式签署；

（c）如在私人之间订立的合同，仅以口头形式订立，并未以书面形式呈现，但根据法律是有效的，则可由根据董事会明示或默示的授权行事的任何人以口头形式代表淡马锡理工学院订立。

（2）根据本条订立的合同有法律效力，并对淡马锡理工学院及其继承人和合同的所有其他当事方具有约束力。

（3）根据本条订立的合同可按本条授权的相同方式予以变更或解除。

13. 公章

（1）若董事会认为合适，淡马锡理工学院可对公章进行销毁、替换、更改和重新制作，并须按董事会的指示予以保管。

（2）除非通过董事会的决议或以《淡马锡理工学院章程》授权的任何其他方式，否则不得使用淡马锡理工学院的公章。

（3）所有法院和司法人员均应对加盖在任何文件上的淡马锡理工学院的公章予以司法认知，相反证明成立之前，公章默认为正式加盖。

14. 补助款项

（1）议会拨给淡马锡理工学院的补助金，部长必须支付给淡马锡理工学院。

（2）根据第（1）款支付给淡马锡理工学院的所有款项，可由淡马锡理工学院支出或应用于实现其任何目标。

15. 股份的发行等

根据本法将任何政府财产、权利或责任归属于淡马锡理工学院后，或根据任何成文法将任何政府注资或其他投资归属于淡马锡理工学院后，淡马锡理工学院必须按照财政部长的指示向其发行股份或其他证券。

【14A】

【5/2002】

16.《1966 年社团法》于学生会中的适用范围

（1）尽管《1966 年社团法》中存在任何相反的规定,该法之条文均适用于淡马锡理工学院学生会及由该条例构成的组织机构。

（2）负责社团事务的部长可借《宪报》的指示,豁免淡马锡理工学院学生会及其任何组成团体受《1966 年社团法》全部或任何条文的规限,但须遵守命令中的任何条件。

【20】

附　表

第 2 条和第 9(1)条

淡马锡理工学院章程
第 1 部分
序言

1. 释义

(1) 在本章程中,除文意另有所指外——

"法案"指《1990 年淡马锡理工学院法》;

"校董会"指淡马锡理工学院的校董会;

"主席"指董事会的主席;

"章程"指淡马锡理工学院的章程;

"讲师"指淡马锡理工学院的教职员工;

"理工学院"指淡马锡理工学院;

"校长"指淡马锡理工学院的校长;

"注册学生"指在淡马锡理工学院注册修读某一课程或科目并获得淡马锡理工学院文凭或证书的学生;

"教务长"指淡马锡理工学院的教务长;

"条例"是指根据本章程制定的条例;

"学院"是指科学与技术学院、商业与设计学院,以及董事会根据教务委员会的建议可组建的其他学院;

"教务委员会"指淡马锡理工学院的教务委员会。

(2) 在本章程中——

(a) 对特定某条之提述系指对本章程中的该条之提述;

(b) 对特定某款之提述系指对所提及之条中特定某款之提述;

（c）对特定某段之提述系指对所提及之款中特定某段之提述。

第 2 部分
淡马锡理工学院的干事
2. 校长及副校长的任命、权力及职责

（1）校长由校董会任命，其条款及条件由校董会决定。

（2）校长的任免、纪律处分及晋升必须符合《2018 年公共部门（治理）法》的规定。

（3）校长是淡马锡理工学院的首席执行官兼学术官员，并对校董会下列事项负责——

（a）按照校董会制定的政策对淡马锡理工学院进行适当的行政管理和学术管理；

（b）适当执行依照章程制定的规定；及

（c）淡马锡理工学院教职员和学生的福利和纪律。

（4）为施行第（3）款，校长具有为施行该款所需的恰当权力。

（5）校长有权出席淡马锡理工学院任何委员会的任何会议并发言，但无权在该会议上投票，除非校长是该委员会的成员。

（6）副校长由校董会任命，其条款及条件由校董会决定。

（7）副校长必须履行校长指派的职责。

3. 教务长

（1）教务长由校董会任命，其条款及条件由校董会决定。

（2）教务长必须做到——

（a）成为校董会的秘书；

（b）出席校董会的所有会议，除非主席准许请假；

（c）妥善保存会议记录；及

（d）履行校董会指派给教务长的其他职责。

（3）在教务长缺席的情况下，主席可委任一位合适的人担任某次会议的秘书。

（4）除非教务长是获委任以该身份出任的校董会成员，否则无权对校董会的任何问题进行投票表决。

4. 其他干事和员工

在遵守《2018 年公共部门（管理法）法》的前提下，校董会可以按其确定的条款和条件，任命和雇用有效履行其职能的其他干事、员工、顾问和代理人。

第 3 部分
校董会和教务委员会

5. 校董会

（1）校董会由以下成员组成：

（a）主席一人；

（b）副主席一人；

（c）校长；

（d）其他人员，不少于 9 人不超过 15 人。

（2）除校长外，董事会的每位成员均由部长任命，除非部长另有指示，否则自任命之日起任期为 3 年，并有资格获得连任。

6. 校董会的权力

（1）校董会必须管理淡马锡理工学院的事务，但本法或本章程赋予淡马锡理工学院其他权力机构或官员的事务除外。

（2）在不限制第（1）款的情况下，校董会在符合本法和本章程规定的前提下，有权——

（a）执行和管理淡马锡理工学院的财务、账户、投资、财产、业务和所有事务，并为此委任银行家、事务律师、法律顾问以及适合的官员或代理人；

（b）根据《1965 年解释法》第 33A 条所界定的法定机构的标准投资权，将淡马锡理工学院的资金进行投资；

（c）代表淡马锡理工学院采购、拨款、出售、转易、转让、退回、交换、分划、按揭、批租、再转让、移转和接受不动产及动产的租赁；

（d）提供淡马锡理工学院所需的建筑、场地、装置、仪器及其他设施；

（e）代表淡马锡理工学院借款，并为此目的而将淡马锡理工学院的全部或任何部分财产（动产或不动产）作抵押，或以该动产或不动产或其他方式提供淡马锡理工学院认为合适的其他担保；

（f）代表淡马锡理工学院签订、更改、执行和取消合同；

（g）代表淡马锡理工学院出版书籍及其他事宜；

（h）征询教务委员会的意见，审查淡马锡理工学院的教学工作；

（i）与其他理工学院和主管当局合作，以进行考试的监管和举办、对学校和其他学术机构的考察、扩大淡马锡理工学院的教学等其他事宜；

（j）向部长提议对本章程的任何条款进行补充、修正或废除；

（k）规定费用；

（l）委任干事、讲师及其他职员，并确定其职责、薪酬及聘用条款及条款；

（m）在新加坡境内或境外委任委员会，为校董会可委任的任何职位挑选候选人；

（n）将其任何权力转授予校董会的任何成员或任何委员会，或转授予淡马锡理工学院的任何干事、讲师或其他职员；及

（o）作出一切必要的其他行为和事情，以实施本法或本章程赋予委员会的权力。

（3）校董会可根据条例对以下任何事宜和用途进行规定：

（a）关于淡马锡理工学院的事务的管理；

（b）关于淡马锡理工学院干事、讲师及其他职员的委任、晋升、管理、纪律管制、解雇及终止服务；

（c）关于学生的福利、纪律、停学和开除；

（d）关于合同的形式；

(e) 关于淡马锡理工学院的出版物；

(f) 关于费用；

(g) 对本法或本章程规定的任何事项，由校董会制定的条例进行规定；

(h) 本法或本章程授权校董会管理的一切事项。

(4) 除非校董会另有规定，否则所有该等条例自订立之日起实施。

7. 校董会成员的离任

(1) 如果部长认为校董会成员不适合继续任职或无能力履行其职责，部长可撤销对校董会成员（校长除外）的任命。

(2) 校董会成员（校长除外）可以向部长发出书面通知，辞去其职务。

8. 填补校董会成员的空缺

如果校董会成员（校长除外）的职位出现空缺，部长可以任命任何人填补空缺，该人员必须完成其前任的剩余任期。

9. 校董会的会议

(1) 校董会主席必须根据需要随时召集董事会会议。

(2) 校董会每次会议的法定人数为 6 名成员。

(3) 校董会会议上的每项决定都应以出席并参加表决的成员的简单多数票通过。在票数相等的情况下，校董会主席有决定权。在其缺席的情况下，校董会副主席有决定权。

(4) 主席主持校董会会议。在其缺席的情况下，由副主席主持。

(5) 在主席和副主席缺席校董会会议时，由出席会议的成员选出代表主持会议。

(6) 校董会可准许其成员缺席校董会会议。

(7) 校董会不因其成员空缺而无法举行会议或就任何事项采取行动。

(8) 根据本章程和《2018 年公共部门（治理）法》的规定，校董会可以制定会议常规来规范其自身程序。

10. 教务委员会

（1）教务委员会由以下成员组成——

（a）校长，即校董会主席；

（b）各下属学院院长；

（c）由校董会任命的理工学院的官员；

（d）由校董会确定的、由全体讲师选举产生的讲师。

（2）教务委员会必须在每学年的每个学期至少召开两次会议，并在必要时召开其他会议。

（3）教务委员会的法定人数即最小数目不少于当时人数的四分之一。

（4）教务委员会主席可要求淡马锡理工学院的任何官员、讲师或其他雇员出席教务会会议。

（5）教务长担任教务委员会秘书，除非被任命为教务委员会成员，否则无权对教务委员会的任何问题进行投票表决。

11. 教务委员会的权力

（1）在符合本法和本章程的规定以及校董会提供资金的情况下，教务委员会有权——

（a）为获得淡马锡理工学院的文凭、证书和其他奖项提供学习课程，以及任何其他可被认为合适的学习课程。指导和管理淡马锡理工学院的教学和教育。通过研究和出版促进知识进步，并指导考试方式；

（b）确定其他理工学院或学习场所的哪些考试和课程被视为与淡马锡理工学院的考试和课程等同；

（c）就提供教育和其他学术事项的设施向校董会提出建议；

（d）根据本章程和条例决定有资格获得文凭、证书和其他荣誉称号之人员；

（e）管理各下属学院；

（f）确定竞赛的时间、方式和条件，并根据其条款颁发奖学金、助学金和其他教育基金和奖项；

（g）以学术理由要求任何学生终止其在理工学院的学习；

（h）为非注册学生提供讲座和学习课程；

（i）就校董会可提交给教务委员会的任何事项向校董会提出建议；

（j）将其任何权力授予教务委员会任何成员或教务委员会的任何委员会，或授予淡马锡理工学院的任何官员或教师；

（k）采取一切必要的其他行为和事项，以落实本法和本章程赋予教务委员会的权力。

12. 教务委员会制定的条例

（1）教务委员会可通过条例对以下任何事项或目的作出规定：

（a）学生的录取和登记；

（b）授予学位、文凭、证书和其他荣誉称号的条件；

（c）学习课程及考试；

（d）学位服；

（e）奖学金和其他教育基金及奖项的颁发；

（f）考试的举行；

（g）规定任何根据本法或本章程应由教务委员会制定的条例所规定的事项；

（h）规定免受教务委员会制定的任何条例约束的条件；

（i）一般来说，根据本法或本章程，教务委员会有权管理的所有事项。

（2）所有这些规定都必须向校董会报告，并至少在制定之日的一个学期后开始实施，除非校董会另有批准。

第4部分
考试

13. 考试

（1）文凭、证书和其他奖项的考试必须按照教务委员会制定的条例进行。

（2）教务长必须履行教务委员会授予的有关考试的职责，也可由副手履行这些职责。

第 5 部分
财政规定

14. 财政年度

淡马锡理工学院的财政年度肇始于每年的 4 月 1 日，截至下一年度的 3 月 31 日。

15. 常设财务委员会

校董会必须任命一个常设财务委员会来管理和控制理工学院的财务。

16. 预算拟备

淡马锡理工学院的官员有责任按照校董会的指示，拟备淡马锡理工学院每个财政年度的收入和支出预算，供校董会审议。

17. 校董会接受礼物的权力

（1）校董会在其确定的任何条件下，可代表淡马锡理工学院通过授予、赠与、遗嘱处置或其他方式，接受有助于淡马锡理工学院财务的财产和款项。

（2）校董会必须保存对理工学院的所有捐赠的记录，包括捐赠者的姓名和捐赠的任何特殊条件。

18. 为特定目的捐赠的财产应单独核算

为任何特定目的捐赠的所有财产、金钱或资金必须按照其捐赠目的进行应用和管理，并且必须单独核算。

第 6 部分
学生团体

19. 淡马锡理工学院学生会

（1）学生社团淡马锡理工学院学生会由校董会制定的条例组成，

并由这些条例所规定的组成机构组成。

（2）淡马锡理工学院学生会及其组成机构的章程、成员资格、职能和其他相关事宜必须如此规定。

（3）淡马锡理工学院可以向学生或任何班级征收规定费用，用于淡马锡理工学院学生会及其组成机构；这些费用将以淡马锡理工学院认为合适的方式用于学生会及其组成机构。

【45/2004；5/2018】

立法史

本立法史是由法律修订委员会尽力而为提供的服务，不构成该法的一部分。

1. 1990 年第 5 号法案——《1990 年淡马锡理工学院法》

法案：3/1990

一审日期：1990 年 2 月 22 日

二审和三审日期：1990 年 3 月 28 日

生效日期：1990 年 4 月 6 日

2. 1991 年修订版——《淡马锡理工学院法》(第 323A 章)

实施日期：1991 年 3 月 1 日

3. 2002 年第 5 号法案——《2002 年法定公司(资本投入)法》

(根据上述法案附表第 3 条和第 46 项做出的修正)

法案：7/2002

一审日期：2002 年 5 月 3 日

二审和三审日期：2002 年 5 月 24 日

生效日期：2002 年 7 月 15 日(附表第 3 条和第 46 项一并参阅)

4. 2004 年第 45 号法案——《2004 年受托人(修正)法》

[根据上述法案第 25(4)条做出的修正和附表第 54 项一并参阅]

法案：43/2004

一审日期：2004 年 9 月 21 日

二审和三审日期：2004 年 10 月 19 日

生效日期：2004 年 12 月 15 日[附表第 25(4)条和第 54 项一并参阅]

5. 2016 年第 16 号法案——《2016 年成文（杂项修正）法》

（根据上述法案第 44 条做出的修正）

法案：15/2016

一审日期：2016 年 4 月 14 日

二审和三审日期：2016 年 5 月 9 日

生效日期：2016 年 6 月 10 日（第 44 条）

6. 2018 年第 5 号法案——《2018 年公共部门（治理）法》

（根据上述法案第 108 条做出的修正）

法案：45/2017

一审日期：2017 年 11 月 6 日

二审日期：2018 年 1 月 8 日

公告修订日期：2018 年 1 月 8 日

三审日期：2018 年 1 月 8 日

生效日期：2018 年 4 月 1 日（第 108 条）

略语表

C.P.	理事会文件
G.N. No. S(N.S.)	新加坡政府公告编号（新系列）
G.N. No.	政府公告编号
G.N. No. S	新加坡政府公告编号
G.N. Sp. No. S	新加坡政府公告特别编号
L.A.	立法议会
L.N.	法律公告（联邦/马来西亚附属法例）
M. Act	马来亚/马来西亚法案
M. Ordinance	马来亚条例
Parl.	议会
S.S.G.G.(E) No.	海峡殖民地政府宪报（特别）编号
S.S.G.G. No.	海峡殖民地政府宪报编号

对照表

本法在 2020 年的修订版中重新进行了编号。提供此对照表旨在帮助读者在前一修订版中找到对应条款。

2020 年版	1991 年版
15	14A
—	15【被 2018 年第 5 号法案所废除】
—	16【被 2018 年第 5 号法案所废除】
—	17【被 2018 年第 5 号法案所废除】
—	18【被 2018 年第 5 号法案所废除】
—	19【被 2018 年第 5 号法案所废除】
16	20

2000 年新加坡管理大学法

2020 年修订版

本修订版纳入了截至 2021 年 12 月 1 日(含)的所有修订

自 2021 年 12 月 31 日起实施

法律修订委员会

在《1983 年法律法》修订版授权下

编制并发布

条款目录

1. 简称

2. 释义

3. 大学公司职能

3A. 问责及评价

3B. 关于新加坡高等教育政策的指令

4. 任命董事会

5. 部长首肯

6. 提供资金

7. 查阅账目和财务报表的摘要

8.《1966 年社团法》于学生团体中的适用范围

9. 凌驾于组成文件之法等

规定有关新加坡管理大学的运作事项之法

【2000 年 4 月 1 日】

兹因,担保有限公司根据《1967 年公司法》以"新加坡管理大学"的名义成立,旨在于新加坡以"新加坡管理大学"的名称和称号建立、运作、维护和推广一所大学;

兹因,新加坡管理大学的运作以及公司的某些权力需要制定法定条文。

条　款

1. 简称

本法系指《2000 年新加坡管理大学法》。

2. 释义

在本法中,除文意另有所指外——

"董事会"系指大学公司组成文件中提到的董事会;

"组成文件",就大学公司而言,指大学公司的组织章程大纲和章程细则;

"大学公司"系指在 2000 年 1 月 12 日根据《1967 年公司法》以"新加坡管理大学"的名义成立的担保有限公司。

3. 大学公司职能

大学公司的职能是在其财政资源范围内,实现其组成文件所规定的目标,特别是授予和颁发学位、文凭和证书,包括荣誉学位和其他荣誉。

3A. 问责及评价

(1)大学公司必须遵守大学公司与部长或任何获部长授权之人签署的书面协议所规定的问责框架。

(2)大学公司必须按照部长可确定的质量保证框架评价其活动的绩效。

(3)大学公司必须参与由部长不时委托的任何外部审查小组对其活动进行的评价。

3B. 关于新加坡高等教育政策的指令

(1)部长可在与大学公司协商后,制定任何其认为合适的新加坡高等教育政策,并指示大学公司实施该政策。

（2）大学公司必须遵守部长根据第（1）款发出的任何指令。

4. 任命董事会

（1）董事会由部长任命的受托人组成。

（2）部长可以在任何时候撤销或替换任何受托人，或任命新的或额外的受托人进入董事会。

5. 部长首肯

（1）以下情况需要事先得到部长的书面同意：

（a）大学公司成员之录用及免职；

（b）处置大学公司的全部或大部分业务或财产；

（c）大学公司的自动清盘；

（d）增加、删除或更改大学公司组成文件中的任何条文；

（e）将任何受托人从董事会中免职。

（2）第（1）款下的要求引用《1967 年公司法》和《2018 年破产、重组和解散法》就第（1）（a）至（e）款所述事项规定的要求。

【40/2018】

（3）违反第（1）款的任何法案或协议均不具有法律效力且不可强制执行。

6. 提供资金

（1）部长须将议会不时提供给大学公司的经费交予大学公司。

（2）根据第（1）款已交予大学公司的所有款项仅由大学公司用于其组成文件中由部长所批准的宗旨。

7. 查阅账目和财务报表的摘要

（1）部长或获部长授权之人（在本条中称为获授权人）有权在合理时间内全面和自由地查阅与大学公司财务交易直接或间接有关的所有账目及其他记录。

31.12.2021

（2）部长或获授权人可要求任何人为其提供所拥有的或可取用的任何信息，以及部长或获授权人认为需要核实之信息——

303

(a) 根据第 6 条已付予大学公司之款项是否按照该条使用或支出；及

(b) 部长或获授权人认为必要的任何其他事宜。

(3) 大学公司须以部长确定的频率及方式向公众提供其财务报表的摘要，形式及内容须由部长确定。

(4) 在无合理辩解的情况下，若不遵守部长或获授权人根据第(2)款提出的任何要求，或以其他方式妨碍、阻碍或延误部长或获授权人履行其职责或行使本条规定的权力，即属犯罪，一经定罪，可处不超过 1000 新加坡元的罚款。

8.《1966 年社团法》于学生团体中的适用范围

(1) 尽管《1966 年社团法》中存在相反的情况，但该法之条文对于根据大学公司组成文件中条文构成的任何学生团体均有效力。

(2) 负责社团的部长可通过《宪报》之命令豁免第(1)款中提到的任何学生团体受《1966 年社团法》中所有或任何条文的规限，但须符合该命令中订明的任何条件。

9. 凌驾于组成文件之法等

(1) 组成文件中的任何条文或大学公司据其作出的任何规定若与本法中任何条文互相矛盾，则视矛盾之处一律无效。

(2) 本法中任何内容均不得解释为豁免大学公司遵守除本法外适用于大学公司的任何成文法。

立法史

本立法史是由法律修订委员会尽力提供的服务,不构成该法的一部分。

1. 2000 年第 7 号法案——《2000 年新加坡管理大学法》

法案:8/2000

一审日期:2000 年 1 月 17 日

二审和三审日期:2000 年 2 月 21 日

生效日期:2000 年 4 月 1 日

2. 2001 年修订版——《新加坡管理大学法》(第 302A 章)

实施日期:2001 年 12 月 31 日

3. 2005 年第 47 号法案——《2005 年新加坡管理大学(修正案)法》

法案:34/2005

一审日期:2005 年 10 月 17 日

二审和三审日期:2005 年 11 月 21 日

生效日期:2006 年 4 月 1 日

4. 2014 年修订版——《新加坡管理大学法》(第 302A 章)

实施日期:2014 年 7 月 31 日

5. 2018 年第 40 号法案——《破产、重组和解散法》(根据上述法案第 510 条作出的修订)

法案:32/2018

一审日期:2018 年 9 月 10 日

二审和三审日期:2018 年 10 月 1 日

生效日期:2020 年 7 月 30 日(第 510 条)

略语表

C.P.	理事会文件
G.N. No. S(N.S.)	新加坡政府公告编号(新系列)
G.N. No.	政府公告编号
G.N. No. S	新加坡政府公告编号
G.N. Sp. No. S	新加坡政府公告特别编号
L.A.	立法议会
L.N.	法律公告(联邦/马来西亚附属法例)
M.Act	马来亚/马来西亚法案
M.Ordinance	马来亚条例
Parl.	议会
S.S.G.G.(E) No.	海峡殖民地政府宪报(特别)编号
S.S.G.G. No.	海峡殖民地政府宪报编号

对照表

本法在 2020 年修订版中进行了重新编号。该对照表旨在帮助读者在前一修订版中找到对应条款。

2020 年版	2014 年版
7—(3)	7—(2A)
(4)	(3)

2002 年共和国理工学院法

2020 年修订版

本修订版纳入了截至 2021 年 12 月 1 日（含）的所有修订

自 2021 年 12 月 31 日起实施

法律修订委员会

在《1983 年法律法》修订版授权下

编制并发布

条款目录

1. 简称

2. 释义

3. 共和国理工学院的设立和成立

4. 公章

5. 理工学院的宗旨和权力

6. 理工学院董事会和教务会

7. 共和国理工学院的下属学院

8. 委员会和权力的转授

9. 高级职员

9A.【已废止】

10. 理工学院章程

11. 考试

12. 授予文凭之权力等

13. 资助款项

14. 股份的发行等

15. 借款权力

16.《1966 年社团法》于学生会中的适用范围

附表

共和国理工学院章程

旨在建立共和国理工学院,规定其职能和权力以及与之相关事项之法。

条　款

1. 简称

该法案系指《2002 年共和国理工学院法》。

2. 释义

在本法中,除文意另有所指外——

"董事会"系指理工学院之董事会;

"章程"系指附表中规定的理工学院之章程;

"副校长"系指据第 9 条任命的理工学院副校长;

"理工学院"系指据第 3 条设立的共和国理工学院;

"校长"系指理工学院校长,包括任何以此身份行事的个人;

"教务会"系指理工学院教务会。

3. 共和国理工学院的设立和成立

该理工学院命名为共和国理工学院,为永久延续且拥有公章的法人团体,以此名义拥有如下法律权利——

(a) 起诉和被起诉;

(b) 收购、拥有、持有、开发或处置财产,包括动产和不动产;及

(c) 作出和承担法人团体能够合法作出和承担的任何其他作为及事情。

4. 公章

(1) 理工学院之印章须按董事会指示保管。

(2) 所有需加盖理工学院印章之契约、文件和其他文书必须加盖理工学院之公章,加盖公章的文书须由校长或一名副校长及另一位董事会成员签署。

(3) 所有法院和司法人员均应对任何文件上加盖的理工学院公

章予以司法认知,推定其为合法加盖。

5. 理工学院的宗旨和权力

（1）理工学院宗旨为——

（a）提供工程、技术、应用科学和其他学科的指导和培训；

（b）通过研究和其他方式促进知识与其实际应用的进步；及

（c）促进与工商业的知识与技能交流。

（2）理工学院可——

（a）为其学生提供合适的设施；

（b）设立和任命教职、其他职位和职守,并雇用必要的其他员工；

（c）厘定、索取和收取费用及其他收费；

（d）为工商业提供适当的技术和咨询服务；

（e）成立公司或其他企业,或参与公司或其他企业的成立的,宗旨由董事会批准；

（f）征集和接受任何来源之捐赠和捐款,或通过所有合法手段筹集资金；

（g）向任何个人或组织捐赠和捐款；及

（h）为实现其所有或任何宗旨,采取任何必要的、附带的或有利的行动。

（3）在第（2）（e）款中,"公司"——

（a）有《1967 年公司法》第 4（1）条赋予的含义；及

（b）包括法案含义中的外国公司。

6. 理工学院董事会和教务会

（1）董事会和教务会之章程、职能、权力和职责由本法和章程规定。

（2）根据本法和此章程的规定,董事会为理工学院之最高管理机构且须管理理工学院的财产和事务。

（3）除本法、《2018 年公共部门（治理）法》、本章程以及董事会财务控制另有规定外,教务会对理工学院所有教育事宜进行监管。

（4）董事会或教务会的任何法案或决议之有效性均不受其成员资格或任命中的任何空缺或不妥善之处所影响。

7. 共和国理工学院的下属学院

（1）下属学院由董事会根据教务会之建议而成立。

（2）每个下属学院应有董事会授予权力的院长。

（3）董事会可根据教务会之建议组建、解散或改革任何下属学院、任何部门、中心、单位和任何学院之分部。

8. 委员会和权力的转授

（1）董事会、教务会和校长可设立任何其认为合适的委员会。

（2）除非另有明确规定，委员会部分成员可由身份非董事会或教务会成员或者理工学院高级职员的人组成，具体视属何情况而定。

（3）根据本法、《2018 年公共部门（治理）法》和本章程的规定，董事会、教务会和校长可将其权力和职责转授至任何委员会，可设置或不设置其认为合适之限制和条件。

9. 高级职员

（1）理工学院之校长、每位副校长和其他高级职员须由董事会依照章程任命。

（2）理工学院教职员工指下属学院之院长以及章程指定为教职员工的任何其他人。此类人员将由董事会根据校长之建议任命。

（3）高级职员及教职员工之权力、职责、担任公职之期限、条件及薪酬由本法、章程及各自任命之期限订明。

（4）除根据第（3）款分配的权力和职责外，董事会可将其认为合适的进一步权力和职责分配至校长建议的任何高级职员和教职员工。

9A.【2018 第 5 号法案废除】

10. 理工学院章程

（1）除本法另有规定外，理工学院受附表所列章程之条文管辖。

（2）部长在咨询董事会后，可通过《宪报》之命令修改章程。

（3）根据本章程制定的条例非附属法例。

11. 考试

理工学院举行的所有考试须按照章程订明之方式和制定之条例进行。

12. 授予文凭之权力等

理工学院有权力——

（a）根据章程制定之条例颁发文凭、证书和其他任何学术荣誉；及

（b）为理工学院确定的非注册学生提供参与理工学院教育活动和课程之机会，并为其颁发文凭、证书和其他学术荣誉。

13. 资助款项

（1）部长须将议会规定的资助款项交予理工学院。

（2）理工学院可将根据第(1)款所得之款项用以实现其所有或任一宗旨。

14. 股份的发行等

若政府据本法将其财产、权利或责任赋予理工学院，或依据任何成文法对理工学院进行注资或投资，理工学院须发行财政部长指定之股份或其他证券。

15. 借款权力

根据本法，理工学院为实现其所有或任一宗旨，可向政府筹集贷款，或者经财政部长批准，向新加坡或他地之银行或其他金融机构筹集贷款，方式如下——

（a）按揭、透支或其他方式；

（b）根据本法或任何其他成文法，对法律上或衡平法上归属于理工学院的任何财产或其他任何应收收入收取费用；或

（c）创建和发行债权证或债券。

16.《1966 年社团法》于学生会中的适用范围

（1）尽管《1966 年社团法》中存在任何相反的规定，但是此法案之条文适用于共和国理工学院学生会且其组成团体是根据此章程制定之规章而组成。

（2）负责社团的部长可以通过《宪报》之命令豁免共和国理工学院学生会及其任何组成团体受《1996 年社团法》所有或任何条文之规限,但须符合该命令中规定的任何条件。

附　表

《共和国理工学院章程》

第 1 部分

序言

1. 释义

(1) 在本章程中,除文意另有所指外——

"法案"系指《2002 年共和国理工学院法》;

"董事会"系指理工学院的校董会;

"主席"系指董事会主席;

"章程"系指理工学院之章程;

"副校长"系指理工学院副校长;

"理工学院"系指共和国理工学院;

"校长"系指理工学院校长;

"注册学生"系指于理工学院注册课程或科目,且获得理工学院之文凭、证书或其他学术荣誉的学生;

"规章"系指根据本章程制定的规章;

"学院"系指由董事会根据教务会之建议而成立的理工学院;

"教务会"系指理工学院教务会。

(2) 本章程中——

(a) 所提及之条即为本章程之条;

(b) 所提及之款即为,所涉本章程之条下面所列之款;且

(c) 所提及之段落即为所涉本章程之款中的段落。

第 2 部分
理工学院之高级职员

2. 校长和副校长之任命、权力和职责

（1）校长由董事会按其所定之条款和条件任命。

（2）校长之任命、调动、处罚和晋升须依据《2018 年公共部门（治理）法》执行。

（3）校长系理工学院之首席执行官和学术官员，对董事会之责任如下——

（a）依据董事会所定政策，妥当实施行政和学术管理；

（b）妥当实施规章；及

（c）理工学院教职工和学生的福利和纪律。

（4）为使第（3）款具有效力，校长拥有必要或适当的权力。

（5）校长有权出席并在理工学院任何委员会的会议上发言，但无权于会议上投票，除非其为委员会的成员。

（6）须有一名或多名副校长，由董事会根据其所定之条款和条件任命。

（7）副校长须履行校长分配的职责，校长无法分配时由董事会代其分配。

3. 秘书

（1）董事会秘书为理工学院高级职员，由董事会依据其所定之条款和条件进行任命。

（2）董事会秘书须——

（a）参加董事会所有会议，除非得到主席准许；

（b）保存会议适当的记录；及

（c）执行董事会分配的任何其他任务。

（3）若董事会秘书缺席，主席可任命合适人选担任特定会议的秘书一职。

（4）董事会的秘书无权面对董事会，就任何问题投票，除非为受

318

命担任此职的董事会成员。

4. 其他高级职员和雇员等

除《2018 年公共部门（治理）法》另有规定外，董事会根据其确定之条款和条件任命和雇用其他必要的高级职员、雇员、顾问和代理人有效执行其职能。

第 3 部分
董事会和教务会

5. 董事会

（1）校董会由以下成员组成：

（a）主席一人；

（b）副主席一人；

（c）校长；

（d）由部长任命的其他成员不少于 9 名但不多于 15 名。

（2）除校长外，董事会的每位成员均由部长任命，除非部长另有指令，则从任命之日起，应担任公职为期 3 年，且有资格连任。

6. 董事会权力

（1）董事会须管理理工学院事务，但此法或本章程赋予理工学院其他机构或高级职员的事务除外。

（2）在不限制第（1）款的情况下，董事会根据本法和本章程之条文，有权力——

（a）管理和管控理工学院之财务、账户、投资、财产、业务及所有事务，且为该目的任命银行家、法律顾问、律师及适合委任的高级职员或代理人；

（b）根据《1965 年解读法》第 33A 条所定义的法定机构之正常投资权，将理工学院的款项用于投资；

（c）代表理工学院购买、授予、出售、转让、分配、交出、放弃、交换、分割、按揭、终止、重新分配、转让和接受不动产和动产的租赁；

(d) 提供理工学院所需的建筑物、场所、装置、设备和其他设施；

(e) 代表理工学院借款且为该目的按揭理工学院全部或任何部分不动产或动产，或对其认为合适的不动产、动产或其他财产进行抵押；

(f) 代表理工学院签订、更改、执行和取消合同；

(g) 代表理工学院出版书籍等事宜；

(h) 与教务会协商，审查理工学院的教授和教学；

(i) 与其他理工学院及机构合作，以管理和举行考试，对学校和其他学术机构进行检查和督察，扩展理工学院教学并实现其他目的；

(j) 向部长提议对本章程之任何条文进行补充、修正或废除；

(k) 订明费用；

(l) 任命高级职员及其他雇员，确定其职责、薪酬以及任命之条款和条件；

(m) 在新加坡境内或境外任命委员会选出担任董事会可任命的职务之候选人；

(n) 将其权力转授予董事会的任何成员、委员会、理工学院的任何高级职员或其他雇员；及

(o) 为使本法或本章程授予董事会的权力具有效力，作出所要求的作为和事情。

(3) 董事会可依规章就以下任何事项或目的作出规定：

(a) 管理理工学院的事务；

(b) 理工学院高级职员和其他雇员之任命、晋升、行为、纪律管制、解雇及服务终止；

(c) 学生的福利、纪律、停学及开除；

(d) 合同的形式；

(e) 理工学院的出版物；

(f) 费用；

(g) 本法或本章程所要求订明的任何事项由董事会根据规章订明；

(h) 一般而言,董事会根据本法或本章程授权管理的所有事项。

(4) 除非董事会另有规定,所有这类规章在制定当日开始施行。

7. 董事会成员职位的空缺

(1) 若部长认为董事会成员不宜继续在职或无法履行职责,可以撤销对其(除校长外)的任命。

(2) 董事会成员(除校长外)可亲署书面向部长提出辞职。

8. 填补董事会成员的职位空缺

若董事会成员(除校长外)的职位空缺,部长可任命任何人填补空缺,该人须在其前任任期之剩余时间内被任命。

9. 董事会的会议

(1) 主席须根据需要随时召集董事会议。

(2) 董事会议之法定人数为 6 人。

(3) 董事会议上的每项决定均须由出席并参与表决之成员的简单多数投票通过。若票数均等,则主席有权投决定票。若其缺席,则副主席有权投决定票。

(4) 主席主持董事会议,若其缺席,由副主席主持。

(5) 主席、副主席缺席董事会议时,由出席成员推选之人主持会议。

(6) 董事会可准许其成员请假不参加董事会议。

(7) 董事会成员空缺不影响其举行会议或就任何事宜行事。

(8) 除本章程和《2018 年公共部门(治理)法》的条文另有规定外,董事会可制定会议常规来规范其自身程序。

10. 教务会

(1) 教务会组成人员——

(a) 校长,为教务会之主席;

(b) 各下属学院的院长;

(c) 由董事会任命的理工学院高级职员;及

(d) 由董事会决定且所有全职教职工选举的教职工。

（2）教务会在每学年的每一学期及其他必要时间至少举行两次会议。

（3）教务会每次会议之法定人数为教务会成员总人数的四分之一。

（4）教务会主席可要求理工学院的任何高级职员或其他雇员出席教务会会议。

11. 教务会权力

根据该法和本章程之条文的规定下以及董事会可予提供的资金，教务会有权力——

（a）开设获得理工学院文凭、证书和其他奖项所须学习的课程和其他任何适当的课程；

（b）指导和规范理工学院之教授和教育；

（c）通过研究和出版促进知识的进步；

（d）指导考试举行的方式；

（e）确定其他理工学院或院校的何种考试和课程可视为等同于理工学院中的考试和学习课程；

（f）就教育和其他学术事宜，向董事会提供的设施提出建议；

（g）依照本章程和规章，确定有资格授予文凭、证书和其他学术荣誉的人员；

（h）组织学院；

（i）按照其条款确定研究金、奖学金、其他教育捐赠和奖品的竞争和颁发时间、方式和条件；

（j）因学术基础之原因，要求任何学生终止其在理工学院的学业；

（k）为非注册学生的人员提供参与教育活动和课程之机会；

（l）就董事会向教务会提交的任何事宜，对董事会提出建议；

（m）将其任何权力转授予教务会或教务会任何委员会的任何成员或理工学院的任何高级职员；及

（n）为使本法或本章程授予教务会的权力具有效力，作出所要求的作为和事情。

12. 教务会规章

（1）教务会可通过规章对以下任何事项或目的作出规定：

（a）学生的录取及注册；

（b）授予文凭、证书和其他学术荣誉的条件；

（c）学习课程及考试；

（d）学位服；

（e）颁发奖学金、其他教育捐赠和奖品；

（f）举行考试；

（g）本法或本章程所要求订明的任何事项由教务会根据其制定的规章订明；

（h）订明可豁免受教务会规章之条文规限的条件；

（i）一般而言，教务会根据本法和本章程授权可规范的所有事项。

（2）所有规章须上报董事会，且在制定之日起一学期后实施，除非董事会另有批准。

第 4 部分
考试

13. 考试

获取文凭、证书和其他奖项之考试须按教务会制定之规章举行。

第 5 部分
财政条文

14. 财政年度

理工学院财政年度肇始于每年四月一日，截至翌年三月三十一日。

15. 拟备预算

由董事会指定的理工学院高级职员有义务在每个财政年度拟备理工学院的收入和支出预算，以供董事会审议。

16. 预算

年度预算及追加预算须以董事会指定之形式拟备且须包含董事会指示之信息。

17. 董事会接受捐赠的权力

（1）校董会可代表理工学院，在其所决定的任何条件下，接受资助金、捐赠、遗赠、其他财产及款项，以资助理工学院的财政。

（2）须对理工学院获得的所有捐赠进行记录，包括捐赠者之姓名，以及捐赠所附的任何特定条件。

18. 因特定目的捐赠的财产等进行单独核算

所有为任何特定目的捐赠之财产、款项或资金须根据其捐赠的特定目的运用及管理，且须单独核算。

第6部分
学生团体

19. 共和国理工学院学生会

（1）共和国理工学院学生会为学生协会，根据董事会所定之规章成立，由该等规章订明的部门组成。

（2）共和国理工学院学生会之构成、成员资格、功能、其他事宜及其部门须符合规定。

（3）为了共和国理工学院学生会及其部门之利益，理工学院可向学生或任何班级征收和收取费用。

（4）根据第（3）款收取的费用可以理工学院认为合适的方式使用，以实现共和国理工学院学生会及其部门之目的。

【45/2004；5/2018】

立法史

本立法史是法律修订委员会尽力提供的服务,不构成本法的一部分。

1. 2002 年第十四号法案——《2002 年共和国理工学院法》

法案:12/2002

一审日期:2002 年 5 月 3 日

二审和三审日期:2002 年 7 月 8 日

生效日期:2002 年 8 月 1 日

2. 2003 年修订版——《共和国理工学院法》(第二百七十章)

实施日期:2003 年 7 月 31 日

3. 2004 年第四十五号法案——《2004 年受托人(修正案)法》

[第 25(4)条作出的修订与上述法案附表第(41)项一并参阅]

法案:43/2004

一审日期:2004 年 9 月 21 日

二审和三审日期:2004 年 10 月 19 日

生效日期:2004 年 12 月 15 日[第 25(4)条与附表第(41)项一并参阅]

4. 2016 年第十六号法案——《2016 年法规(杂项修正案)法》

(由上述法案第 36 条作出的修订)

法案:15/2016

一审日期:2016 年 4 月 14 日

二审和三审日期:2016 年 5 月 9 日

生效日期:2016 年 6 月 10 日(第 36 条)

5. 2018 年第五号法案——《2018 年公共部门(治理)法》

(上述法案第 95 条的修订)

法案:45/2017

一审日期:2017 年 11 月 6 日

二审日期:2018 年 1 月 8 日

修订公告:2018 年 1 月 8 日

三审日期:2018 年 1 月 8 日

生效日期:2018 年 4 月 1 日(第 95 条)

6. 新加坡政府公告编号 461/2020——《2020 年可变资本公司(其他法案的相应修正案)令》

生效日期:2020 年 6 月 15 日

略语表

C. P.	理事会文件
G.N. No. S(N.S.)	新加坡政府公告编号（新系列）
G. N. No.	政府公告编号
G.N.No. S	新加坡政府公告编号
G.N. Sp.No.S	新加坡政府公告特别编号
L.A.	立法议会
L.N.	法律公告（联邦/马来西亚附属法例）
M.Act	马来亚/马来西亚法案
M.Ordiance	马来亚条例
Parl.	议会
S.S.G.G.(E) No.	海峡殖民地政府宪报（特别）编号
S.S.G.G.No.	海峡殖民地政府宪报编号

对照表

本法在 2020 年修订版中进行了重新编号。本对照表旨在帮助读者在前一修订版中找到对应的条文。

2020 年版	2003 年版
—	16【被 2018 年第 5 号法案废除】
—	17【被 2018 年第 5 号法案废除】
—	18【被 2018 年第 5 号法案废除】
—	19【被 2018 年第 5 号法案废除】
—	20【被 2018 年第 5 号法案废除】
16	21

2005 年南洋理工大学(企业化)法

2020 年修订版

本修订版纳入了截至 2021 年 12 月 1 日(含)的所有修订
自 2021 年 12 月 31 日起实施

法律修订委员会
在《1983 年法律法》修订版授权下
编制并发布

条款目录

第 1 部分
序言

1. 简称

2. 释义

第 2 部分
与南洋理工大学有限责任公司有关之条文

3. 南洋理工大学有限责任公司的作用

4. 责任与评价

5. 有关新加坡高等教育政策的指示

6. 任命董事会

7. 部长许可

8. 提供钱款

9. 查阅账目和财务报表摘要

10.《1966 年社团法》于学生团体中的适用范围

11. 凌驾于组成文件的法案等

第 3 部分
向南洋理工大学有限责任公司转移财产、权利、责任、雇员等

12. 南洋理工大学有限责任公司转移财产、权利和责任

13. 员工转岗

14. 转岗员工的服务权利等

15. 现有合同

16. 纪律处分程序的延续和完善

17. 员工在调任前的行为不端或玩忽职守

第 4 部分
杂项

18. 学生会

19. 毕业生公会名册

附表

适用于毕业生公会名册之条文

规定南洋理工大学企业化及将其财产、权利及责任转让予继任公司,以及对该公司有关的若干事宜作出规定之法。

【2006 年 4 月 1 日】

兹因,南洋理工大学是根据《南洋理工大学法》(1992 年第 192 章修订版)成立的;

兹因,南洋理工大学的企业化是可取的;

兹因,担保有限责任公司将根据《1967 年公司法》以"南洋理工大学"的名义成立,旨在于新加坡以"南洋理工大学的"名义和风格经营、维护和推广一所大学;

兹因,南洋理工大学的财产、资产、负债及员工需转移到该担保有限责任公司,另外运作该公司及移交公司的某些权力都应订有法定条文。

条　款

第 1 部分
序言

1. 简称

此法系指《2005 年南洋理工大学(企业化)法》。

2. 释义

(1) 在本法中,除文意另有所指外——

"董事会"指在其组成文件中提及的南洋理工大学有限责任公司的董事会;

"组成文件",就大学法人而言,系指南洋理工大学有限责任公司的组织章程大纲及章程细则;

"前身大学"指根据已废除的《南洋理工大学法》(1992 年第 192 章修订版)成立的南洋理工大学;

"南洋理工大学有限责任公司"系指根据《1967 年公司法》,以"南洋理工大学"名义成立的担保有限责任公司。

(2) 为免生疑问——

(a) 本法中对前身大学名下财产的任何提述均为对前身大学财产之提述,无论其位于新加坡还是其他地方;及

(b) 在本法中对前身大学权利或责任之提述系指对前身大学根据新加坡法律或其他国家法律所享有的权利或承担的责任(视属何情况而定)及由前身大学贷款产生的权利或责任之提述。

第2部分
与南洋理工大学有限责任公司有关之条文

3. 南洋理工大学有限责任公司的作用

南洋理工大学有限责任公司的作用是：在其可用的财政资源范围内，执行其组成文件所规定的目标，特别是授予和颁发学历证书和学位证书，包括名誉学位和其他荣誉。

4. 责任与评估

（1）南洋理工大学有限责任公司必须遵守责任体系，该体系由南洋理工大学有限责任公司和部长的书面协议制定，或由部长授权之人制定。

（2）南洋理工大学有限责任公司必须根据部长制定的质量保证框架评估自身活动表现。

（3）南洋理工大学有限责任公司必须参加对其自身活动的评估，该评估由部长不时委托的任何外部审查小组进行。

5. 有关新加坡高等教育政策的指示

（1）部长可以与南洋理工大学有限责任公司协商，制定出其认可的新加坡高等教育政策，并指示南洋理工大学有限责任公司实施该政策。

（2）南洋理工大学有限责任公司必须遵守部长根据第（1）款发出的任何指示。

6. 任命董事会

（1）董事会由部长委任的受托人组成。

（2）部长可随时撤销或替换任何受托人，也可任命新的或另外的受托人到董事会。

7. 部长许可

（1）以下事项须要事先征得部长的书面同意——

（a）对南洋理工大学有限责任公司成员的接纳及免职；

(b) 处置南洋理工大学有限责任公司的全部或基本上全部业务或财产;

(c) 南洋理工大学有限责任公司自动清盘;

(d) 增加、删除或更改南洋理工大学有限责任公司组成文件的任何条文;及

(e) 董事会中任何受托人的免职。

(2) 第(1)款下的要求引用《1967 年公司法》和《2018 年破产、重组和解散法》就第(1)(a)款至第(1)(e)款所述事项规定的要求。

(3) 任何违反第(1)款而作出的行为或订立的协议均不具法律效力且不可强制执行。

8. 提供钱款

(1) 部长须将议会不时提供给南洋理工大学有限责任公司的经费交予该公司。

(2) 根据第(1)款给予南洋理工大学有限责任公司的所有钱款仅能由该公司用于其组成文件所规定的对象,且经过部长批准。

9. 查阅账目和财务报表摘要

(1) 部长或部长授权之人(在本节中称为获授权人)有权在任何合理时间全面和自由地查看南洋理工大学有限责任公司财务交易直接或间接有关的所有账目和其他记录。

(2) 部长或获授权人可以要求任何人提供其所拥有的或可查阅的任何信息,以及部长或获授权人认为需要核实之信息——

(a) 根据第 8 条给予南洋理工大学有限责任公司的款项是否按照该条运用或支出;或

(b) 部长或获授权人员认为必要的任何其他事项。

(3) 南洋理工大学有限责任公司须以部长确定的频率及方式向公众开放其财务报表的摘要,形式及内容须由部长确定。

(4) 在无合理辩解的情况下,若不遵守部长或获授权人根据第(2)款提出的任何要求,或以其他方式妨碍、阻碍或延误部长或获授权

人履行其职责或行使本条规定的权力,即属犯罪,一经定罪,可处不超过 1000 新加坡元的罚款。

10.《1966 年社团法》于学生团体中的适用范围

(1) 尽管《1966 年社团法》中存在相反的情况,但该法之条文对于根据南洋理工大学有限责任公司组成文件中条文构成的任何学生团体均有效力。

(2) 负责社团的部长可通过《宪报》之命令豁免第(1)款中提到的任何学生团体受《1966 年社团法》中所有或任何条文的规限,但须符合该命令中订明的任何条件。

11. 凌驾于组成文件的法案等

(1) 组成文件中的任何条文或南洋理工大学有限责任公司据其作出的任何规定若与本法中任何条文互相矛盾,则视矛盾之处一律无效。

(2) 本法中任何内容均不得解释为豁免南洋理工大学有限责任公司遵守除本法外适用于其的任何成文法。

第 3 部分
向南洋理工大学有限责任公司转移财产、权利、责任、雇员等

12. 南洋理工大学有限责任公司转移财产、权利和责任

(1) 自 2006 年 4 月 1 日起,由部长确定并经财政部长批准的前身大学业务中所含财产、权利和责任,凭借本条而无需其他担保、作为或契据的情况下转让至或归属于南洋理工大学有限责任公司。

(2) 通过任何计划、遗嘱、其他文件抑或其他途径,以信托方式为此大学前身特定基金会或对象所持有的任何财产,和根据第(1)款已转让至或归属于南洋理工大学有限责任公司的任何财产,必须在转让或归属后,尽可能以信托方式为此大学前身同一基金会或对象所持有并使用。

（3）任何凭借第（1）款转让至或归属于南洋理工大学有限责任公司以信托方式持有的财产，须在转让或归属后以同一信托方式持有。

（4）如某项财产、权利或责任是否已根据第（1）款转至或归属于南洋理工大学有限责任公司产生任何问题，则财政部长出具的证明为上述问题的确凿证据。

（5）根据第（1）款转至或归属于南洋理工大学有限责任公司的任何不动产必须由该公司在任期间持有，并遵守校长确定的条款和条件。

（6）在 2006 年 4 月 1 日前由前身大学或针对前身大学展开的所有法律程序在当日待决，则可于该日期当天及之后由南洋理工大学有限责任公司或针对其继续进行、完成和执行。

（7）前身大学紧接在 2006 年 4 月 1 日前签署的任何与转移财产相关之协议，于该日期当天及之后均具有效力，无论该协议下的权利及责任是否具有可转让之性质，认定——

（a）南洋理工大学有限责任公司是协议的一方；及

（b）在该协议中，对前身大学于该日期当天或之后须完成事宜之提述均以对南洋理工大学有限责任公司之提述所取代。

13. 员工转岗

（1）紧接 2006 年 4 月 1 日前受雇于前身大学的所有人员转入南洋理工大学有限责任公司任职，且享有调任前同等优惠条件。

（2）在南洋理工大学有限责任公司制定服务条款和条件之前，前身大学之计划、服务条款和条件继续适用于根据第（1）款调动至南洋理工大学有限责任公司任职之人员，且认定该人员仍于前身大学任职。

14. 转岗员工的服务权利等

（1）南洋理工大学有限责任公司根据第 13 条制定转移至此公司任职人员之服务条款和条件时，须考虑其于前身大学任职期间享有的服务条款和条件，包括任何应计的离职权利。

（2）南洋理工大学有限责任公司拟定其任何人员服务年限的任

何条款和条件时,须规定该人员在前身大学所提供的服务受到承认,作为其于该公司提供的服务。

15. 现有合同

前身大学紧接在 2006 年 4 月 1 日前签署的所有契据、合同、计划、债券、协议、文书和安排于该日期当天及之后仍具有效力,且可由南洋理工大学有限责任公司或针对其强制执行,则认定南洋理工大学有限责任公司(而非前身大学)已名列其中或成为其中的一方。

16. 纪律处分程序的延续和完善

(1) 凡于 2006 年 4 月 1 日前对下列人士展开的纪律处分程序——

(a) 前身大学中根据第 13 条调任至南洋理工大学有限责任公司任职的任何雇员;或

(b) 前身大学的任何学生,于当天待决,则该纪律处分程序须在该日期当天及之后由南洋理工大学有限责任公司执行并完成。

(2) 若前身大学正式授权的委员会已于 2006 年 4 月 1 日前进行聆讯或展开调查,但紧接在该日期之前未据此作出任何命令、裁决或指示,则委员会须在该日期当天或之后完成聆讯或调查,并可以根据于该日期之前被授予的权限作出命令、裁决或指示。

(3) 委员会根据第(2)款作出的任何命令、裁决或指示均应被视为南洋理工大学有限责任公司的命令、裁决或指示,且具有相同的效力和效果,并认定其为南洋理工大学有限责任公司正式授权之委员会制定的命令、裁决或指示。

17. 员工在调任前的行为不端或玩忽职守

于前身大学任职期间,某人因任何不当行为或玩忽职守,应受到训斥、降级、退职、免职或其他惩罚。若该人员继续受雇于前身大学且该法并未颁布,则南洋理工大学有限责任公司可对该人进行训斥,降级,令其退职,免职或以任何其他方式惩罚该人员。

第 4 部分
杂项

18. 学生会

2006 年 4 月 1 日,视南洋理工大学学生会及其组成团体根据南洋理工大学有限责任公司组成文件之条文构成。

19. 毕业生公会名册

附表的条文适用于姓名记录于前身大学毕业生公会名册上的所有人员。

附　表

适用于毕业生公会名册之条文

1. 南洋理工大学有限责任公司必须保存一份毕业生登记册,其中包括下列人员的姓名:

(a) 所有在 1980 年 8 月 7 日为前南洋理工大学毕业生公会成员;以及根据《新加坡国立大学法》[2002 年修订本第 204 章第 18(2)条]授予该大学学位的所有人员;

(b) 所有于 2006 年 4 月 1 日前为前身大学毕业生公会成员的人士;所有在 1991 年 7 月 1 日前被南洋理工大学录取的新加坡国立大学毕业生;所有被授予前身大学学位的人士;及

(c) 该大学所有的毕业生。

2. 毕业生登记册的格式可由董事会决定,但须分为以下三部分:

(a) A 部分须包含所有列于第 1(a)款的人员之姓名;

(b) B 部分须包含所有列于第 1(b)款的人员之姓名;

(c) C 部分包含该大学所有毕业生的姓名。

3. 姓名列在毕业生名册上的任何人士均可不时地收到由校董会确定的此类文件或其他文件。

4. 本附表中,"大学"系指的是由南洋理工大学有限责任公司经营、维持和推广的南洋理工大学。

立法史

本立法史是法律修订委员会尽最大努力提供的服务，不构成本法的一部分。

第 1 部分 《南洋理工学院法》 （1985 年修订版， 第 192 章）	第 2 部分 《南洋理工大学法》 （1992 年修订版， 第 192 章）	第 3 部分 《南洋理工大学 （企业化）法》 （2020 年修订版）

前身法案的图解概述

第 1 部分

《南洋理工学院法》

（1985 年修订版，第 192 章）

1. 1981 年第 12 号法案——《1981 年南洋理工学院法》

法案：第 17/1981 号法案

一审日期：1981 年 6 月 15 日

二审及三审日期：1981 年 7 月 21 日

生效日期：1981 年 8 月 8 日

2. 1985 年修订版——《南洋理工学院法》（第 192 章）

实施日期：1987 年 3 月 30 日

第 2 部分

《南洋理工大学法》

（1992 年修订版，第 192 章）

3. 1991 年第 17 号法案——《1991 年南洋理工大学法》

法案：第 17/1981 号法案

一审日期:1991 年 2 月 26 日

二审及三审日期:1991 年 3 月 22 日

生效日期:1991 年 7 月 1 日

4. 1991 年新加坡政府公告编号第 400 号法案——《1991 年南洋理工大学章程(修订)条例》

生效日期:1991 年 8 月 1 日

5. 1992 修订版——《南洋理工大学法》(第 192 章)

实施日期:1992 年 3 月 9 日

6. 1996 年第 18 号法案——《1996 年南洋大学校友注册法的转移》

(根据第 5 条作出的修订与上述法案附表第 2 段一并参阅)

法案:10/1996

一审日期:1996 年 3 月 11 日

二审及三审日期:1996 年 5 月 2 日

生效日期:1996 年 8 月 31 日(第 5 条与附表第 2 段一并参阅)

7. 1998 年新加坡政府公告编号第 364 号法案——《1998 年南洋理工大学章程(修订)条例》

生效日期:1998 年 8 月 1 日

8. 2002 年第 5 号法案——《2002 年法定公司(出资)法》

[根据第 3 条作出的修订与上述法案附表第(23)项一并参阅]

法案:7/2002

一审日期:2002 年 5 月 3 日

二审和三审日期:2002 年 5 月 24 日

生效日期:2002 年 7 月 15 日[第 3 条与附表第(23)项一并参阅]

9. 2004 年第 40 号法案——《2004 年大学(杂项修正案)法》

(由上述法案第 2 条作出的修订)

法案:39/2004

一审日期:2004 年 9 月 1 日

二审及三审日期:2004 年 9 月 21 日

生效日期:2004 年 10 月 6 日(第 2 节)

第 3 部分
《2005 年南洋理工大学(企业化)法》
(2020 年修订版)

10. 2005 年第 46 号法案——《2005 年南洋理工大学(企业化)法》

法案:33/2005

一审日期:2005 年 10 月 17 日

二审和三审日期:2005 年 11 月 21 日

生效日期:2006 年 4 月 1 日

11. 2006 年修订版——《南洋理工大学(企业化)法》(第 192A 章)

实施日期:2006 年 12 月 31 日

12. 2018 年第 40 号法案——《2018 年破产、重组和解散法》(根据上述法案第 497 条作出的修订)

法案:32/2018

一审日期:2018 年 9 月 10 日

二审和三审日期:2018 年 10 月 1 日

生效日期:2020 年 7 月 30 日(第 497 条)

略语表

C.P.	理事会文件
G.N. No. S(N.S.)	新加坡政府公告编号(新系列)
G.N. No.	政府公告编号
G.N. No. S.	新加坡政府公告编号
G.N. Sp. No. S.	新加坡政府公告特别编号
L.A.	立法议会
L.N.	法律公告(联邦/马来西亚附属法例)
M. Act	马来亚/马来西亚法案
M. Ordinance	马来亚条例
Parl.	议会
S.S.G.G.(E)No.	海峡殖民地政府宪报(特别)编号
S.S.G.G.No.	峡殖民地政府宪报编号

2005 年新加坡国立大学（企业化）法

2020 年修订版

本修订版纳入了截至 2021 年 12 月 1 日（含）的所有修订

自 2021 年 12 月 31 日起实施

法律修订委员会

在《1983 年法律法》修订版授权下

编制并发布

条款目录

第 1 部分
序言

1. 简称
2. 释义

第 2 部分
与大学公司有关的条文

3. 大学公司职能
4. 问责制与评估
5. 新加坡高等教育政策的指示
6. 董事会的任命
7. 部长的批准
8. 资金的提供
9. 查阅账目和财务报表摘要
10. 《1966 年社团法》于学生团体中的适用范围
11. 凌驾于组成文件之上的法案等

第 3 部分
财产、权利、责任、员工等向大学公司的转让

12. 财产、权利和责任向大学公司的转让
13. 员工的调动
14. 转岗员工的任职权利等
15. 现存合同

16. 纪律处分程序的延续和完成

17. 员工调动前的不当行为或玩忽职守

第 4 部分
杂项

18. 前身大学的教职员公积金计划

19. 学生会

20. 毕业生同业公会注册记录册

附表

终止教职员公积金的计划

规定新加坡国立大学企业化及财产、权利及责任向继任公司转移，并就与此公司有关事宜作出规定之法。

【2006 年 4 月 1 日】

兹因，新加坡国立大学是根据《新加坡国立大学法》（2002 年修订版第 204 章）设立；

兹因，新加坡国立大学企业化是可取的；

兹因，名为"新加坡国立大学"的担保有限责任公司（下文简称为"大学公司"）将根据《1967 年公司法》成立。其目标为运营、维持及推广新加坡一所大学，名称和称号为"新加坡国立大学"；

兹因，就新加坡国立大学向公司转让财产、资产、责任和员工、公司的运营以及其一定权力制定的法定条文是可取的。

条　款

第 1 部分
序言

1. 简称

本法系指《2005 年新加坡国立大学(企业化)法》。

2. 释义

(1) 在本法中,除文意另有所指外——

"董事会"系指于其组成文件中提到的大学公司董事会;

"组成文件",就大学公司而言,系指大学公司之组织章程大纲及组织章程细则;

"前身大学"系指根据已废除的《新加坡国立大学法》(2002 年修订版第 204 章)所建立的新加坡国立大学;

"大学公司"系指根据《1967 年公司法》成立的担保有限责任公司,名称或名号为"新加坡国立大学"。

(2) 为免生疑问——

(a) 本法中任何对前身大学归属财产之提述系指对位于新加坡或者其他地方财产之提述;及

(b) 根据新加坡或新加坡以外的任何国家法律,本法中任何对前身大学权利或责任之提述系指对前身大学有权享有之权利或前身大学(视属何情况而定)所须承担的责任之提述,包括前身大学因筹集贷款而产生的权利或责任。

第2部分
与大学公司有关的条文

3. 大学公司职能

在可用的财政资源限制下,大学公司的职能为完成其组成文件规定的宗旨,特别是授予和颁发学位、文凭及证书,包括荣誉学位及其他荣誉。

4. 问责制与评估

(1) 大学公司须遵守其与部长或任何获部长授权之人之间的任何书面协议所规定的问责制框架。

(2) 大学公司须根据部长确定的质量保证框架评估其活动表现。

(3) 大学公司须参加部长不时委任外部审查小组对其活动所进行的评估。

5. 新加坡高等教育政策的指示

(1) 部长可与大学公司协商建立合适的新加坡高等教育政策并指示大学公司实施。

(2) 大学公司须遵守部长根据第(1)款作出的任何指示。

6. 董事会的任命

(1) 董事会由部长委任之受托人组成。

(2) 部长可随时对任何受托人进行免职或替换,或委任新受托人或其他受托人加入董事会。

7. 部长的批准

(1) 以下行为,需部长事先书面同意——

(a) 大学公司成员之录用及免职;

(b) 处置大学公司全部或近乎全部的业务或财产;

(c) 自动清盘大学公司;

(d) 增加、删除或更改大学公司组成文件中的任何条文;及

(e) 任何受托人从董事会中免职。

（2）第（1）款下的要求引用《1967 年公司法》和《2018 年破产、重组和解散法》就第（1）（a）至（e）款所述事项规定的要求。

【40/2018】

（3）违反第（1）款的任何法案或协议均无法律效力且不可强制执行。

8. 资金的提供

（1）部长须将议会不时提供给大学公司的经费交予大学公司。

（2）根据第（1）款已交予大学公司的所有款项仅由大学公司用于其组成文件中由部长所批准的宗旨。

9. 查阅账目和财务报表摘要

（1）部长或获部长授权之人（在本条中称为获授权人）有权在合理时间内全面和自由地查阅与大学公司财务交易直接或间接有关的所有账目及其他记录。

【31/12/2021】

（2）部长或获授权人可要求任何人为其提供所拥有的或可取用的任何信息，以及部长或获授权人认为需要核实之信息——

（a）根据第 8 条已付予大学公司之款项是否按照该条使用或支出；及

（b）部长或获授权人认为必要的任何其他事宜。

（3）大学公司须以部长确定的频率及方式向公众提供其财务报表的摘要，形式及内容须由部长确定。

（4）在无合理辩解的情况下，若不遵守部长或获授权人根据第（2）款提出的任何要求，或以其他方式妨碍、阻碍或延误部长或获授权人履行其职责或行使本条规定的权力，即属犯罪，一经定罪，可处不超过 1000 新加坡元的罚款。

10.《1966 年社团法》于学生团体中的适用范围

（1）尽管《1966 年社团法》中存在相反的情况，但该法之条文对于根据大学公司组成文件中条文构成的任何学生团体均有效力。

（2）负责社团的部长可通过《宪报》之命令豁免第（1）款中提到的任何学生团体受《1966年社团法》中所有或任何条文的规限，但须符合该命令中订明的任何条件。

11. 凌驾于组成文件之上的法案等

（1）组成文件中的任何条文或大学公司据其作出的任何规定若与本法中任何条文互相矛盾，则视矛盾之处一律无效。

（2）本法中任何内容均不得解释为豁免大学公司遵守除本法外适用于大学公司的任何成文法。

第3部分
财产、权利、责任、员工等向大学公司的转让

12. 财产、权利和责任向大学公司的转让

（1）自2006年4月1日起，由部长确定并经财政部长批准的前身大学业务中所含财产、权利和责任，凭借本条而无需其他担保、作为或契据的情况下转让至或归属于大学公司。

（2）通过任何计划、遗嘱、其他文件抑或其他途径，以信托方式为此大学前身特定基金会或对象所持有的任何财产，和根据第（1）款已转让至或归属于大学公司的任何财产，必须在转让或归属后，尽可能以信托方式为此大学前身同一基金会或对象所持有并使用。

（3）任何凭借第（1）款转让至或归属于大学公司以信托方式持有的财产，须在转让或归属后以同一信托方式持有。

（4）若就是否根据第（1）款将任何特定财产、权利或责任转让至或归属于大学公司出现任何问题，则财政部长持有的证明是确凿的证据，可证明财产、权利或责任是否如此转让或归属。

（5）根据第（1）款转让至并归属于大学公司的任何不动产须由大学公司在任期内持有，并遵守校长所定之条款和条件。

（6）尽管《1993年土地权利法》第145条另有规定，大学公司无须

以其为受益方向业权登记官提出任何申请，在土地登记册中填写根据本法转让至并归属于大学公司的业务中所包含的注册土地所有按揭或抵押之归属注册摘要。

（7）《1993 年土地权利法》第 56(1) 条不适用于大学公司签署的任何文书，该文书旨在对根据本法转让至并归属于大学公司业务中所包含的注册土地按揭或抵押进行处置或创造利益。即使在注册文书时大学公司并不会被指定为土地登记册中已注册土地之所有者，也不妨碍对大学公司签署的任何此类文书进行登记。

（8）尽管《1988 年契据注册法》第 4 条另有规定，但大学公司无须以大学公司为受益人并根据该法转让至并归属于大学公司业务中所包含的所有未注册土地按揭或抵押之归属而登记，且该法案的政府印刷副本于任何法庭上均可作为大学公司在该土地上权益之证据。

（9）就《1993 年土地权利法》和《1988 年契据注册法》而言，截至 2006 年 4 月 1 日仍存在的且由前身大学提交的要求土地权益作为承按人或承押人的知会备忘或控罪备忘录，均被解释为在该日期当天及之后生效。认定其中对前身大学之提述均由对大学公司之提述所代替。

（10）于 2006 年 4 月 1 日前由前身大学或针对前身大学提起的法律程序在当日待决，则可于该日期当天及之后由大学公司或针对大学公司继续进行、完成和执行。

（11）前身大学紧接在 2006 年 4 月 1 日前签署的任何与转移财产相关之协议，于该日期当天及之后均具有效力，无论该协议下的权利及责任是否具有可转让之性质，认定——

（a）大学公司曾是协议的一方；及

（b）协议中对前身大学于该日期当天或之后须完成事宜之提述均由对大学公司之提述所取代。

13. 员工的调动

（1）紧接 2006 年 4 月 1 日前受雇于前身大学的所有人员转入大

学公司任职,且享有调任前同等优惠条件。

(2) 在大学公司制定服务条款和条件之前,前身大学之计划、服务条款和条件继续适用于根据第(1)款调动至大学公司任职之人员,且认定该人员仍于前身大学任职。

14. 转岗员工的任职权利等

(1) 根据第 13 条制定转移至大学公司任职人员之服务条款和条件时,大学公司须考虑其于前身大学任职期间享有的服务条款和条件,包括任何应计的离职权利。

(2) 拟定有关大学公司任何人员服务年限的任何条款和条件时,大学公司须规定该人员在前身大学所提供的服务受到承认,作为其于大学公司中提供的服务。

15. 现有合同

前身大学紧接在 2006 年 4 月 1 日前签署的所有契据、合同、计划、债券、协议、文书和安排于该日期当天及之后仍具有效力,且可由大学公司或针对大学公司强制执行,就认定大学公司(而非前身大学)已名列其中或成为其中的一方。

16. 纪律处分程序的延续和完成

(1) 凡于 2006 年 4 月 1 日前对下列人士展开的纪律处分程序——

(a) 前身大学中根据第 13 条调任至大学公司任职的任何雇员;或

(b) 前身大学的任何学生;

于当天待决,则该纪律处分程序须在该日期当天及之后由大学公司执行并完成。

(2) 若前身大学正式授权的委员会已于 2006 年 4 月 1 日前进行聆讯或展开调查,但紧接在该日期之前未据此作出任何命令、裁决或指示,则委员会须在该日期当天或之后完成聆讯或调查,并可以根据于该日期之前被授予的权限作出命令、裁决或指示。

(3) 委员会根据第(2)款作出的任何命令、裁决或指示均应被视为大学公司的命令、裁决或指示,且具有相同的效力和效果。认定其为大学公司正式授权之委员会制定的命令、裁决或指示。

17. 员工调动前的不当行为或玩忽职守

于前身大学任职期间,某人因任何不当行为或玩忽职守,应受到训斥、降级、退职、免职或其他惩罚。若该人员继续受雇于前身大学且该法并未颁布,则大学公司可对该人进行训斥、降级、令其退职、免职或以任何其他方式惩罚该人员。

第 4 部分
杂项

18. 前身大学的教职员公积金计划

(1) 2006 年 4 月 1 日,将所有与教职员公积金计划相关的前身大学财产、权利和责任转让至并归属于大学公司。

(2) 任何紧接在 2006 年 4 月 1 日前曾是教职员公积金计划成员或前成员之人,在该日期当天及之后,仍为(视属何情况而定)教职员公积金计划之成员或前成员。

(3) 大学公司须于 2007 年 12 月 28 日根据附表一终止教职员公积金方案。

(4) 尽管已废除《新加坡国立大学法》(2002 年修订版第 204 章),但于教职员公积金计划终止之前——

(a) 紧接在 2006 年 4 月 1 日前生效的《新加坡国立大学法》(2002 年修订版第 204 章)中的第十五条、附表二以及第十八号法案仍具有效力,且仍适用于教职员公积金计划;及

(b) 大学公司董事会可修订第十八号法案,以便与《1953 年中央公积金法》中有关款项或投资处理的现行政策保持一致。

(5) 2007 年 12 月 28 日,大学公司中与教职员公积金计划相关之财产及权利据附表一转让至并归属于中央公积金委员会。

(6) 部长可通过《宪报》命令修订附表一。

（7）在本节及附表一中，除文意另有所指外——

"教职员公积金计划"系指前身大学根据第十八号法案设立的教职员公积金计划；

"中央公积金委员会"系指根据《1953年中央公积金法》设立和组成的中央公积金委员会；

"第十八号法案"系指根据《新加坡国立大学法》（2002年修订版第204章）制定的第十八号法案（教职员公积金计划），可由董事会根据第（4）（b）款不时地修订。

19. 学生会

2006年4月1日，视新加坡国立大学学生会及其组成团体根据大学公司组成文件之条文构成。

20. 毕业生同业公会注册记录册

附表二中的条文适用于姓名记录于前身大学毕业生同业公会注册记录册上的所有人员。

附　表

终止教职员公积金计划

释义

1.（1）在本附表中，除文意另有所指外——

"教职员公积金"系指教职员公积金；

"教职员公积金法投资计划的投资"系指根据第十八号法案第 19E 条进行的投资；

"教职员公积金成员"系指截至 2007 年 12 月 28 日为教职员公积金计划的成员和任职于大学公司之人；

"教职员公积金款项"系指根据教职员公积金计划可记入任何人贷方之款项；

"教职员公积金资产"系指与教职员公积金计划相关的所有财产、资产、权益和利益，于 2006 年 12 月 28 日之前归属于大学公司或受托人，包括但不限于所有款项、不动产之按揭（法律上或衡平法上）和投资（包括保险单和单位信托基金）；

"教职员公积金资产余额"系指教职员公积金之资产，不包括——

（a）根据第 5(b) 段向相关人士所转让或分配的教职员公积金款项、教职员公积金法投资计划的投资或第五部风险保险；

（b）由每名在世的相关人士在教职员公积金计划下记入其贷方和根据第 18 或 19 段记入或拟记入相关人士的中央公积金账户内的教职员公积金款项、教职员公积金法投资计划的投资或第五部风险保险；

（c）大学公司根据第 33 和 40 段保有的教职员公积金款项、教职员公积金法投资计划的投资或第五部风险保险；

(d) 根据第 25(1) 段转让至并归属于中央公积金委员会的按揭(法律上或衡平法上)。该按揭涉及教职员公积金计划下的按揭财产;及

(e) 在扣除教职员公积金计划之负债和清盘教职员公积金计划的开支后,由大学公司根据第 37 和 44 段保有的按揭。该按揭涉及教职员公积金计划下的按揭财产(法律上或衡平法上);

"管理委员会"系指根据第十八号法案第 8(a) 条组成的教职员公积金计划管理委员会;

"中央公积金"系指根据《1953 年中央公积金法》设立的中央公积金;

"中央公积金账户"系指根据《1953 年中央公积金法》维持的账户;

"中央公积金投资计划"系指根据《1953 年中央公积金法》确立的中央公积金投资计划;

"中央公积金成员"系指《1953 年中央公积金法》第 2(1) 条所定义的中央公积金成员;

"已故相关人士"系指于 2007 年 12 月 28 日前去世且去世前可联系的相关人士;

"解散通知"系指大学公司根据第 2 段向相关人士发出的通知;

"清盘教职员公积金计划的开支"系指所有开支,包括清盘教职员公积金计划的法律和核算费用、将与教职员公积金计划有关的财产、资产、权益于 2006 年 12 月 28 日之前、当天或之后转让至中央公积金委员会所产生的任何法律费用和印花税;

"利息均衡准备账户"系指根据第十八号法案第 11(ii) 条所建立的账户;

"投资折旧准备账户"系指根据第十八号法案第 13(i) 条所建立的账户;

"投资基金"系指根据第十八号法案第 5 条组成的投资基金;

"在世的相关人士"系指紧接在 2007 年 12 月 28 日之前在世的任

何相关人士;

"教职员公积金计划下的按揭财产"系指有按揭(法律上或衡平法上)且以大学公司为受益方的任何不动产。大学公司可取出教职员公积金款项以购买土地、支付或再次支付为购买土地而取出的购房贷款;

"通知期"系指肇始于 2006 年 12 月 28 日截至 2007 年 12 月 28 日;

"第五部风险保险"系指根据第十八号法案第 5 部分实施的人寿保险或养老保险;

"相关人士"系指于 2007 年 12 月 28 日之前拥有可记入教职员公积金计划下贷方的教职员公积金款项、教职员公积金法投资计划之投资或第五部风险保险或拥有教职员公积金计划下的按揭财产之人;

"受托人"系指教职员公积金计划之受托人;

"工作日"系指除周六、周日或公众假期以外的任何日期。

(2) 在本附表内,有关人士若符合以下条件,则被视为无法联系——

(a) 该人士无中央公积金账户;及

(b) 大学公司并未持有该人士启用中央公积金账户所需的下列任何资料或文件:

> (i) 该人的国籍;
>
> (ii) 若相关人士为新加坡公民,则需要该人的新加坡国民登记识别号;
>
> (iii) 若相关人士非新加坡公民,则需该人的护照号码和外国识别号、该人护照每页载有其识别信息之副本,以及该人的外国身份证副本;
>
> (iv) 该人的出生日期,

尽管大学公司为获取这些资料或文件做出了适当的努力。

教职员公积金计划的终止通知

2. 大学公司必须——

(a) 至少于 2007 年 12 月 28 日前 12 个月,以书面通知每一位可

联系的相关人士其清盘教职员公积金计划之意图；及

（b）在发出解散通知之日起的第七个工作日，将解散通知刊登于新加坡普遍发行的当地日报英语报纸上。

3. 视解散通知已妥当送达相关人士——

（a）解散通知邮寄至相关人士的地址——

  （i）若地址位于新加坡，则需两个完整的工作日；或

  （ii）若地址位于新加坡境外，则在通知发布后需五个完整的工作日；在证明通知送达时，足以证明载有通知之信封已填地址、盖章并邮寄；

（b）若解散通知由专人派送，则须立即送达相关人士，或将其留在相关人士于大学公司中专用场所的邮箱；

（c）若解散通知以电子邮件的形式发送至相关人士，则在大学公司收到的相关人士电子确认书中述明的日期和时间送达；或

（d）根据第 2(b) 段在当地日报英语报纸上刊登解散通知后，以最早的时间为准。

4. 在第三段中

（a）根据大学公司之记录，第 3(a) 段中相关人士的相关地址是其最后为人所知的地址；

（b）第 3(c) 段中教职员公积金成员的相关电子邮件地址带有互联网域名"nus.edu.sg"，该域名由大学公司分配予教职员公积金成员。

55 岁或以上的相关人士

5. 大学公司须向每位截至 2007 年 12 月 28 日年满 55 岁或以上且可联系的相关人士以通知形式告知其以下选择——

（a）将其教职员公积金款项、教职员公积金法投资计划的投资或第五部风险保险转移至中央公积金账户或根据第 15 段开立的中央公积金账户，视属何情况而定；或

（b）将其教职员公积金款项、教职员公积金法投资计划的投资或第五部风险保险进行转让或分配，或解除其在教职员公积金计划下按

揭财产有关的按揭(视属何情况而定),但须遵守以下条件——

  (i) 为施行《1953 年中央公积金法》第 15(6)条预留足够的资金;或

  (ii) 预留一笔教职员公积金款项转至其中央公积金账户或为施行《1953 年中央公积金法》第 15(6)条根据第 15 段为其所开立的中央公积金账户。

6. 若第 5 段中提到的相关人士未按大学公司通知中订明之方式和日期向大学公司告知其选择,则该相关人员的教职员公积金款项须根据第 13(b)段转至中央公积金委员会,且他或她的教职员公积金法投资计划的投资或第五部风险保险(如有的话)被视为根据中央公积金投资计划第 22 段所进行的投资。

第五部风险保险或教职员公积金法投资计划的投资

7. 于 2007 年 12 月 28 日之前用以支付任何第五部风险保险的所有保费(无论是教职员公积金款项还是现金),均被视为使用教职员公积金款项支付。

8. 自 2006 年 12 月 28 日起,教职员公积金计划下不得实施新的第五部风险保险。

9.(1) 管理委员会须于 2007 年 12 月 28 日之前,将前身大学以其名义代表任何可联系的相关人士所持有的每个第五部风险保险和教职员公积金法投资计划的投资返还给相关人士。

(2) 为免生疑问,任何以此方式转让的第五部风险保险或教职员公积金法投资计划的投资(尽管已转让)被视为记入教职员公积金计划下相关人士之信贷。

教职员公积金计划的终止和教职员公积金款项的转让

10. 大学公司可于通知期内申请将教职员公积金之资产用以支付教职员公积金计划的债务和负债以及清盘教职员公积金之成本、收费和开支。

11. （1）大学公司须——

（a）截至 2007 年 12 月 27 日，拟备好教职员公积金之账目；及

（b）在 2007 年 12 月 28 日起计的 30 天内，就紧接在 2007 年 12 月 28 日之前在教职员公基金计划中拥有记入贷方的教职员公积金款项的相关人士，计算其教职员公积金资产余额（如有）中各自的份额。其比例为根据第 18 号法案 13 条进行的最后一次周期性评估之后开始到 2007 年 12 月 27 日为止的此段时间中每个季度末该人账户中教职员公积金款项余额的平均值，然后结算教职员公积金账目。

（2）在结算教职员公积金账目后，大学公司须在切实可行的范围内尽快安排账目接受审计。审计完成后，将经审计的账目送交中央公积金委员会。

12. 根据第 11（2）段送交至中央公积金委员会之账目须——

（a）提供教职员公积金资产、投资基金、利息均衡准备金账户及投资折旧准备金账户的全部细节；

（b）提供根据教职员公积金计划记入每个在世相关人士贷方的教职员公积金款项之详细信息，并根据 13（b）段转让至中央公积金委员会；及

（c）提供每个在世的相关人士在教职员公积金资产余额中各自份额的详细信息。该人紧接在 2007 年 12 月 28 日前于教职员公积金计划中拥有记入其贷方的教职员公积金款项。该款项根据第 11（1）（b）段计算，并根据第 20 段转入其中央公积金普通账户。

13. 2007 年 12 月 28 日——

（a）终止教职员公积金计划；

（b）根据第 18 段记入在每个可联系的在世相关人士的中央公积金账户之教职员公积金款项，包括（如适用）根据第 18 号法案第 11（i）条规定的利息（选择将这些款项根据第 5（b）段转让或分配给他或她的相关人士除外），必须转让至中央公积金委员会；及

（c）教职员公积金之资产余额（如有）须由大学公司保管，以信托

方式为紧接在 2007 年 12 月 28 日之前拥有教职员公积金款项的相关人士持有。

14. 尽管第 13 段另有规定,第 32(2)段中明确规定大学公司须满足针对大学公司、教职员公积金或受托人可行使的所有权利,且须完成和履行教职员公积金计划中本应由大学公司、管理委员会或受托人(视属何情况而定)完成或履行的所有职责和义务,以及于 2007 年 12 月 28 日因各种原因而未完成或履行的所有职责和义务。

中央公积金账户的启用和记入

15. 凡是紧接在 2007 年 12 月 28 日前可联系且尚未成为中央公积金成员的在世相关人士于当天被视为中央公积金成员。中央公积金委员会须根据《1953 年中央公积金法》为此类人士开立中央公积金账户。

16. 凡是根据第 15 段被视为中央公积金成员之人士均受《1953 年中央公积金法》的约束,并有权据该法享有中央公积金成员所有的权利和特权。

17. 凭借第 13(b)条转让至中央公积金委员会的任何教职员公积金款项或根据中央公积金投资计划第 22 段被视为投资的任何第五部风险保险或教职员公积金法投资计划的投资于 2007 年 12 月 28 日之前以任何在世相关人士之任何信托方式持有,在转让或视为投资后以同一信托方式持有。

18. 将第 13(b) 段中提到的教职员公积金款项转让至中央公积金委员会后,中央公积金委员会须紧接在 2007 年 12 月 28 日之前将该段中提到的每一位在世相关人士于教职员公积金计划中记入其贷方的数额记入中央公积金普通账户和特别账户。

19. 中央公积金委员须如第 22 段所述,将可联系相关人士紧接在 2007 年 12 月 28 日之前拥有的任何第五部风险保险或教职员公积金法投资计划的投资[该人根据第 5(b)段选择转让或分配于他或她的任何第五部风险保险或教职员公积金法投资计划的投资除外]视为中央公积金投资计划下的投资，且须记入相关人士的中央公积金投资计划账户。

20. 若在世相关人士在教职员公积金计划下拥有根据 11（1）（b）段所计算记入其贷方的教职员公积金款项，则其在教职员公积金资产余额（如有）中各自拥有的份额，须于 2007 年 12 月 28 日起计的三十天后从大学公司转让至中央公积金委员会。中央公积金委员会须将份额记入该人的普通账户。

21. 大学公司与教职员公积金成员之间的每份雇佣合同或服务协议均视为可变更，规定教职员公积金成员自 2007 年 12 月 28 日起缴纳中央公积金，而非教职员公积金。

第五部风险保险和教职员公积金法投资计划的投资被视为中央公积金投资计划下的投资

22. 可联系的在世相关人士紧接在 2007 年 12 月 28 日之前所持有的第五部保险和教职员公积金法投资计划的投资（该人根据第 5（b）段选择转让或分配予其的任何第五部风险保险或教职员公积金法投资计划的投资除外），均被视为他或她根据中央公积金投资计划所进行的投资。所有已支付或被视为已用教职员公积金款项支付的教职员公积金法投资计划的投资和第五部风险保险之保费于该日期当天及之后均被视为已使用其中央公积金账户中的公积金款项支付。

23. 凡是于 2007 年 12 月 28 日之前任意时间使用教职员公积金款项支付其第五部风险保险保费的在世相关人士有权于该日期当天及之后使用记入其中央公积金委员会普通账户之款项，以支付该第五部风险保险及其任何附加险的保费。

24. 为免生疑问，在世相关人士于 2007 年 12 月 28 日之前的任意时间未使用其教职员公积金款项支付其第五部风险保险保费，则无权使用记入其中央公积金委员会普通账户之款项，以支付该第五部风险保险及其任何附加险的保费。

维护不动产权利

25. (1) 根据教职员公积金计划,涉及可联系的在世相关人士的任何按揭财产且以大学公司为受益方的按揭(法律上或衡平法上)均于 2007 年 12 月 28 日转让至并归属于中央公积金委员会。

(2) 就第(1)款提及的任何按揭和借按揭作为偿还保证的负债而言,中央公积金委员会有权于 2007 年 12 月 28 日当天和之后享有该按揭继续为大学公司所持有或以其为受益方的情况下大学公司所享有的权利和优先权以及承担此条件下相同的义务和附带条件。

26. 尽管《1993 年土地权利法》第 145 条另有规定,中央公积金委员会无须以其为受益方向业权登记官提出任何申请,在土地登记册上登记根据第 25(1)段转让至并归属于中央公积金委员会所有注册土地的按揭或抵押之归属摘要。

27.《1993 年土地权利法》第 56(1)条不适用于中央公积金委员会签立的任何文书,此类文书旨在将根据第 25(1)段转让至并归属于中央公积金委员会的注册土地之按揭或抵押进行处置或从中获益。尽管中央公积金委员会在为该等文书登记时于土地登记册中无权被列为注册土地之业主,该条也不得阻止对中央公积金委员会签署的任何此类文书进行登记。

28. 尽管《1988 年契据注册法》第 4 条另有规定,中央公积金委员会无须以其为受益方根据第 25(1)段为所有未登记注册土地的按揭或抵押之转让或归属登记。任何法庭皆可接受本法的政府印刷副本作为中央公积金委员会土地权益之证据。

29. 在《1993 年土地权利法》和《1988 年契据注册法》中,所有索要土地权益作为教职员公积金计划中任何按揭财产之承按人或承押人的知会备忘或控罪备忘录由大学公司提交,于 2007 年 12 月 28 日仍然有效,均被解释为于该日期当天和之后生效。认定其中对大学公司的任何提述均为对中央公积金委员会之提述。

资料的披露

30. 大学公司和中央公积金委员会有权向彼此、任何银行、保险公司或者其他金融机构披露资料，且该行为合法。金融机构需满足以下条件——

（a）获批准或参与中央公积金投资计划；

（b）获批准或参与第 18 号法案第 19E 条提述的任何投资计划；或

（c）颁布任何第五部风险保险，视属何情况而定，下列相关信息——

（d）教职员公积金的资产；

（e）任何于 2006 年 12 月 28 日在教职员公积金计划中拥有任何教职员公积金款项、第五部风险保险、教职员公积金法投资计划的投资或按揭财产之人；

（f）任何于分段（e）中所提及之人在教职员公积金下的账户；

（g）任何于分段（e）中所提及之人的中央公积金账户；及

（h）任何于分段（e）中所提及之人的联系方式，

上述信息是大学公司或中央公积金委员会认为有必要的，可促进披露资料和转让资产。

31. 任何相关人士的任何相关信息——

（a）他或她自身；

（b）他或她的任何款项、投资、保险或按揭财产；

（c）他或她在教职员公积金计划中的账户；或

（d）他或她的中央公积金账户，

已根据第 30 段披露，被视为已批准披露

针对教职员公积金计划的索赔

32. （1）在披露教职员公积金后，除本附表条文另有规定外，任何相关人士均不针对教职员公积金计划、大学公司、受托人或中央公积金委员会提出任何索赔。

（2）尽管有第（1）分段另有规定，但须服从根据第 18 号法案第

7 条授予大学公司的第一及首要留置权或抵押权。教职员公积金之披露并不损害或影响任何相关人士于教职员公积金披露前使用应计的教职员公积金资产进行付款之权利。

已故相关人士的教职员公积金款项、教职员公积金法投资计划的投资、第五部风险保险和按揭财产

33. 已故相关人士的所有教职员公积金款项、教职员公积金法投资计划的投资和第五部风险保险不得于 2007 年 12 月 28 日转让至中央公积金委员会。

34. 第 33 段中提到的已故相关人士的教职员公积金款项须于 2007 年 12 月 28 日转至以大学公司作为受托人之名义开设的账户,且须存入银行。

35. 根据第 11(1)(b)段计算的已故人士教职员公积金资产余额(如有)的各自份额须于 2008 年 1 月 27 日转至第 34 段提到的账户。

36. 第 33 段中提到的已故相关人士的教职员公积金法投资计划之投资、第五部风险保险须由大学公司作为受托人持有。

37. 涉及任何以大学公司为受益方且与已故相关人士在教职员公积金计划下任何按揭财产有关的任何按揭(法律上或衡平法上),以及借按揭作为偿还负债之保证,大学公司于 2007 年 12 月 28 日当天和之后有权继续享有与该日期前同样的权利和优先权,且承担与该日期前同样的义务和附带条件。

38. 大学公司有权扣除根据第 34 段和第 35 段转入账户之款项,或运用第 36 段所提及财产的任何金额,以偿还其在管理已故相关人士之款项,投资或保险时产生的任何合理开支。

39.(1)须将根据第 34 段和第 35 段转入至账户的款项,以及第 36 段中提到的教职员公积金法投资计划的投资和第五部风险保险支付给或转移给已故相关人士的受托人或法定遗产代理人。

(2)大学公司须安排解除第 37 段所述的按揭财产。

失联相关人士的教职员公积金款项,教职员公积金法投资计划的投资,第五部风险保险和按揭财产

40. 失联相关人士的所有教职员公积金款项、教职员公积金法投资计划的投资和第五部风险保险不得于 2007 年 12 月 28 日转至中央公积金委员会。

41. 第 40 段中提到的失联相关人士的教职员公积金款项须于 2007 年 12 月 28 日转至以大学公司作为受托人的名义所开设的一个或多个账户中,且须存入银行。

42. 根据第 11(1)(b)段计算的教职员公积金资产余额(如有)的金额须在 2008 年 1 月 27 日转入第 41 段提到的一个或多个账户。此金额归属于所有失联相关人士(在教职员公积金计划中拥有记入其贷方的教职员公积金款项)的教职员公积金资产余额中的份额。

43. 第 40 段中提到的失联相关人士的教职员公积金法投资计划之投资、第五部风险保险须由大学公司作为受托人持有。

44. 涉及任何以大学公司为受益方且与失联相关人士在教职员公积金计划下任何按揭财产有关的按揭(法律上或衡平法上),以及抵押贷款所担保的债务,大学公司于 2007 年 12 月 28 日当天和之后有权继续享有该日期前同样的权利和优先权,且承担与该日期前同样的义务和附带条件。

45. 大学公司有权扣除根据第 41 段和第 42 段转入账户的款项,或应用第 43 段所提及财产的任何金额,以偿还其在管理失联相关人士的款项、投资或保险时产生的任何合理开支。

46. 凡是有权获得第 41 段或第 43 段提到的账户中以信托方式所持有的全部或部分金额或财产之人,均可向大学公司申请索要该金额、财产或其中一部分。

47. 若在世相关人士根据第 46 段提出申请,则中央公积金委员会须根据大学公司之要求,为相关人士开立中央公积金账户。

48. 在第 47 段提到的中央公积金账户开立后,大学公司须——

（a）若相关人士未满 55 岁,则将他或她的教职员公积金款项,教职员公积金法投资计划的投资或第五部风险保险转至该中央公积金账户;或

（b）若相关人士年满 55 岁或以上,请向其提供如下选择——

（i）将其教职员公积金款项、教职员公积金法投资计划的投资或第五部风险保险转至该中央公积金账户;或

（ii）将其教职员公积金款项、教职员公积金法投资计划的投资或第五部风险保险转予他或她本人,但条件是他或她在其中央公积金账户中为施行《1953 年中央公积金法》第 15(6)条预留一定数目的教职员公积金款项。

财产、资产、权益的转让证明

49. 本法的政府印刷本就一切目的而言均为确凿的证据,可证明教职员公积金资产余额按照本附表之条文转至并归属于中央公积金委员会。

适用于毕业生同业公会注册记录册之条文

1. 大学公司须持有一份毕业生名册,其中包括——

（a）所有紧接在 1980 年 8 月 8 日前为新加坡大学毕业生同业公会成员之姓名,及所有被授予新加坡大学学位人员之姓名;

（b）所有紧接在 2006 年 4 月 1 日前为前身大学毕业生同业公会成员之姓名,及所有被授予前身大学学位人员之姓名;及

（c）该大学所有毕业生之姓名。

2. 毕业生名册可采用董事会确定的形式,但须分为 3 个部分,如下:

（a）A 部分包括所有列于第 1(a)段中的人员之姓名;

（b）B 部分包括所有列于第 1(b)段中的人员之姓名;

（c）C 部分包括该大学所有毕业生之姓名。

3. 凡是姓名在毕业生名册上之人均可不时地收到董事会确定之文件或其他的大学文件。

4. 在本附表中,"大学"系指由大学公司运营、维护和推广的新加坡国立大学。

立法史

本立法史经过法律修订委员会尽力提供的服务,不构成本法的一部分。

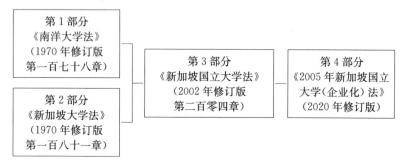

法案前身的图解概述

第 1 部分

《南洋大学法》

(1970 年修订版第一百七十八章)

1. 1959 年第二十七号条例——《1959 年南洋大学条例》

法案:177/1958

一审日期:1958 年 11 月 5 日

二审日期:1958 年 12 月 3 日

专责委员会报告:1959 年洛杉矶三号会议文件

三审日期:1959 年 3 月 4 日

生效日期:1959 年 5 月 27 日

2. 1966 年第四十七号法案——《1966 年南洋大学(修订)法》

法案:45/1966

一审日期:1966 年 10 月 26 日

二审和三审日期:1966 年 12 月 12 日

生效日期:1967 年 10 月 23 日

3. 新加坡政府公告编号 99/1970——《1970 年南洋大学(修订)规程》

生效日期:1970 年 2 月 18 日

4. 1970 年修订版——《南洋大学法》(第一百七十八章)

实施日期:1971 年 5 月 31 日

5. 1973 年第三十三号法案——《1973 年新加坡共和国法规(杂项修订)(第二号)法》

(第二条的修订与上述法案的附表一并参阅)

法案:34/1973

一审日期:1973 年 7 月 11 日

二审和三审日期:1973 年 7 月 26 日

生效日期:1973 年 8 月 24 日(第二条与附表一并参阅)

第 2 部分

《新加坡大学法》

(1970 年修订版第一百八十一章)

6. 1905 年第十五号条例——《1905 年海峡和马来联邦国家官立医学院条例》

法案:G.N.782/1905 号

一审日期:1905 年 6 月 16 日

二审日期:1905 年 6 月 30 日

修订公告:1905 年 7 月 14 日

三审日期:1905 年 7 月 14 日

生效日期:1905 年 7 月 14 日

7. 1908 年第八号条例——《1905 年海峡和马来联邦国家官立医学院条例》(1908 年修订条例)

法案:G.N.645/1908 号

一审日期:1908 年 7 月 17 日

二审日期:1908 年 8 月 7 日

三审日期:1908 年 8 月 28 日

生效日期:1908 年 9 月 3 日

8. 1912 年第九号条例——《1905 年海峡和马来联邦国家官立医学院条例》(1912 年修订条例)

法案:G.N.852/1912 号

一审日期:1912 年 8 月 9 日

二审日期:1912 年 8 月 16 日

三审日期:1912 年 9 月 20 日

生效日期:1912 年 10 月 7 日

9. 1913 年第十二号条例——《1913 年爱德华七世国王医学院条例》

法案:G.N.1031/1913 号

一审日期:1913 年 10 月 3 日

二审日期:1913 年 10 月 17 日

三审日期:1913 年 10 月 31 日

生效日期:1913 年 11 月 18 日

注:《1905 年海峡和马来联邦国家官立医学院条例》由此更名为《1905 年爱德华七世国王医学院条例》。

10. 1920 年修订版——《爱德华七世国王医学院第一百九十一号条例》

实施日期:1921 年 11 月 28 日

11. 1921 年第三十九号条例——《1921 年爱德华七世国王医学院条例》

法案:G.N.1092/1921 号

一审日期:1921 年 7 月 4 日

二审日期:1921 年 8 月 8 日

修订公告:1921 年 12 月 19 日

三审日期:1921 年 12 月 19 日

生效日期:1921 年 12 月 31 日

注:第一百九十一号条例(爱德华七世国王医科学校)由本条例更名为第一百九十一号条例(爱德华七世国王医学院)。

12. 1922 年第十三号条例——《1922 年莱佛士学院(委员会成立)条例》

法案:G.N. 241/1922 号

一审日期:1922 年 2 月 20 日

二审日期:1922 年 3 月 27 日

修订公告:1922 年 3 月 27 日

三审日期:1922 年 4 月 24 日

生效日期:1923 年 1 月 1 日

13. 1926 年修订版——《爱德华七世国王医学院第二百二十四号条例》

实施日期:1926 年 8 月 1 日

14. 1926 年修订版——《莱佛士学院委员会成立第 238 号条例》

实施日期:1926 年 8 月 1 日

15. 1928 年第八号条例——《1928 年莱佛士学院条例》

法案:G.N.87/1928 号

一审日期:1928 年 1 月 30 日

二审日期:1928 年 3 月 26 日

修订公告:1928 年 3 月 26 日

三审日期:1928 年 3 月 26 日

生效日期:1928 年 4 月 18 日

16. 1929 年第十二号条例——《1929 年莱佛士学院(修订)条例》

法案:G.N.359/1929 号

一审日期:1929 年 3 月 25 日

二审日期:1929 年 5 月 13 日

修订公告:1929 年 5 月 13 日

三审日期:1929 年 5 月 13 日

生效日期:1929 年 6 月 1 日

17. 1931 年第十六号条例——《1931 年医务科职衔条例》

(根据上述条例第二条作出的修订)

法案:G.N.1646/1931 号

一审日期:1931 年 8 月 31 日

二审和三审日期:1931 年 9 月 28 日

生效日期:1932 年 1 月 1 日(第二节)

18. 1933 年第四号条例——《1933 年爱德华七世国王医学院(修订)条例》

法案:G.N.2350/1932 号

一审日期:1932 年 12 月 5 日

二审和三审日期:1933 年 1 月 16 日

生效日期:1933 年 2 月 7 日

19. 1934 年第四十四号条例——《1934 年医务科职衔条例》

(由上述条例第二条作出的修订)

法案:G.N.2296/1934 号

一审日期:1934 年 10 月 17 日

二审和三审日期:1934 年 12 月 3 日

生效日期:1934 年 12 月 14 日(第二条)

20. 1936 年修订版——《莱佛士学院条例》(第一百三十七章)

实施日期:1936 年 9 月 1 日

21. 1936 年修订版——《爱德华七世国王医学院条例》(第一百八十八章)

实施日期:1936 年 9 月 1 日

22. 1938 年第七号条例——《1938 年莱佛士学院条例》

法案:G.N.320/1938 号

一审日期:1938 年 2 月 14 日

二审日期:1938 年 4 月 25 日

修订公告:1938 年 4 月 25 日

三审日期:1938 年 4 月 25 日

生效日期:1938 年 5 月 9 日

23. 1939 年第五十三号条例——《1939 年爱德华七世国王医学院条例》

法案:G.N.3129/1939 号

一审日期:1939 年 10 月 16 日

二审和三审日期:1939 年 11 月 8 日

生效日期:1939 年 12 月 19 日

24. 1948 年第十三号条例——《1948 年莱佛士学院(修订)条例》

法案:G.N 74/1948

一审和二审日期:信息不详

三审日期:1948 年 3 月 19 日

生效日期:1948 年 3 月 30 日

25. 1949 年第十二号条例——《1949 年马来亚大学条例》

法案:G.N.90/1949 号

一审日期:1949 年 3 月 15 日

二审和三审日期:1949 年 3 月 29 日

生效日期:1949 年 3 月 31 日

26. 1954 年第七号条例——《1954 年马来亚大学(修订)条例》

法案:33/1953

一审日期:1953 年 12 月 15 日

二审日期:1954 年 5 月 18 日

修订公告:1954 年 5 月 18 日

三审日期:1954 年 6 月 15 日

生效日期:1954 年 6 月 29 日

27. 1955 年修订版——《马来亚大学条例》(第二百零五章)

实施日期:1956 年 7 月 1 日

28. 1961 年第三十号条例——《1961 年新加坡大学条例》

法案:155/1961

一审日期:1961 年 11 月 20 日

二审和三审日期:1961 年 12 月 16 日

生效日期:1962 年 1 月 1 日

29. 1970 年修订版——《新加坡大学法》(第一百八十一章)

实施日期:1971 年 5 月 31 日

30. 1973 年第三十五号法案——《1973 年新加坡共和国法规(杂项修订)(第四号)法》

(由第二节作出的修订与上述法案的附表一并参阅)

法案:35/1973

一审日期:1973 年 7 月 11 日

二审和三审日期:1973 年 7 月 26 日

生效日期:1973 年 9 月 1 日(第二条和附表一并参阅)

31. 1975 年第三十六号法案——《1975 年新加坡大学(修订) 法》

法案:51/1975

一审日期:1975 年 11 月 11 日

二审和三审日期:1975 年 11 月 20 日

生效日期:1975 年 12 月 8 日

32. 新加坡政府公告编号 213/1976 号——《1976 年新加坡大学章程(修订)令》

生效日期:1976 年 10 月 31 日

第 3 部分

《新加坡国立大学法》

(2002 年修订版第二百零四章)

33. 1980 年第二十一号法案——《1980 年新加坡国立大学法》

法案：17/1980

一审日期：1980 年 6 月 25 日

二审和三审日期：1980 年 7 月 29 日

生效日期：1980 年 8 月 8 日

34. 1983 年第七号法案——《1983 年法规法》(杂项修订)

(第二条的修订与上述法案的附表一并参阅)

法案：25/1982

一审日期：1982 年 12 月 3 日

二审和三审日期：1983 年 3 月 4 日

生效日期：1983 年 4 月 15 日(第二条与附表一并参阅)

35. 1985 年修订版——《新加坡国立大学法》(第 204 章)

实施日期：1987 年 3 月 30 日

36. 1996 年第十八号法案——《1996 年南洋大学校友转学登记法》

(第五条的修订与上述法案的附表第三段一并参阅)

法案：10/1996

一审日期：1996 年 3 月 11 日

二审和三审日期：1996 年 5 月 2 日

生效日期：1996 年 8 月 31 日(第五条与附表第三段一并参阅)

37. 新加坡政府公告编号 356/2000 号——《2000 年新加坡国立大学法(大学章程修订)令》

生效日期：2000 年 8 月 8 日

38. 2001 年第二十六号法案——《2001 年法规法》(杂项修订及废除)

(由上述法案第十三条作出的修订)

法案:24/2001

一审日期:2001 年 7 月 11 日

二审和三审日期:2001 年 7 月 25 日

生效日期:2001 年 9 月 1 日(第十三条)

39. 新加坡政府公告编号 415/2001——《2001 年新加坡国立大学法(大学章程修订)令》

生效日期:2001 年 9 月 1 日

40. 2002 年第五号法案——《2002 年法定公司(出资)法》(第三条所作的修订与上述法案的附表第三十项一并参阅)

法案:7/2002

一审日期:2002 年 5 月 3 日

二审和三审日期:2002 年 5 月 24 日

生效日期:2002 年 7 月 15 日(第三条与附表第三十项一并参阅)

41. 2002 年修订版——《新加坡国立大学法》(第二百零四章)

实施日期:2002 年 12 月 31 日

42. 新加坡政府公告编号 60/2004——《2004 年新加坡国立大学法(大学章程修订)令》

生效日期:2004 年 2 月 10 日

43. 新加坡政府公告编号 470/2004——《2004 年新加坡国立大学法(大学章程修订)令》(第二号)

生效日期:2004 年 8 月 10 日

44. 2004 年第四十号法案——《2004 年大学法》(杂项修订)

(由上述法案第三条作出的修订)

法案:39/2004

一审日期:2004 年 9 月 1 日

二审和三审日期:2004 年 9 月 21 日

生效日期:2004 年 10 月 6 日(第三条)

第 4 部分

《2005 年新加坡国立大学（企业化）法》

（2020 年修订版）

45. 2005 年第四十五号法案——《2005 年新加坡国立大学（企业化）法》

法案：35/2005

一审日期：2005 年 10 月 17 日

二审和三审日期：2005 年 11 月 2 日

生效日期：2006 年 4 月 1 日

46. 2006 年修订版——《新加坡国立大学（企业化）法》（第二百零四 A 章）

实施日期：2006 年 12 月 31 日

47. 新加坡政府公告编号 633/2007——《2007 年新加坡国立大学（企业化）法（附表一修订）命令》

生效日期：2007 年 12 月 28 日

48. 2018 年第四十号法案——《2018 年破产、重组和解散法》

（由上述法案第四百九十八条作出的修订）

法案：32/2018

一审日期：2018 年 9 月 10 日

二审和三审日期：2018 年 10 月 1 日

生效日期：2020 年 7 月 30 日（第四百九十八条）

略语表

C.P.	理事会文件
G.N. No. S(N.S.)	新加坡政府公告编号（新系列）
G.N.No.	政府公告编号
G.N.No. S	新加坡政府公告编号
G.N.Sp. No. S	新加坡政府公告特别编号
L.A.	立法议会
L.N.	法律公告（联邦/马来西亚附属法例）
M.Act	马来亚/马来西亚法案
M.Ordiance	马来亚条例
Parl.	议会
S.S.G.G.(E) No.	海峡殖民地政府宪报（特别）编号
S.S.G.G. No.	海峡殖民地政府宪报编号

对照表

本法在 2020 年修订版中经历了重新编号。该对照表旨在帮助读者在前一修订版本中找到对应的条文。

2020 年版	2006 年版
已失时效而略去	18—(3)
18—(3)	(4)
(4)	(5)
(5)	(6)
(6)	(7)
(7)	(8)

1993 年儿童和青少年法

2020 年修订版

本修订版纳入了截至 2021 年 12 月 1 日（含）的所有修订

自 2021 年 12 月 31 日起实施

法律修订委员会

在《1983 年法律法》修订版授权下

编制并发布

条款目录

第 1 部分
序言

1. 简称

2. 释义

3. 本法的管理与执行

4. 原则

第 2 部分
保护儿童和青少年

福利

5. 当儿童和青少年需要关爱或保护时

6. 虐待儿童或青少年

7. 导致儿童或青少年犯罪的因素

8. 对儿童或青少年的性剥削

9. 信息获取权和信息交流权

10. 命令儿童或青少年接受评估或治疗等的权力

11. 将儿童或青少年移交至临时照管处和保护处等的权力

12. 对儿童或青少年的评估、检查和治疗等

13. 搜寻或移交儿童或青少年的令状

14. 对儿童和青少年参加公共娱乐活动的限制

15. 自愿照管协议

贩卖儿童与青少年

16. 非法转移对儿童或青少年的管有权、监护权或管束权

17. 通过虚假借口将儿童或青少年带入境

18. 审问儿童及其负责人的权力

19. 婚姻许可

20. 总干事或保护人获得安全的权力

21. 检查

22. 逮捕权

常规

23. 为执法目的的入境权等

24. 法院可审判罪行之时

25. 法院可裁定和申明儿童或青少年的年龄

26. 罪行和处罚

27. 总干事或保护人的证书可作为证据

28. 受托管儿童及青少年的抚养

29. 总干事或保护人的缴款命令

30. 区域法庭的权力

31. 提供临时照管和保护的场所

第 2A 部分
养育

32. 养育委员会

33. 养父母对儿童及青少年披露资料

第 3 部分
青年法庭

34. 基本考量

35. 儿童和青少年不得与成年罪犯往来

36. 保释被捕儿童及青少年

37. 被控犯罪的儿童或青少年的父母或监护人出庭等

38. 青年法庭章程

39. 青年法庭的管辖权

40. 开庭地点和出庭人员

41. 取消资格或丧失行为能力判决的移除

42. 惩罚儿童和青少年的限制

43. 某些严重罪行的惩罚

44. 命令父母或监护人(而非儿童或青少年)支付罚款等权力

45. 其他法院将少年犯移交青年法庭的权力

46. 不得使用"定罪"和"判刑"二词

47. 青年法庭审判程序

48. 关于年龄的推定

49. 青年法庭关于证实罪行的权力

50. 召集青少年案件会议以处理儿童或青少年犯罪问题的权力

51. 在拘留所、少年改造中心或安全场所拘留的最大年龄限制

52. 上诉

53. 程序

54. 青年法庭对有照管需求的儿童或青少年的权力

55. 根据第 54(1)(b) 条所作出的法庭命令,作出影响儿童或青少年的决定

56. 青年法庭对于需要加强照管或保护的儿童和青少年的权力

57. 第 56 条适用于自愿照管协议下的儿童和青少年

58. 根据第 56 条(2)或第 57 条(与第 56 条一并参阅)作出的法庭命令,作出影响儿童或青少年的决定

59. 青年法庭制定家庭指导令的权力

60. 青年法庭可对儿童或青少年发出的额外命令

61. 未遵守家庭指导令的要求

第 3A 部分
对儿童和青少年之家发出牌照

62. 持牌的儿童和青少年之家

63. 申请牌照

64. 牌照的费用和期限

65. 牌照的展示

66. 牌照的转让

67. 对儿童和青少年之家的审查

68. 审查委员会

69. 总干事可指示采取补救措施

70. 提供信息的义务

71. 总干事可命令关闭儿童和青少年之家

72. 应持牌人的要求取消牌照

73. 撤销及暂时吊销牌照

74. 取消、撤销或暂时吊销牌照的效力

75. 释放或转移儿童和青少年

76. 上诉

77. 豁免

78. 本部分的其他条款

第 4 部分
还押所

79. 对未保释儿童和青少年的监护

80. 在还押所还押或交付羁押

第 5 部分
拘留所

81. 提供拘留所

第 6 部分
少年改造中心和安全场所

82. 部长可指定少年改造中心和安全场所

83. 经部长批准，负责人可制定条例

84. 负责人必须向总干事提交月度报告

85. 部长可取消许可证

86. 负责人或其执行人或管理人可取消许可证

87. 负责人的职责

88. 取消许可证的效力

89. 释放或转移青少年

90. 部长可建立少年改造中心和安全场所

91. 根据第 90 条建立的少年改造中心和安全场所的管制和管理

92. 总干事可制定少年改造中心和安全场所的条例

第 7 部分
适用于被拘留在少年改造中心、安全场所、
还押所和拘留所之人的条文

93. 少年改造中心、安全场所、还押所或拘留所负责人的职责和

权力

94. 使用警械管制

95. 部长有权释放或移交少年改造中心、安全场所或拘留所中的任何人

96. 被拘留儿童或青少年患病

97. 从经批准的医院返回少年改造中心、安全场所、还押所或拘留所

98. 通知负责人的义务

99. 医院专属监护

100. 总干事或保护人同意对有需要的儿童或青少年进行医学检查和治疗的权力

101. 保留高等法院中普通法庭的权力

102. 审查下令被拘留在少年改造中心或安全场所之人的案件

103. 从少年改造中心或安全场所逃跑

104. 对协助或诱导犯人逃跑以及窝藏或藏匿逃犯的处罚

105. 禁止向被拘留在少年改造中心、安全场所、还押所或拘留所之人运送某些物品

106. 部长命令的依据

107. 推定

108. 依据

第 8 部分
费用和捐资

109. 父母或监护人的捐资

110. 缴款令

第 9 部分
杂项

111. 限制公布受调查儿童或青少年的身份资料

112. 限制公布与儿童和青少年诉讼有关的资料

113. 青年法庭授予其他法庭的权力

114. 个人免责

115. 与需要照管或保护的儿童和青少年有关的资料

116. 对涉及儿童和青少年的资料保密

117. 法人团体的罪行等

118. 条例

119. 家庭司法规则

对儿童和青少年的福利、照管、保护或改造作出规定,规管儿童和青少年之家以及巩固有关儿童和青少年的法律之法。

条　款

第 1 部分
序言

1. 简称

本法系指《1993 年儿童和青少年法》。

2. 释义

(1)在本法中,除文意另有所指外,"认可机构"系指根据《1951 年罪犯感化法》第 12 条批准的机构,用于接收感化令规定居住于此之人员;

"认可福利主任"系指总干事根据第 3(4)条任命的人员,负责对儿童、青少年、父母、监护人或其家庭成员进行任何调查、评估、监督、咨询或评价,以确定该儿童或青少年的福利和发展状况,或为实现本法规定的任何其他目的;

"评估"系指确定儿童或青少年的健康或发展状况的评估,包括法医检查,以及儿童或青少年是否需要照顾或保护或两者皆需的评估;

"照顾者"——

(a) 系指根据自愿照管协议,照顾作为自愿照管协议主体的儿童或青少年之人员;

(b) 根据第 54 条所针对的儿童或青少年而言,照顾者系指

(i) 受委托照料该儿童或青少年的合适人选;或

(ii) 如该儿童或青少年被交付安全场所或临时照料和保护场所,则指安全场所、临时照料和保护场所的负责人(视属何情况而定),或位于此类场所中总干事或保护人认为有能力照料、保护和监管儿童或青少年之员工(视属何情况

而定）；

(c) 就根据第 56(2)条或第 57 条(与第 56 条一并参阅)做出命令之主体的儿童或青少年而言,指根据该条将该儿童或青少年交付给负责照管的合适人选；及

(d) 就根据第 59 条做出命令之主体的儿童或青少年而言,指——

(i) 受委托照料该儿童或青少年的合适人选；或

(ii) 如果儿童或青少年被交付给安全场所,则指安全场所的负责人,或总干事或保护人认为有能力照顾、保护和监管儿童和青少年之员工；

"儿童"系指 14 岁以下的人；

"发展"系指身体、智力、心理、情感、社会或行为的发展；

"总干事"系指社会福利总干事；

"精神伤害",就儿童或青少年而言,系指对儿童或青少年的生长、发育或行为、认知或情感功能的任何严重损害,包括——

(a) 儿童或青少年的身心发育迟缓；

(b) 经总干事、保护者或认可福利主任评估,会对自身或他人造成危害的儿童或青少年；

(c) 经总干事、保护者或认可福利主任评估为重度孤僻、焦虑或抑郁的儿童或青少年；及

(d) 经医生诊断患有创伤后应激障碍、焦虑、抑郁或心身障碍等心理健康疾病的儿童或青少年；

"合适人选"系指——

(a) 养父母；或

(b) 法院、总干事或保护人了解该人的性格后,认为有能力为儿童或青少年提供照料、保护和监管的其他人；

"养父母"就儿童或青少年而言,系指——

(a) 总干事或保护人在考虑到该人的性格后,认为有能力为该儿童或青少年提供照顾、保护和监管之人士；及

（b）向总干事或保护人（视属何情况而定）承诺向儿童或青少年提供照顾、保护和监管之人士；

"监护人"，就儿童或青少年而言，系指法院在审理与该儿童或青少年有关的或其涉及的任何案件时，认定对该儿童或青少年暂时负有看管或管束之责的人士；

"健康"系指身体健康或心理健康；

"儿童和青少年之家"系指为儿童或青少年保护或康复或两者兼顾之目的，为其提供住宿和膳宿及个人照管的任何机构；

"虐待"，就儿童或青少年而言，具有第6条赋予的含义；

"少年"系指10岁或以上且不满16岁的人；

"少年改造中心"系指根据第6条指定或设立作为少年改造中心的任何机构或其部分；

"牌照"系指根据第63条签发的牌照，被许可人应据此解释；

"持牌的儿童和青少年之家"系指根据第63条获发牌照的儿童和青少年之家；

"负责人"，就少年改造中心、儿童和青少年之家、拘留所、安全场所、临时照料和保护场所或还押所而言，系指——

（a）此类场所的董事、经理或总监；或

（b）管理或控制此类场所的任何其他人；

"场所"包括任何船只、运输工具、房屋、建筑物、围墙、街道、土地或空地；

"拘留所"系指部长根据第81（1）条提供或指定的拘留所；

"安全场所"系指根据第6部分指定或设立作为安全场所的任何机构或其部分；

"临时照料和保护场所"系指根据第31条指定为临时照料和保护场所的任何场所或机构，或其占用人愿意临时接收根据第10、11或54条所犯罪行的儿童或青少年的任何其他适当场所；

"保护人"系指总干事根据第3（3）节任命或授权行使本法规定的

保护人权力和履行其职责的任何公职人员或其他人员;

"注册医生"系指根据《1997 年医生注册法》注册的医生,包括根据《1999 年牙医注册法》注册的牙医;

"有关罪行"系指——

(a) 第 2 部所订的任何罪行;

(b)《1871 年刑法典》第 16 章规定的任何罪行;或

(c) 任何涉及对儿童或青少年造成身体伤害的罪行;

"还押院"系指部长据本法中第 79(1) 条提供或指定为还押院的任何所、机构或其部分,用于拘留被送往上述场所的少年;

"审查委员会"系指根据第 68 条任命的审查委员会;

"自愿照管协议"系指总干事与儿童或青少年的父母或监护人根据第 15 条签订的照料协议,以确保儿童或青少年人的安全和福利;

"年轻人"系指——

(a) 就第 35、36(1)、37、38、39、41、42、43、44、45、46、47、49、50、60(1)、79、80 或 81 条而言,系指 14 岁或以上且未满 16 岁的人;及

(b) 就本法任何其他条文而言,系指 14 岁或以上且未满 18 岁的人。

(2) 依据本法计算一个人的年龄时——

(a) 该人若达到特定年龄,以该人出生的相关周年纪念日的年数表示;

(b) (a)段中对该人出生周年的提述系指周年具体日期;及

(c) 若某人在任何一年的 2 月 29 日出生,则在任何非闰年的后续年份,该人的出生周年纪念日应视为该后续年份的 2 月 28 日。

(3) 就本法案而言——

(a) "第 1 类事项"系指涉及儿童或青少年的日常照管的任何事项,但不包括规定的其他事项;

(b) "第 2 类事项"系指涉及儿童或青少年的日常照料无关的任

何事项,通常是在为儿童或青少年提供照料的过程中发生的(如条例所规定);及

(c)"第3类事项"系指除第1类事项和第2类事项外的订命事项。

3. 本法的管理与执行

(1)【被2019年第30号法案废除】

(2)总干事根据部长的一般或特殊指示,负责本法的管理和执行。

(3)总干事可——

(a)委任任何公职人员;或

(b)经部长批准,书面授权任何其他人履行总干事或保护人在本法下的任何职责或行使任何权力,但须遵守总干事订明的条件和限制。

(4)为确定该儿童或青少年的福利和发展状况或实现本法规定的任何其他目的,总干事可任命任何适当的合资格人士为认可福利官员,对任何儿童、青少年、父母、监护人或其家庭成员进行任何调查、评估、监督、咨询或评价。

(5)总干事、总干事根据第(3)款任命或授权的任何公职人员或其他人员以及任何经批准的福利官员均被视为《1871年刑法典》所指的公职人员。

4. 原则

以下原则适用于本法:

(a)儿童或青少年的父母或监护人主要负责儿童或青少年的照顾和福利,应履行其职责促进儿童或青少年福利;及

(b)在与本法的执行或施行有关的所有事项中,必须首要考虑儿童或青少年的福利和最佳利益。

第 2 部分
保护儿童和青少年

福利

5. 当儿童和青少年需要关爱或保护时

（1）依据本法，儿童或青少年需要照顾或保护时若出现下列情况——

（a）儿童或青少年无父母或监护人；

（b）儿童或青少年已被其父母或监护人遗弃。尽管进行了合理查询，但却仍然无法找到该父母或监护人，并且没有其他合适之人愿意并能够对该儿童或青少年行使照顾或监护权；

（c）儿童或青少年的父母或监护人——

（i）无法或忽略为儿童或青少年提供足够的食物、衣物、医疗援助、住宿、照管或其他生活必需品；或

（ii）不适合、无法或忽略对儿童或青少年进行适当的监管和管束，从而该儿童或青少年陷入不良交往、面临道德危险或不受管束；

（d）该儿童或青少年曾经、正在或有可能受到下列人士的虐待——

（i）其父母或监护人；或

（ii）任何其他人。虽然父母或监护人知悉此种虐待、危险，却未保护、不可能或不愿意保护儿童或青少年免受此种虐待；

（e）儿童或青少年需要接受检查、调查或治疗以恢复或保持健康或成长，但是其父母或监护人忽略或拒绝对其进行检查、调查和治疗；

（f）儿童或青少年的行为方式对其本人或任何人有害或可能有害，以及——

（i）其父母或监护人无法或不愿意采取必要措施补救该情况；或

(ii) 父母或监护人采取的补救措施无效;

(g) 该儿童或青少年曾经或正在遭受其父母或监护人所施加的精神或心理虐待,使得自身遭受或可能遭受精神伤害;

(h) 儿童或青少年——

    (i) 已犯或据信已犯有关罪行;或

    (ii) 为已犯或据信已犯有关罪行的另一儿童或青少年同一家庭之成员,则其有犯相同罪行的危险。

犯下或据信已犯下该罪行之人或已被定罪之人是该儿童或青少年的父母或监护人,或与该儿童或青少年是同一家庭的成员。抑或是该儿童或青少年的父母或监护人不能、不可能或不愿意保护该儿童或青少年免受该罪行的伤害;或

(i) 该儿童或青少年——

    (i) 贫困或流浪,没有任何固定的居住地,也没有可见的谋生手段;

    (ii) 乞讨、接受施舍(不论其是否有任何卖唱、卖艺、表演或提供任何物品以供销售的借口)或为乞讨或接受施舍而游荡;

    (iii) 从事非法彩票、非法摆卖、赌博或其他不良活动;或

    (iv) 使用或吸入任何致醉物质(定义见《1987 年致醉物质法》),诱导或导致自己处于神志不清的状态。

(2) 在不限制第(1)(g)款的情况下,根据该条例,儿童或青少年被视为受到其父母或监护人精神或心理虐待的情况包括以下任何情形之一:

(a) 父母或监护人不断否决或贬低儿童或青少年,对其福祉或自我价值感有害;

(b) 父母或监护人威胁要对儿童或青少年进行身体伤害、杀害或遗弃,或将儿童或青少年或其相关人员置于任何危险境地;

(c) 父母或监护人不断剥夺儿童或青少年与任何人交流的机会,

从而孤立儿童或青少年；

（d）父母或监护人为惩戒儿童或青少年将其禁闭在任何狭小空间内；

（e）父母或监护人造成儿童或青少年有自毁倾向、反社会、犯罪、越轨或其他不适应行为；

说明——

（a）父母或监护人对反社会行为，如卖淫、在色情媒体上表演、发起犯罪活动、滥用药物或对任何人实施暴力，进行模仿、允许或鼓励；

（b）父母或监护人将儿童或青少年当成幼儿对待，来模仿、允许或鼓励成长不适当的行为；

（c）父母或监护人模仿、允许或鼓励可能导致剥削儿童或青少年或使其堕落的任何其他行为；

（d）父母或监护人使儿童或青少年暴露于或使其置于面临任何暴力侵害儿童或青少年相关人员的风险。

（3）在本节中，"相关人士"就儿童或青少年而言，系指另一人，合理预期儿童或青少年与其安全或福祉密切相关。

6. 虐待儿童或青少年

（1）若对儿童或青少年负有监护、看管或照顾职责之人虐待儿童或青少年，导致、促成或故意令该儿童或青少年遭受任何他人的虐待，则以犯罪论处。

（2）就第（1）款而言——

（a）某人（A）对（B）负有监护、看管或照顾之责，但是故意让另一人（C）虐待（B）；（A）明知或有理由相信 B 有遭受 C 虐待的风险，但是却未采取预期措施保护（B）免受该风险的伤害；及

（b）（a）中所述 A 的情况包括但不限于（若有）A 曾经或现在遭受 C 的虐待。

（3）就本法而言，若对儿童或青少年负有监护、看管或照顾职责之人虐待儿童或青少年，即——

（a）对儿童或青少年进行身体虐待或性虐待；

（b）故意或无故做出，或是使儿童或青少年做出任何危害或可能危害自身安全的行为，抑或是导致或可能导致该儿童或青少年发生下列情况的行为——

（i）不必要的身体疼痛、痛苦或伤害；

（ii）任何精神伤害；或

（iii）对其健康或发育造成的伤害；或

（c）故意或无故忽视、遗弃或伤害儿童或青少年，明显有意遗弃儿童或青少年，或是在可能会危及儿童或青少年的安全或致使其死亡的情况中——

（i）任何不必要的身体疼痛、痛苦或伤害；

（ii）任何精神伤害；或

（iii）对其健康或发育造成的伤害。

（4）就第（3）（c）款而言，若儿童或青少年的父母或监护人故意或无故忽略为其提供足够的衣食保障、医疗援助、住宿、照管以及其他生活必需品，则视父母或监护人忽略了儿童或青少年，一则可能会导致其身体疼痛、痛苦或受伤；二则造成其精神伤害；三则会对其健康或身体发育造成伤害。

（5）任何人可根据本条被判定犯罪，尽管——

（a）另一人采取措施消除儿童或青少年实际遭受的痛苦或伤害，或其可能遭受的任何痛苦或伤害；或

（b）犯罪分子致使儿童或青少年的死亡。

（6）除第（7）款另有规定外，犯本法所订罪行之人士一经定罪，须处以——

（a）凡致使该儿童或青少年死亡，处不超过4万新加坡元之罚款或不超过14年的监禁，或两者兼施；及

（b）在其他任何情况下，处不超过8000新加坡元的罚款或不超过8年的监禁，或两者兼施。

(7) 法院可命令犯本条所订罪行之人,在法定期间内无论有无担保人,需签署一份品行端正的保证书,代替或补充第(6)条所订明的任何处罚。在保证书中可附加条件,即该人须接受规定的咨询、心理治疗或其他方案。

(8) 据第(7)款,若按法院命令签署品行端正保证书之人违反了其中任一条件,则须——

(a) 若用该保证书代替第(6)款所定处罚,则处该款中订明的处罚;或

(b) 若将该保证书作为第(6)款所定处罚外的附加保证,则处不超过 2 万新加坡元的罚款或判处不超过 7 年的有期徒刑,或两者兼施。

7. 导致儿童或青少年犯罪的因素

(1) 任何对儿童或青少年负有监护、看管和照顾职责之人若出于以下目的造成、促使或允许儿童或青少年出现在各种场所——

(a) 乞讨或接受施舍(无论其是否有卖唱、卖艺、表演或提供物品以供销售之借口)抑或是诱导他人施舍;或

(b) 进行非法贩卖、非法彩票、赌博或其他非法活动,或有损儿童或青少年健康或福利的行为;

即属犯罪,一经定罪,可处不超过 2000 新加坡元的罚款或监禁不超过 12 个月,或两者兼施。

　　(i) 若对儿童或青少年负有监护、看管和照料职责之人被指控犯本条所订罪行,经核实该儿童或青少年确实有目的性出入各种场所并获被控人许可,则将推定该人有目的性允许该儿童或青少年出入各种场所,除非相反证明成立。

8. 对儿童或青少年的性剥削

(1) 任何人若发生以下情况,应视为犯罪——

(a) 该人公开或私下——

(i) 犯罪或教唆犯罪；或

(ii) 诱导或企图诱导他人犯罪，

对未满16岁的儿童或青少年实施任何猥亵或不雅行为；或

(b) 该人公开或私下诱导或试图诱导任何未满16岁的儿童或青少年实施任何猥亵或不雅行为。

(2) 任何人（A）如有以下情况，即属犯罪——

(a) A公开或私下——

(i) 犯罪或教唆犯罪；或

(ii) 诱导或企图诱导他人犯罪，

对任何16周岁或已满16岁但未满18岁的年轻人（B）实施淫秽或不雅行为；及

(b) 或者——

(i) B不同意该淫秽或不雅行为；或

(ii) A对B存在性剥削。

(3) 任何人（A）若公开或私下出现以下情况，即属犯罪——

(a) 诱导或企图诱导任何16周岁或已满16岁但未满18岁的年轻人（B）实施任何猥亵或不雅行为；和

(b) 或者——

(i) B不同意该淫秽或不雅行为；或

(ii) A对B存在性剥削。

(4) 就第（2）(b)(i)款和第（3）(b)(i)款而言，若A因事实错误或对真正的事实不知情而认为B已同意该淫秽或不雅行为，即为其免责辩护。

(5) 就第（2）(b)(ii)款和第（3）(b)(ii)款而言，控方无需证明B曾同意或不同意第（2）(a)款或第（3）(a)款所述的淫秽或不雅行为（视属何种情况而定）。

(6) 根据第（2）款和第（3）款所言，法院判决被告与16周岁或已满16岁但未满18岁的青少年是否存在性剥削关系，应考虑以下所有因素：

（a）未成年人的年龄；

（b）被告与青少年之间的年龄差；

（c）关系的性质；

（d）被告对青少年的逼迫或伤害程度。

（7）为免生疑问，法院除审议第（6）款所订明的事项外，还可考虑与每宗案情相关的其他事实和证据。

（8）根据第（6）款和第（9）款而言，除非相反证明成立，否则若该关系为以下任何一种，则推定被告与 16 周岁或已满 16 岁但未满 18 岁的青少年存在性剥削关系：

（a）被告是青少年的父母、继父母、监护人或养父母；

（b）被告是该青少年父母中一方、监护人或养父母的事实伴侣；

（c）被告为该青少年就读学校或教育机构的教学或管理人员；

（d）被告为青少年提供宗教、体育、音乐或其他教育服务中，与之建立私人关系；

（e）被告是青少年拘留所的管教人员；

（f）被告是注册医生、注册中医师或心理学家，该青少年为其患者；

（g）被告是讼辨人和律师或顾问，青少年则是其客户。

（9）然而，即使该关系可能属于第（8）款中所提及的任何一种，第（8）款中的推定也仍不适用于与已满 16 周岁或满 16 岁但未满 18 岁的青少年合法结婚之人。

（10）任何人犯第（1）款所订罪行，一经定罪，可处——

（a）若罪行涉及被告以外的儿童，则处不超过 1 万新加坡元的罚款或监禁不超过 7 年，或两者兼施；若此人为惯犯，则处不超过 2 万新加坡元的罚款，或监禁不超过 10 年或两者兼施；及

（b）若罪行涉及被告以外的青少年，则处不超过 1 万新加坡元的罚款或监禁不超过 5 年，或两者兼施；若此人为惯犯，则处不超过 2 万新加坡元的罚款或监禁不超过 7 年，或两者兼施。

（11）任何人犯第（2）款或第（3）款所订罪行，一经定罪，可处不超过 1 万新加坡元的罚款或监禁不超过 5 年，或两者兼施；若该人为惯犯，则处不超过 2 万新加坡元的罚款或监禁不超过 7 年，或两者兼施。

（12）在第（10）款和第（11）款中，就第（1）（a）或（b）款、第（2）款或第（3）款所订罪行而言，"惯犯"指现在被判有罪或被裁断犯有罪行（即现行犯罪）之人，以及过去被判或被裁断有以下罪行之人——

（a）第（1）（a）款或（b）款、第（2）款或第（3）款所订罪行；

（b）根据 2011 年 7 月 20 日至 2020 年 6 月 30 日（含起讫日）期间生效的《儿童和青少年法》（第 38 章，2001 年版）中废除的第 7 条所订之罪行；

（c）根据 2008 年 2 月 1 日至 2011 年 7 月 19 日（含起讫日）期间生效的《儿童和青少年法》（第 38 章，2001 年版）中废除的第 7 条所订之罪行；

（d）根据 2001 年 12 月 31 日至 2008 年 1 月 31 日（含起讫日）期间生效的《儿童和青少年法》（第 38 章，2001 年版）中废除的第 7 条所订之罪行；

（e）根据 1994 年 3 月 15 日至 2001 年 12 月 30 日（含起讫日）期间生效的《儿童和青少年法》（第 38 章，1994 年版）中废除的第 6 条所订之罪行；或

（f）根据 1993 年 3 月 21 日至 1994 年 3 月 14 日（含起讫日）期间生效的《1993 年儿童和青少年法》（1993 年第 1 号法）中废除的第 6 条所订之罪行，

至少于该人被判有罪或被裁断犯有罪行之日前一个场合犯有上述罪行。

9. 信息获取权和信息交流权

（1）若有下列任何目的，总干事或保护人可行使第（2）款所授予的权力：

（a）总干事或保护人有合理理由相信，某人已经、正在或即将犯下

侵害儿童或青少年之罪行。其有理由相信特定人员可提供任何相关犯罪信息；

（b）总干事或保护人有合理理由相信儿童或青少年需要照顾或保护。其有理由相信特定人员可提供任何信息，帮助其确定——

　　（i）儿童或青少年是否需要照顾或保护；及

　　（ii）儿童或青少年需要接受何种照顾或保护；

（c）凡根据第 54(1) 条或第 56(2) 条、第 57 条（与第 56 条一并参阅）或第 59(4) 条提出的自愿照管协议或命令主要针对的是儿童或青少年（A），总干事或保护人有理由相信特定人员可以提供下列任何信息——

　　（i）关于适合 A 的抚养人选、其安全场所或临时照料和保护所；

　　（ii）关于 A 或任何属其家庭成员的儿童或青少年正接受的照料标准、保护标准和监督标准；

　　（iii）将协助总干事或保护人制定适当的照管计划，保障 A 的安全，营造幸福感；或

　　（iv）将协助总干事或保护人针对 A 或任何属其家庭成员的儿童或青少年行使本法规定的任何权力或履行本法所定职责；

（d）凡根据第 54(1) 条或第 56(2) 条、第 57 条（与第 56 条一并参阅）或第 59(4) 条针对儿童或青少年（B）制定的自愿照管协议或命令终止后，对 B 的看管权及监护权将转交至 B 的父母或监护人。总干事或保护人有理由相信特定人员可提供任何信息，即有关 B 或任何属其家庭成员的其他儿童或青少年福利和安全的信息。

（2）总干事或保护人可通过书面命令——

（a）要求第(1)(a)、(b)、(c) 或 (d) 款所述特定人员按命令所限时间和方式向总干事或保护人提供信息；或

（b）要求被下达命令之人按命令所限时间和方式出庭并向总干

事或保护人提供信息。

（3）为相关目的,总干事或保护人可将有关儿童或青少年的任何信息（无论是否据此条所得）,包括该儿童或青少年的照片,转交下列人士:

（a）另一名保护人或其他协助总干事或保护人针对儿童或青少年执行本法的任何人士；

（b）订明的其他任何人或任何一类人。

（4）任何根据第（2）款提供任何信息或根据第（3）款转达任何信息之人均无须承担个人责任。

（5）个人不能全凭——

（a）普通法规定的免于自证其罪特权或判处刑罚特权；或

（b）任何涉及法律职业特免权或任何其他特权或公共利益的法律规则,拒绝提供总干事或保护人根据第（2）款规定的信息（视属何情况而定）。

（6）然而,若此信息确实导致个人入罪,则在除《1871 年刑法典》第 26(b)条或第 177 条规定的刑事犯罪诉讼外的任何刑事诉讼中,任何信息均不可接纳为个人定罪的依据。

（7）在本条中,"有关目的"系指下列任何一项——

（a）第（1)(a)、(b)、(c)或(d)款所述目的；

（b）儿童或青少年为下列协议或命令所针对的对象——

（i）自愿照管协议；

（ii）根据第 54(1)(b)条作出的命令与第 55 条一并参阅；

（iii）根据第 56(2)条作出的命令与第 58 条一并参阅；或

（iv）根据第 57 条作出的命令与第 56 条及第 58 条一并参阅,

为确保总干事、儿童或青少年的保护人或照顾者能够根据儿童或青少年有关事项作出决策,并责令生效。

10. 命令儿童或青少年接受评估或治疗等的权力

（1）若总干事、保护人或警务人员基于合理理由认为儿童或青少年需要受到照顾或保护,总干事、保护人或警务人员可通过书面通知命令任何人——

(a) 在指定时间和地点将该儿童或青少年移交至总干事、保护人或警务人员处;或

(b) 将该儿童或青少年移交至注册医生、心理学家或认可福利主任处,以进行评估或进行所需的任何医疗或其他治疗。

此后,在总干事、保护人或警务人员认为必要情况下可将该儿童或青少年移交至临时照管和保护处,或交由合适之人看护,直到该儿童或青少年可根据第54条被带至青年法庭进行审理。

(2) 就本条及第11和12条而言,对警务人员之提述为对职级不低于警长的警务人员之提述。

11. 将儿童或青少年移交至临时照管处和保护处等的权力

(1)若总干事、保护人或警务人员基于合理理由认为儿童或青少年需要受到照顾或保护,则其在必要的协助和武力下,可无需令状而在任何时候进入儿童或青少年所在的任何场所,并且——

(a) 将该儿童或青少年移交至临时照管和保护处,或交由合适之人看护,直到该儿童或青少年可根据第54条被带至青年法庭进行审理;或

(b) 先将该儿童或青少年移交至注册医生、心理学家或认可福利主任处,以进行评估或进行所需的任何医疗或其他治疗,而后再根据(a)条将其送往临时照管和保护场所或交由合适之人看护。

(2) 除第(3)款另有规定外,总干事、保护人或警务人员根据第10条或本条移交的每名儿童或青少年(不包括监护权被尽快返回其父母或监护人的儿童和青少年),都必须在其被移交之日起3个工作日内被带到青年法庭,以便根据第54条对其进行审理。

(3) 若由于任何原因,该儿童或青少年无法在第(2)款所指明的时间内被带到青年法庭,则——

(a) 根据第(1)款,将儿童或青少年移交的总干事、保护人或警务

人员(视属何情况而定)必须在该儿童或青少年被移交之日起3个工作日内,将其移交情况以及无法遵从第(2)款的原因通知青年法庭;及

(b)青年法庭可就有关儿童或青少年的监护、控罪及照顾作出视乎情况而容许及需要的命令,直至该儿童或青少年被带到青年法庭为止。

(4)若总干事或保护人认为根据第(1)款移交的儿童或青少年与任何其他人之间的任何联络或接触不符合儿童或青少年的最佳利益,总干事或保护人可命令——

(a)在根据第(2)款将该儿童或少年带到青年法庭之前的期间内,有关的其他人士不得与该儿童或青年联络或接触;

(b)其他相关人员只能在遵守总干事或保护人规定的条件下联络或接触该儿童或青少年。

12. 对儿童或青少年的评估、检查和治疗等

(1)根据第10或11条,接收儿童或青少年的注册医生、心理学家或认可福利主任——

(a)必须对该儿童或青少年进行必要的评估,并将其评估结果报告呈交给负责该儿童或青少年评估的总干事、保护人或警务人员(视属何情况而定);及

(b)经该儿童或青少年的父母或监护人同意(或无法获得同意,或该儿童或青少年健康面临直接风险时),经总干事、保护人或警务人员批准——

(i)对该儿童或青少年实施或安排实施诊断其状况所需的程序和测试;及

(ii)向该儿童或青少年提供或安排向其提供注册医生、心理学家或认可福利主任根据其评估或诊断结果认为必要的治疗(包括任何外科治疗)。

(2)若根据第(1)款对该儿童或青少年进行评估的注册医生、心理学家或认可福利主任有合理理由认为该儿童或青少年因受到虐待

而遭受任何身体疼痛或伤害,以及精神伤害或其健康或成长受到伤害,则必须立即通知负责该儿童或青少年评估的总干事、保护人或警务人员(视属何情况而定)。

(3)第 115 条适用于根据本条作出通知的注册医生、心理学家或认可福利主任,犹如该通知是根据第 115(1)条作出的通知一样。

(4)若根据本条对该儿童或青少年进行评估的注册医生认为,为了治疗该儿童或青少年,有必要对其进行住院治疗,则总干事、保护人或警务人员可授权让该儿童或青年进行住院治疗。

13. 搜寻或移交儿童或青少年的令状

(1)若推事法庭在收到任何信息或投诉后有理由相信犯罪人已经或正在犯侵害儿童或青少年的相关罪行,则法院可发出令状,授权其中指名的任何警务人员在必要时搜寻该儿童或青少年,并将其移交至临时照管和保护场所,直到其能根据第 54 条被带至青年法庭进行审理。

(2)推事法庭根据本条发出的令状可授权其中指名的警务人员在将有关儿童或青少年移交至临时照管和保护场所之前,将其带到注册医生或认可福利主任处接受评估,或进行任何需要的医疗或其他治疗。

(3)第 11(2)、(3)、(4)条及第 12(1)至(4)条在作出必要的修订后,适用于根据本条将儿童或青少年移交的情况,一如该等条文适用于根据第 11 条移交的儿童或青少年。

(4)根据本条发出令状的推事法庭可借同一令状安排逮捕任何被指控犯有与该儿童或青少年有关罪行之人,并将其带到法庭席前,依法对该人提起法律诉讼。

(5)根据本条,令状授权警务人员搜寻任何儿童或青少年或将其移交(不论是否进行搜查),在必要时可使用武力进入令状所指明的任何房屋、建筑物或其他地方,并可将该儿童或青少年从该处带离。

(6)根据本条发出的每份令状——

（a）必须由一名警务人员送交并执行，而该警务人员必须由提供资料的人陪同（如该人愿意），除非签发令状的推事法庭另有指示；及

（b）若签发令状的法院有此指示，也可由总干事为此目的指定的注册医生陪同。

（7）根据本条，无需在任何信息或令状中提及该儿童或青少年的姓名，但必须在举报人知悉或区域法庭允许的情况下，对该儿童或青少年进行特别描述。

14. 对儿童和青少年参加公共娱乐活动的限制

（1）儿童或青少年不得参加下列任何公共娱乐活动——

（a）具有不道德性质的；

（b）危及儿童或青少年生命或对其健康、身体健康和所受关爱不利的；或

（c）未经其父母或监护人同意的。

（2）任何人若引致或诱使儿童或青少年违反第（1）款而参加公众娱乐活动，或该行为受到其父母或监护人的许可，即属犯罪，一经定罪，可处不超逾2,000新加坡元的罚款或不超逾12个月的监禁，或两者兼施。

（3）如果根据第（2）款被定罪的人是《1958年公共娱乐法》规定的牌照持有人，则法院还可以命令取消该牌照或在其认为合适的期限内暂停该牌照。

（4）在本条中——

"娱乐"包括展览或表演；

"公共娱乐"系指公众人士或部分公众人士允许参加的娱乐活动，或与之相关的收费活动（无论是入场费还是其他费用）。

15. 自愿照管协议

（1）总干事可与下列之人签订自愿照管协议——

（a）与儿童或青少年的父母双方；或

（b）与儿童或青少年的所有监护人（若监护人超过一位），

若总干事认为自愿照管协议将促进儿童或青少年的福利，则所有监护人均须遵守规定的条件。

（2）尽管第（1）款另有规定，若出现下列情况——

（a）总干事在采取合理努力后无法与儿童或青少年的父母或监护人取得联系；或

（b）该儿童或青少年的父母或监护人无法或不愿决定是否签订自愿照管协议；

则总干事可与其他父母或监护人（视属何情况而定）就儿童或青少年签订自愿照管协议。

（3）总干事无需儿童或青少年的父母或所有监护人的同意，可将自愿照管协议的有效期延长至 3 年（无论自愿照管协议是在 2020 年 7 月 1 日之前、当日或之后签订的），若——

（a）自愿照管协议在不延期情况下有效期少于一个月；

（b）或者——

　　（i）尽管总干事作出了合理努力，但仍无法联系儿童或青少年的父母或所有监护人；或

　　（ii）儿童或青少年的父母或所有监护人均无能力或不愿意决定是否延长自愿照管协议；及

（c）总干事认为延长自愿照管协议的有效期符合儿童或青少年的最佳利益。

（4）与儿童或青少年有关的自愿照管协议可通过以下方式终止——

（a）总干事向自愿照管协议缔约方的父母或监护人发出书面通知；

（b）自愿照管协议缔约方的父母或监护人向总干事发出书面通知；或

（c）非自愿照管协议缔约方的父母或监护人，向总干事和其他父

母或监护人发出书面通知。

（5）第（4）款所述的一份或多份书面通知所涉及的自愿照管协议在通知送达最后一人之日后的规定期限届满时终止。

贩卖儿童与青少年

16. 非法转移对儿童或青少年的管有权、监护权或管束权

（1）任何人为牟利而参与任何交易，其目的或目的之一是全部或部分、暂时或永久地转移或授予对儿童或青少年的管有权、监护权或管束权，即属犯罪，一经定罪，可处不超过 4 年的监禁。

（2）如在没有合法授权或理由的情况下，任何人为牟利窝藏或管有、监护或管束任何儿童或青少年，该儿童或青少年的暂时或永久管有权、监护权或管束权已被新加坡境内或境外的任何其他人转移，即属犯罪，一经定罪，可处不超过 10000 新加坡元的罚款或监禁不超过 5 年，或两者兼施。

（3）在根据本条提出的任何起诉中，证明转移是在预期或根据合法婚姻或收养的情况下进行的，并证明该儿童或青少年的亲生父母中至少有一人或其法定监护人是同意结婚或收养的当事人，其已明确表示同意，则构成免责辩护。

（4）在本条中，"法定监护人"，就儿童或青少年而言，系指通过契约、遗嘱或有管辖权的法院命令合法指定为该儿童或青少年的监护人之人士。

17. 通过虚假借口将儿童或青少年带入境

任何人如以任何虚假借口、虚假陈述或欺诈性手段，在新加坡境内或境外将任何儿童或青少年带入或协助他人带入新加坡，即属犯罪，一经定罪，可处不超过 10000 新加坡元的罚款或监禁不超过 5 年，或两者兼施。

18. 审问儿童及其负责人的权力

（1）总干事、保护人或由总干事或保护人以书面形式授权的任何

人可要求任何儿童或青少年以及任何看似对该儿童或青少年拥有监护权或管束权的人在任何合理时间和方便地点出现在总干事或保护者面前。

（2）总干事或保护人可对儿童或青少年进入新加坡或逗留新加坡的原因进行审问,并可对与该儿童或青少年有关的人士进行审问。该儿童或青少年以及相关人士在法律上有义务尽其所能如实回答这些问题。

19. 婚姻许可

未满 18 岁的女性如果正在被拘留或曾经被拘留,或根据本法之条文已为其取得保释金或担保,未经保护者事先书面同意,不得订立任何形式的婚约。

20. 总干事或保护人获得安全的权力

如果总干事或保护人有合理的理由相信任何儿童或青少年:

（a）是被人为牟利进行转移后而带到新加坡的,或是通过欺诈、不实陈述和任何虚假借口而带入新加坡的;

（b）已在新加坡境内或境外被转移给任何人监护或管束以牟取利益;

（c）被父母或者法定监护人以外的人强行扣留的;或

（d）根据《2014 年防止人口贩卖法》第 2 条的定义,是被贩卖的受害者;

则总干事或保护人可采取以下措施:

（e）命令监护或管束儿童或青少年的任何人——

    （i）向他或她提供该儿童或青少年的照片副本及该人的照片副本;及

    （ii）提供令其满意的保证,即儿童或青少年在未得到总干事或保护人(视属何情况而定)的事先书面同意的情况下不会离开新加坡。在总干事或保护人(视属何情况而定)要求时将儿童或青少年送交总干事或保护人;或

(f) 首先,如果不遵守根据分段(e)下达的任何命令,则下令将儿童或青少年从对其负有照顾、监护或管束责任之人的监护下带走,并将该儿童或青少年置于临时照料和保护的场所。或在总干事或保护人(视属何情况而定)要求的保证和条件下,由亲属或其他身体健康的人在较短的期限内监护或直到该儿童或青少年年满 18 岁。

21. 检查

(1) 保护人或任何获得保护人书面授权的人员可以随时访问和检查儿童或青少年居住或据信居住或将要居住的地点,根据第 20 条该地已提供安保措施。

(2) 保护人或任何此类人员可以调查儿童或青少年的状况和处境。为实现该目的,保护人或此类人员有权要求任何人回答其认为合适的任何问题,被提问者在法律上有义务尽其所能如实回答。

(3) 任何人如阻挠或企图阻挠保护人或任何此类人员行使本条所赋予的权力,即属犯罪,一经定罪,可处不超过 2000 新加坡元的罚款或监禁不超过 12 个月,或两者兼施。

22. 逮捕权

总干事或保护人可在第 9、18 或 21 条所述任何调查期间内或之后,逮捕或安排逮捕任何被合理认为犯有第 6、8、16 或 17 条规定的罪行之人,并扣押与该罪行有关的任何物品或文件。

常规

23. 为执法目的的入境权等

(1) 总干事、保护人或任何由总干事或保护人以书面形式授权的人员,可出于执法目的采取下列全部或任何行动:

(a) 进入(可使用合理且必要的武力)并搜查其有合理理由怀疑已经或正在犯下本法所订罪行的任何处所;

(b) 为获取本法规定的犯罪证据,总干事、保护人或获授权人认为有必要带走(a)段所述的场所里的任何文件或其他物品。

(c) 对(a)段所述场所的任何部分或场所内的任何东西,或总干事、保护人或获授权人合理认为知悉与执法目的有关的任何事实或情况之人,进行拍照或拍摄,或制作录音或素描;

(d) 拍摄在(a)段所述场所或其他任何地方发现的任何儿童及青少年,以及总干事,保护人或获授权人有合理理由认为需要照顾或保护的儿童及青少年。

(2) 在本条中,"执法目的"系指——

(a) 确保遵守本法之条文;或

(b) 调查本法规定的罪行或违反本法条文的行为。

24. 法院可审判罪行之时

任何法院不得审判任何本法规定的可惩罚罪行,除非得到检察官或副检察官的同意,或下列人士提出的申诉:

(a) 总干事或保护者;

(b) 一名治安法官;

(c) 一名职级不低于警长军衔的警务人员;或

(d) 经部长、总干事或保护人以指名或职务书面授权的任何人,可对本法规定的任何罪行提出申诉。

25. 法院可裁定和申明儿童或青少年的年龄

(1) 在本法项下的任何诉讼中,如果某人被指控为儿童或青少年,则法院在对该人的年龄进行其认为适当的调查后,可确定并宣布该人的年龄。

(2) 根据本法,法院依据第(1)款宣布的年龄应视为该人的真实年龄,除非在涉及该人相同的或日后的法律程序中有相反证明成立。

(3) 如果某人被指控犯有本法规定的罪行,且涉及明显未达到特定年龄之人,则证明该人实际达到或超过该年龄构成免责辩护。

26. 罪行和处罚

任何人——

(a) 就其所知和所信,拒绝回答其在法律上有义务回答的任何问题、以及根据本法任命或授权的人员向其提出的任何问题；

（b）蓄意制造，签署或交付或促使制作，签署或交付任何虚假或不正确的通知，报告或声明；

（c）拒绝允许根据本法任命或授权的人员进入本法规定其可以进入的任何地方；或

（d）违反总干事或保护人根据本法作出的任何命令；

即属犯罪，一经定罪，可处不超过 2000 新加坡元的罚款或监禁不超过 12 个月，或两者兼施。

27. 总干事或保护人的证书可作为证据

在用于登记入册、查询任何记录、或总干事或保护人根据本法授权所做的任何事时，声称由总干事或保护人签署的证书可作为已完成的登记、登记内容或已做及未做事项的初步证据。

28. 受托管儿童及青少年的抚养

（1）根据本法，若儿童或青少年由任何人负责照顾——

（a）在交付羁押令有效期间，该人可像其父母一样管束该儿童或青少年，且需负责对其的抚养；及

（b）即使该儿童或青少年的父母、监护人或任何其他人认领该儿童或青少年，该儿童或青少年仍由该人继续照顾。

（2）任何人：

（a）未经合法授权将儿童或青少年从本法规定对其负责照顾职责之人的监护中带走；

（b）故意直接或间接协助或诱使儿童或青少年逃离本法规定对其负有照顾职责之人；或

（c）故意——

（i）窝藏或隐瞒逃离受本法规定之人照顾的儿童或青少年；

（ii）阻止该儿童或青少年回到本法规定对其负有照顾职责之人的身边；或

（iii）协助他人实施第（i）和（ii）分段中所述的行为；

即属犯罪,一经定罪,可处不超过 2000 新加坡元的罚款或监禁不超过 6 个月,或两者兼施。

(3) 就本条而言,根据本法被托付或送往少年改造中心、安全场所、羁留院、拘留地点或临时照料和保护场所的儿童或青少年,被视为已交付上述场所的负责人照料(视属何情况而定)。

29. 总干事或保护人的缴款命令

(1) 如果总干事或保护人根据第 20(f)条下达了命令,可在下达命令时或之后再发出命令(在本条中称为缴款令),要求父母或监护人或在发出缴款命令时拥有儿童或青少年监护权之人士缴款。总干事或保护人会根据该父母或监护人的收入,确定适合抚养儿童或青少年的金额,要求其按周或者按月缴款。

(2) 父母、监护人或其他人士有责任遵守总干事或保护人下达的缴款令之条款(视属何情况而定)。

(3) 总干事或保护人不得在未给被命令供款人发表意见之机会的情况下发出缴款命令。

(4) 由总干事或保护人作出的缴款令在有关儿童或青少年的羁押令有效期间一直有效,下列情况除外——

(a) 该命令由总干事或保护人视情况更改、撤销或暂停,视属何情况而定;但

(b) 不得更改该命令以增加根据本条规定应付的任何缴款,而未给缴款之人发表意见的机会。

(5) 如果任何人故意不遵守总干事或保护人根据本条作出的缴款命令,法院可对每一项违反该命令的行为,以令状指示应收的款额,按法律规定推事法庭征收罚款的方式征收,或就该人每月未缴的供款判处不超过一个月的监禁。

30. 区域法庭的权力

本部分赋予推事法庭可行使的任何权力也可由区域法庭行使。

31. 提供临时照管和保护的场所

部长可以指定任何孤儿院、医院、儿童和青少年之家、机构或其他地方作为本法规定的临时照料和保护场所。

第 2A 部分
养育

32. 养育委员会

(1) 部长可以挑选其认为合适的人员组成养育委员会。

(2) 养育委员会成员可由部长任命,任期由部长决定。

(3) 养育委员会的职责是:

(a) 定期检查根据自愿照管协议、第 54(1)(b) 条或第 56(2) 条作出的命令以及第 57 条与第 56 条一并参阅作出的命令由养父母收养的儿童或青少年;

(b) 就以下事项向总干事或保护人提供建议:

    (i) 养父母是否为该儿童或青少年实施适当的照管计划;

    (ii) 如有,养父母是否按照适当的照管计划为该儿童或青少年提供照顾、保护和监管。

(4) 在本条中,"适当的照管计划"指照顾儿童或青少年的计划,该计划——

(a) 由总干事拟订;或

(b) 如果由保护人或经批准的福利干事制定,则符合总干事指定的要求。

33. 养父母对儿童及青少年披露资料

如为下列目的而有必要披露与儿童或青少年有关的任何信息,则儿童或青少年的养父母可以向任何人披露(无论是否征得该儿童或青少年的亲生父母或监护人的同意):

(a) 照顾、保护和监管儿童或青少年;或

（b）在养父母符合资格的情况下,使养父母可以申领下列假期：

（i）根据《2001 年儿童发展共同储蓄法》第 12B 条规定的育儿假或延长的育儿假；

（ii）根据《2001 年儿童发展共同储蓄法》第 12D 条规定的无薪婴儿保育假；

（iii）《1968 年就业法》第 87A 条规定的育儿假。

第3部分
青年法庭

34. 基本考量

（1）每个法院在审理出庭的儿童或青少年时,无论他们是作为需要照顾或保护的人,还是作为罪犯或其他人,都应采取以下措施：

（a）在适当情况下,采取措施让儿童或青少年离开不良环境,并确保适当为其提供教育或培训；

（b）保护儿童或青少年的安全,帮助他们尽快恢复,并使其重新融入家庭和社会；

（c）关注儿童或青少年的需求和面临的风险,并预防——

（i）儿童或青少年受到再次虐待；或

（ii）儿童或青少年违反或进一步违反任何成文法。

【30/2019】

（2）法院不得下令将 10 岁以下的儿童送往少年改造中心、羁留院或拘留所,除非出于以下原因,无愿意照顾他或她且与其宗教信仰相符合的合适人选,法院信纳此为最适当之方式。

【28
【3/2011】

35. 儿童和青少年不得与成年罪犯往来

任何儿童或青少年在被拘留在警察局时,或被送往或送出法院时,或在刑事法院出庭前的等待时间里或审理结束后,都不得与成年罪犯(非亲属)往来,除非该儿童或青少年被控告为其共犯。

【29

36. 保释被捕儿童及青少年

(1) 如果低于16岁的青少年被捕(无论有无逮捕令)且未被释放,则必须将其带到青年法庭。

【3/2011;27/2014】

(2) 如该青少年未能按照第(1)款之规定立即被带到青年法庭,则进行逮捕的警务人员或执法机构的其他人员必须在其被捕后48小时内尽快将其带至或交予治安法官,不得作不必要的延误。

【3/2011;27/2014;30/2019】

(3) 青年法庭或治安法官(视属何情况而定)需要对第(1)款或第(2)款中的青少年及其案件进行调查,并决定——

(a) 该项指控是否仅可由高等法院一般审判庭来审理;

(b) 为保障该青少年的利益,是否有必要解除其与不良分子的联系;

(c) 该青少年是否有可能潜逃;

(d) 该青少年是否有可能进一步犯罪;

(e) 是否有必要——

  (i) 保护该青少年被控案件的相关证据免遭遗失或销毁;或

  (ii) 保护该案件相关证人不受干扰;或

(f) 释放该青少年是否会有损于司法公正。

【3/2011;27/2014;40/2019】

(4) 如果不存在第(3)款所述的任何情况,青年法庭或治安法官将以保释的形式释放该青少年(无论是否有保释金)。保释金额应由青年法庭或治安法官来认定,确保该青少年能在指控听证会上出庭。

【3/2011;27/2014】

(5) 该保释证明必须由该青少年的父母或监护人或负责看管该

青少年的人员来签署。

【30

【3/2011】

37. 被控犯罪的儿童或青少年的父母或监护人出庭等

(1) 除第(2)款另有规定外,如儿童或青少年被指控犯有任何罪行或依据本法或其他法规定之条文而被带到了法院——

(a) 除非法院另有命令,其父母或监护人必须在诉讼的所有阶段出庭;及

(b) 法院可以强制父母或监护人出庭,认定其为诉讼中所需的证人。

(2) 如果法院出于保障儿童或青少年的利益,法院可以要求其父母或监护人离开法院。

【31

38. 青年法庭章程

(1) 青年法庭的法官在决定如何审理儿童或青少年时,如青年法庭获得了其背景、家庭历史、学校记录或其他事项等的书面报告,法官可与庭长任命的顾问小组中的 2 名顾问一起开庭,但如果法院无法在不休庭的情况下成立该小组,并且休庭不利于司法公正,法官可以与一名顾问一起出庭,也可以单独开庭。

【27/2014;30/2019】

(2) 第(1)款中提及的顾问小组的职能是就以下事项向青年法庭提供信息和建议——

(a) 所有与儿童或青少年的处置相关的事项或考量;或

(b) 所有与儿童或青少年被带到青年法庭相关的命令。

【3/2011;27/2014】

(3) 除本法修订或扩展外,《2010 年刑事诉讼法》之条文适用于青年法庭,该法院相当于区域法庭。

【32

【27/2014】

39. 青年法庭的管辖权

（1）根据本条规定,除青年法庭外,具简易司法管辖权的法院不得对任何儿童或青少年进行控罪或审理罪行。

【27/2014】

（2）如果儿童或青少年被指控犯有任何只能由高等法院一般审理庭审判的罪行,则他或她必须由高等法院一般审理庭审理,除非——

（a）公诉人向青年法庭申请审理此罪行;及

（b）儿童或青少年的法律代表同意由青年法庭来审理该罪行。

【27/2014;40/2019】

（3）如果针对儿童或青少年和年满16岁的人而提出共同指控,则该指控必须由具有适当管辖权的法院而非青年法庭审理。

【27/2014】

（4）凡在任何具有适当司法管辖权的法院（青年法庭除外）进行的法律程序中,该法律程序相关人员是儿童或青少年,则尽管第（1）款另有规定,法院如认为适当,仍可进行该法律程序的聆讯及裁定。

【27/2014】

（5）青年法庭有司法管辖权审理所有罪行。若无第（1）款和第（2）款的规定,这些罪行则只能由推事法庭、区域法庭或高等法院的一般审理庭来审理。

【27/2014;40/2019】

（6）在指控开始审理之日年满16岁的人不得因任何罪行受到青年法庭的审判。

【27/2014】

（7）如果在青年法庭的任何审判过程中,与审判有关的儿童或青少年刚好16岁,第（6）款中的任何规定均不得阻止青年法庭（如果其认为合适）按照本法之条文审判和处置该儿童或青少年。

【27/2014】

（8）在本条中,就被指控犯罪的儿童或青少年而言,"法律代表"包括协助该儿童或青少年辩护的任何人。

【33

40. 开庭地点和出庭人员

（1）为了行使本法或其他法授予的司法管辖权,青年法庭应尽可能经常开庭。

（2）青年法庭的开庭地点应与青年法庭以外的其他法庭不同,或与其他法庭的开庭日期不同。除以下人员之外,任何人不得出席青年法庭的开庭——

（a）法院成员和官员;

（b）法院审理的案件的当事方、律师和法律顾问、证人以及与该案件直接有关的其他人;及

（c）法院特别授权出席的其他人员,包括报纸或新闻机构的代表。

【34

【27/2014；30/2019】

41. 取消资格或丧失行为能力判决的移除

就取消被控罪人员资格或使其丧失行为能力的法案而言,不得将对儿童和青少年的控罪或有罪裁断计算在内。

【36

42. 惩罚儿童和青少年的限制

（1）不得因任何罪行判处或下令监禁儿童,也不得因未支付罚款或讼费而使其入狱。

（2）不得因任何罪行而下令监禁青少年,也不得因未支付罚款、损害赔偿金或讼费而使其入狱,除非法院证明他或她具有难受管束的秉性,从而不能被扣留在拘留所或少年改造中心。

【3/2011】

（3）尽管其他成文法另有规定,任何法院（除高等法院一般审理

庭外)均不得对儿童或青少年进行判处。

【37

【40/2019】

43. 某些严重罪行的惩罚

(1)如果儿童或青少年被判犯有谋杀罪、应受惩处但不构成谋杀的杀人罪、谋杀未遂或故意造成严重伤害罪,法院认为其他合法处理案件的方法都不适用,则可以判决该罪犯在规定的期限内被拘留。

(2)如果已根据第(1)款作出判决,在该期间即使本法其他条款另有规定,儿童或青少年也须按庭长所指定的地点和条件被拘留。

(3)庭长根据本条规定指定被拘留之人,在被拘留期间,被视为处于合法拘留状态。

(4)任何被拘留之人可随时由庭长签发牌照予以释放。

(5)第(4)款中提及的牌照形式由庭长指定。其中包含庭长指定的条件,庭长可随时撤销或变更牌照。

(6)如果牌照已被撤销,则牌照有关之人员必须返回庭长指定地点。如果该人员未能返回,则可在没有逮捕令的情况下将其逮捕并带至该地点。

【38

44. 命令父母或监护人(而非儿童或青少年)支付罚款等权力

(1)如果儿童或青少年在青年法庭被指控犯有任何罪行,可处以罚款,并可判处支付损害赔偿金或讼费,或两者兼处。法院认为通过实施此类处罚(无论是否有任何其他处罚)是解决该案件的最好方法,且在此情况下,必须实施该类处罚。如果罪犯是儿童或青少年,法院则可命令其父母或监护人支付罚款和判给的损害赔偿金或讼费,除非法院信纳无法找到其父母或监护人,或者该儿童或青少年犯罪并非是因其父母或监护人未对其给予应有的照顾而促成。

【27/2014;30/2019】

(2)如果儿童或青少年被指控犯有任何罪行,青年法庭可命令其父母或监护人为该儿童或青少年守行为提供保证。

【27/2014】

（3）如果青年法庭认为对儿童或青少年的指控已被证明，法庭可根据本条向父母或监护人下令，要求其支付损害赔偿金或讼费，或要求其为儿童或青少年遵守行为提供保证，而无需把该儿童或青少年的有罪裁断记录在案。

【27/2014】

（4）本条的命令可针对被要求出席但未出席的父母或监护人下达。但除第（1）款另有规定外，不得在未给予父母或监护人陈述机会的情况下下达该命令。

（5）父母或监护人根据本条规定被命令支付的任何款项，或因取消保证而被判处的金额，可按照《2010 年刑事诉讼法》规定的方式向父母或监护人追讨。认定命令是对犯有儿童或青少年所犯罪行的父母或监护人所下达的。

45. 其他法院将少年犯移交青年法庭的权力

（1）任何法庭如果认为合适，可将儿童或青少年犯罪案件移交给青年法庭。

【27/2014】

（2）如果法院要想移交此类案件，则必须将罪犯相应地带至青年法庭。若是在青年法庭审判并判定有罪，那么青年法庭可将其视为罪犯进行处置。

【27/2014】

（3）不得对根据第（1）款作出的减免令提出上诉，但本款不影响对该命令所依据的判决或裁定提出上诉的权利。

（4）任何人因案件被移交给青年法庭的命令而感到不满，可向高等法院一般审理庭提出上诉，认定该人已由青年法庭审判并已在青年法庭认罪。

【27/2014；40/2019】

(5) 本条中将案件移交青年法庭的法院——

(a) 需要提供羁押该罪犯或保释该罪犯的相关指示,直至该罪犯被带往青年法庭;及

(b) 须将一份列明罪行性质的证明书转交给案件所移交至的青年法庭,述明该案件是按本条规定进行审理之目的而移交的。

【40

【27/2014】

46. 不得使用"定罪"和"判刑"二词

(1) "定罪"和"判刑"二词不再适用于青年法庭审理的儿童和青少年。

【27/2014】

(2) 若该罪犯是儿童或青少年,任何成文法中对被定罪之人、定罪或判刑的提述都解释为对被判有罪之人、裁断有罪或根据该裁断所下命令的提述(视属何情况而定)。

【41

47. 青年法庭审判程序

(1) 如果儿童或青少年因任何罪行被带到青年法庭,则法庭有责任尽快用适合其年龄和理解力的简单语言向其解释所指控罪行的实质。

【27/2014】

(2) 在解释所指控罪行的实质内容后,青年法庭应询问儿童或青少年是否承认其构成犯罪的事实。

【27/2014】

(3) 如果儿童或青少年否认构成犯罪的事实,青年法庭将进入举证环节。

【27/2014】

(4) 证人提出一手证据后,可由儿童或青少年代表对证人进行交叉询问。

(5) 如果儿童或青少年的父母或监护人无法出庭,青年法庭应允许其他亲属或负责人出庭协助其辩护。儿童或青少年有法律代表的情况除外。

【27/2014】

(6) 任何案件中,如果儿童或青少年无法律代表或未按照第(5)款的规定为其协助辩护,儿童或青少年不用进行交叉询问环节,只需直言陈述即可。必要时,青年法庭可代表儿童或青少年向证人提问,也可向儿童或青少年提问,以引出或澄清这些问题所产生的任何疑点。

【27/2014】

(7) 如果青年法庭认为案件的初步证据确凿,应向儿童或青少年解释对其不利的证据实质内容,尤其是其中对他或她十分不利的问题,或寻求解释,且允许儿童或青少年在宣誓或确认后提供证据,或在愿意的情况下做出陈述,并必须听取任何辩方证人的证词。

【27/2014】

(8) 如果儿童或青少年承认犯罪事实,或法庭信纳犯罪事实确立,则必须询问本人及其父母或监护人(若在场)就减轻罪行或减轻刑罚是否需要做出陈述,或对其他事项有何意见。

【27/2014】

(9) 青年法庭在决定如何处置该儿童或青少年时,可以调查相关信息包括其家庭背景、日常行为、家庭环境、学校记录、病史和发展状况,以便于在处理案件时确保儿童或青少年的最佳利益,并就此类信息向其提问。

【27/2014】

(10) 第(9)款中提到的信息可包括缓刑监督官、正式福利干事、注册医生或青年法庭认为适合提供关于该儿童或青少年报告的其他任何人员的书面报告。此类信息可以由法庭接收和审议,无需大声宣读。

【27/2014；30/2019】

（11）就第（9）款而言，青年法庭可——

（a）要求以下两方或其中一方，即该儿童或青少年以及其父母或监护人向青年法庭提供必要的信息或协助；

（b）要求以下两方或其中一方，即该儿童或青少年以及其父母或监护人接受青年法庭认为必要的医疗评估、心理评估或其他评估；及

（c）随时保释儿童或青少年，或将其押回拘留所，以便于青年法庭执行根据（a）或（b）段提出的任何要求。

【27/2014】

（12）除非青年法庭另有指示，否则根据第（11）（b）款进行的任何评估费用及产生的附带费用必须由该儿童或青少年的父母或监护人承担。

【27/2014】

（13）如果青年法庭已经收到了缓刑监督官、正式福利干事、注册医生或法庭认为适合提供关于该儿童或青少年报告的其他任何人员的书面报告并加以审议，则——

（a）应告知儿童或青少年报告中与其性格或行为有关的所有实质内容。法庭认为该内容对其处置儿童或青少年的方式具有重要意义；

（b）应告知其父母或监护人（若在场）报告中有关的所有实质内容。法庭认为该内容对其处置儿童或青少年的方式具有重要意义，其中包括他或她的性格或行为，或该儿童或青少年的性格、行为、家庭环境或健康状况；及

（c）如果儿童或青少年或其父母或监护人在被告知此类报告的任何实质内容后，希望出示与之相关的证据，法院如认为该证据重要，可推迟诉讼程序以出示进一步的证据。必要时可要求该报告人出席经延期的听证会。

【27/2014】

（14）任何情况下，青年法庭审理时为了儿童或青少年的利益，可

要求儿童或青少年（视属何情况而定）的父母或监护人退出法庭。

【42

【27/2014】

48. 关于年龄的推定

（1）在根据本法可审理的罪行指控中，如果被指控的犯人低于或已达到任何规定年龄，且他或她在被指控犯罪之日低于或已达到规定年龄（视属何情况而定），便可依照本法认定其在该日为低于或达到规定年龄（视属何情况而定）。即使之后证明其年龄有误，在该日做出的任何命令也均不失效。

（2）若负责处置被指控犯人的法院或警务人员对其确切年龄有疑问，则对其进行评估的注册医生的证明书可作为证据。该证明书表明该医生认为此人已达到或未达到指定年龄。

【43

49. 青年法庭关于证实罪行的权力

（1）在符合本条规定的情况下，如果青年法庭信纳某项罪行已被证实，或该儿童或青少年（在本条中被称为罪犯）承认构成犯罪事实，则除凭借本法或当时有效的任何其他成文法可行使的有效权力外，法庭还有权——

（a）释放罪犯；

（b）在罪犯签署保证书保证行为良好，并执行强制命令的情况下，释放该罪犯；

（c）将罪犯交由亲属或其他合适人选照顾，期限由法院规定；

（d）命令罪犯的父母或监护人签署保释证明，以行使适当的照顾及监护权，并遵守法院所作出关于罪犯福利、抚养和改造的命令；

（e）发出缓刑令，要求罪犯接受缓刑官或志愿缓刑官的监督，时间不少于 6 个月且不超过 3 年；

（f）按照订明的要求作出命令，要求罪犯在法庭指定的时间和地点以及订明的规定下，进行总时数不超过 240 小时的社区服务；

(g) 命令将罪犯扣留在拘留所,拘留期不超过 6 个月;

(h) 命令将罪犯扣留在拘留所或经批准的机构,拘留时长由法院决定,但不得超过 26 周;

(i) 命令将罪犯送往少年改造中心,为期不超过 3 年;

(j) 责令罪犯支付罚款、损害赔偿金或讼费;

(k) 根据《2010 年刑事诉讼法》第 305 条处置罪犯,或命令将罪犯带到区域法庭进行处置,如果罪犯——

    (i) 已年满 16 岁;或

    (ii) 年满 14 岁但未满 16 岁,此前曾因另一宗罪行而被法院处置,并曾就该宗罪行根据(i)段被命令送往根据第 90 条设立的少年改造中心。

青年法庭信纳为使该名罪犯改过自新,罪犯应在感化训练中心接受一段时间改造学习。

【3/2011;27/2014】

(2) 基于第(1)款内容而言,青年法庭有权——

(a) 在其认为在相关情况下,以公正和合宜的方式单独或合并作出第(1)(b)、(c)、(d)、(e)、(f)、(g)、(h)、(i)和(j)款中所述命令——

    (i) 第(1)(b)、(c)、(d)、(e)、(f)和(j)款中提述的任何两项或多项命令;

    (ii) 第(1)(g)款下的任何命令,以及第(1)(d)、(e)和(j)款中提述的任何一项或多项命令;

    (iii) 作出第(1)(h)款下的任何命令,以及第(1)(c)、(d)、(e)、(f)和(j)款中提述的任何一项或多项命令;或

    (iv) 作出第(1)(i)款下的任何命令与第(1)(d)和(j)款中提述的任何一项或多项命令;及

(b) 在不影响(a)(ii)或(iii)段的情况下,根据第(1)(h)款作出命令,连续执行第(1)(g)款的命令。

【27/2014】

（3）如果青年法庭根据第（1）（g）款作出将罪犯拘留在拘留所的命令并根据第（1）（e）款发出缓刑令，则该罪犯的拘留期不得超过 3 个月。

【27/2014】

（4）如果罪犯在无合理解释的情况下，违反青年法庭根据（1）款作出的任何命令（以下称为原命令）或其中的任何条件，青年法庭可在判决前作出必要的命令，其后以下列方式处理该罪犯——

（a）作出法庭根据第（1）款授权作出的任何命令；

（b）更改原命令或命令的任何条件；或

（c）在任何原命令或命令的条件没有得到遵守的情况下，指示罪犯遵守原命令或命令的任何条件。

【27/2014】

（5）如果罪犯在根据第（1）（g）或（i）款的命令被扣押在拘留所或少年改造中心的期间，被青年法庭裁定犯有另一项罪行，则法庭可延长该罪犯的拘留期，无须根据第（1）（g）或（i）款对罪犯作出新的命令。

【3/2011；27/2014】

（6）如果青年法庭根据少年改造中心、拘留所或安全场所负责人的陈述，信纳被命令拘留在少年改造中心、拘留所或安全场所的罪犯具有难受管束的秉性而无法被拘留，则法庭可以——

（a）命令将该人移送并拘留在法庭认为较适合他或她的少年改造中心或另一少年改造中心（视属何情况而定），并于全部或部分未届满拘留期间将其拘留于此；或

（b）根据《2010 年刑事诉讼法》第 305 条内容处置该人，或下令将该人带至区域法庭接受处置，如果该青少年

    （i）年满 16 岁；或

    （ii）年满 14 岁但未满 16 岁，曾就另一项罪行被法庭处置过，并根据第（1）（i）款被命令送往少年改造中心。

431

青年法庭在考虑该人的性格、以往的言行及犯罪情况后，信纳为改造该人以及防止其犯罪，他或她应在感化训练中心接受一段时间的改造。

【44

【3/2011；27/2014；30/2019】

50. 召集青少年案件会议以处置儿童或青少年犯罪问题的权力

（1）在不影响第49条的前提下，青年法庭可按照规定要求，针对被判有罪的儿童或青少年（在本条中称为罪犯），召开青少年案件会议。青少年案件会议可由下列方式对罪犯进行处罚——

（a）谴责罪犯；

（b）以订明方式向罪犯发出正式告诫，防止其进一步实施犯罪行为；

（c）要求罪犯以青少年案件会议确定的方式和数额向受害人支付赔偿金；

（d）要求罪犯按照青少年案件会议订明的性质、时间和地点，履行社区服务职责，总计不超过240小时；

（e）要求罪犯按照青少年案件会议指定方式，向受害人道歉；或

（f）要求罪犯完成青少年案件会议认为在该情况下适当的其他行为。

【3/2011；27/2014】

（2）青少年案件会议在行使本条规定的权力时，必须——

（a）遵守订明程序；及

（b）考虑青年法庭为处置犯可比罪行的人曾根据第49条作出命令。

【3/2011；27/2014】

（3）如果罪犯未做到——

（a）在指定的时间和地点出席青少年案件会议；或

（b）遵守青少年案件会议的任何要求；

青少年案件会议必须向青年法庭报告有关事项。法庭可就此做出必要的指令,以便将罪犯送交于本法庭审理,并根据第 49 条做出法庭认为对罪犯合适的裁决。

【3/2011;27/2014】

(4) 参加青少年案件会议的人(非罪犯,罪犯父母或监护人或罪犯的任何其他家庭成员)不得泄露在会中获得的任何参会人员的个人信息。

【3/2011】

(5) 任何人违反第(4)款即属犯罪,一经定罪,可处不超过 2000 新加坡元的罚款。

【45

【3/2011】

51. 在拘留所、少年改造中心或安全场所拘留的最大年龄限制

除第 103 条另有规定外——

(a) 拘留所不得拘留任何年满 18 周岁的人;

(b) 少年改造中心不得拘留任何年满 19 周岁的人;及

(c) 安全场所不得拘留任何年满 21 周岁的人。

【47

【30/2019】

52. 上诉

任何儿童或年轻人、他(她)的父母或监护人、总干事或保护者若对青年法庭的任何判决或指令不满,可根据当时规管区域法庭向高等法院一般审判庭上诉的任何有效法律条文,就该判决或命令向高等法院一般审判庭上诉。

【48

【27/2014;30/2019;40/2019】

53. 程序

(1) 根据第 54 或 56 条、第 57 条(与第 56 条一并参阅)或第 59 条

(在本条中称为相关申请)向青年法庭提出的申请必须——

（a）与根据《2010 年刑事诉讼法》规定向区域法庭或推事法庭提出传票申请的方式相同；及

（b）处理方法——

  (i) 类似于就该法而言,所提出的申请是一种申诉；但是

  (ii) 仅根据该法之条文,以及《家庭司法规则》此种成文法之条文进行。

【30/2019】

（2）以相关申请为目的宣誓誓章可含有信息资料陈述或信念陈述,并说明该信息或信念的来源和根据。

【30/2019】

（3）青年法庭根据第 54 条或第 56 条、第 57 条（与第 56 条一并参阅）或第 59 条所发出的任何与传票送达有关的事宜可由《家庭司法规则》订明。

【30/2019】

（4）为免生疑问,不得将根据第 54 条或第 56 条、第 57 条（与第 56 条一并参阅）或第 59 条进行的法律程序视为刑事诉讼程序。

【3/2011；30/2019】

（5）本条中提到的《家庭司法规则》必须在《宪报》公布后尽快提交给议会。

【48B

【30/2019】

54. 青年法庭对有照管需求的儿童或青少年的权力

（1）基于本条规定,以及应总干事或保护人的申请,如青年法庭信纳出庭的儿童或青少年需要照顾和监护,法庭可以行使如下权力：

（a）要求该儿童或青少年的父母或监护人订立保证书,以在法庭规定的期间内对该儿童或青少年进行适当的照顾和监护；

(b) 其他要求——

(i) 在法庭规定的期限内,将儿童或青少年交付给总干事或保护人认定之人照顾:

(A) 合适的人选;

(B) 安全场地;

(C) 提供临时照顾和保护的场所;及

(ii) 总干事、保护人和儿童或青少年的照顾人可以在法庭的监督下不经儿童或青少年的父母或监护人同意,根据第55 条做出影响儿童或青少年的决定;

(c) 未根据(a)段或(b)段提出任何要求,或提出额外要求,作出命令将该儿童或青少年置于总干事、保护人、经批准的福利官或法庭为此目的而委任的任何其他人的监督之下,其期限由法庭指定。

【30/2019】

(2) 鉴于第(1)(b)款作出的命令,青年法庭可进一步要求总干事或保护人作出决定,即谁是合适的照顾人选;儿童或青少年被送往的安全地点或临时照顾和保护地点为何处。如果总干事或保护人(视属何情况而定)认为以下行为符合儿童或青少年的最佳利益,则在儿童或青少年交付审判期间,总干事或保护人(该人可能已作出决定,也可能未作出决定)可做出变更。即使该项变更可能导致该儿童或青少年被交付给另一照顾人,也按照最新的变更执行。

【30/2019】

(3) 凡有以下情形——

(a) 青年法庭已经根据第(1)(b)款下令,将儿童或青少年交付适当的人照顾,或送至安全场所、或能够提供临时照顾和保护的地点[在本款和第(4)款中称为主要照顾人];

(b) 主要照顾人至少 8 周无法为儿童或青少年提供照料;

总干事或保护人可安排暂时将该儿童或青少年交由另一适合人选照顾或在该期间将其送至另一个安全场所或提供临时照顾和保护的地

方,不论该安排是否会导致该儿童和青少年交由其他人照顾。

【30/2019】

（4）如在第（3）款所指的安排结束前将该儿童或青少年交还主要照顾人,则不得将总干事或保护人根据第（3）款作出的安排视为根据第（2）款作出的更改。

【30/2019】

（5）任何儿童或青少年的父母或监护人不同意总干事或保护人根据第（1）（b）款作出的决定,或不同意根据第（2）款更改该项决定,则该父母或监护人（视属何情况而定）可向青年法庭申请复核该项决定或申请对其进行更改。

【30/2019】

（6）青年法庭复核根据第（1）（b）款作出的决定或根据第（2）款作出更改后,可命令将该儿童或青少年交由法庭指定的适当人士照顾,或将其送至法庭指明的安全场所或提供临时照顾及保护的地方。

【30/2019】

（7）如总干事或保护人根据第（2）款在青年法庭指明的限期届满前已就儿童或青少年作出 3 项更改,并且有必要在该期间作出进一步更改,则总干事或保护人必须向法庭申请下令将儿童或青少年送交适当人士或适当的安全场所或提供临时照顾和保护地点。

【30/2019】

（8）青年法庭在根据第（1）款作出命令时,可施加其认为适当的条件或发出其认为合适的指示,以确保该命令所针对的儿童或青少年的安全及健康;每一个被施加该条件或被给予该指示之人均须遵从该等条件或指示。

【27/2014】

（9）在未给予儿童或青少年的父母或监护人出席和陈述意见机会的情况下,不得根据第（1）款发出命令。

(10) 如果青年法庭认为儿童或青少年或其父母或监护人有必要或应该出席诉讼程序,法庭可通过发出传票强制要求儿童或青少年或其父母或监护人出席。

【3/2011;27/2014】

(11) 青年法庭如认为有以下不利影响,可免除儿童或青少年出庭:因儿童或青少年出庭而对其福利造成的任何伤害或其他不利影响(若有)均超过因不出庭而将会或可能会对其造成的不利影响。

【3/2011;27/2014】

(12) 尽管第(9)款另有规定,但如果儿童或青少年的父母或监护人被要求出席,但未能出席或未能在合理时间内取得联系,法庭仍可根据第(1)款发出命令。

(13) 在决定根据第(1)款作出何种命令时,青年法庭须以儿童或青少年的福利为首要考虑,并须尽力取得有关其家庭背景、日常行为、家庭环境、就学记录、病史和发展状况等资料,使法庭能够本着儿童或未成年人的最佳利益来处理案件。

【3/2011;27/2014】

(14) 为施行第(13)款,青年法庭可以做出如下要求:

(a) 要求法庭认为任何能够提供有关该儿童或青少年资料的知情人向本法庭提供指明的资料;

(b) 要求儿童或青少年的父母或监护人向法庭提供必要的协助;

(c) 将该儿童或青少年送交注册医师或经批准的福利官进行评估;

(d) 要求儿童或青少年的父母或监护人接受法庭认为必要的医疗、精神、心理或其他评估;及

(e) 不时将案件押后其认为必要的期间,并可就该儿童和青少年根据第(1)款作出只在押后期间有效的临时命令。

【3/2011;27/2014】

(15) 如果青年法庭需要儿童或青少年或其父母或监护人根据第

(14)(c)和(d)款接受评估,则——

(a) 进行评估的人必须向本法庭、总干事或保护人提交书面报告,说明该人的评估结果。本法庭可以接收和审议该报告,而不必宣读;及

(b) 除非法庭另有指示,任何上述评估的费用及附带费用必须由儿童或青少年的父母或监护人承担。

【3/2011;27/2014;30/2019】

(16) 如果青年法庭信纳需要出庭的儿童或青少年不需要保护,法庭可命令将该儿童和青少年交还给其父母或监护人照料和监护。

【27/2014】

(17) 青年法庭可在根据第(1)款作出的命令届满前,应总干事或保护人的申请,更改该命令的期限或在法庭信纳解除命令最符合该命令所针对对象的最佳利益情况下,解除该命令。

【3/2011;27/2014;30/2019】

(18) 为免生疑问,如根据第(17)款作出的更改或撤销命令是根据第(1)(b)或(c)款作出的命令,该命令所针对的对象在更改或解除命令时已年满 18 岁(但未满 21 岁),则青年法庭不得延长将该儿童或青少年交付给适当的人、安全地点或提供临时照顾和保护地方,或将其置于总干事、保护人、经批准的福利官或法庭任命之人(视属何情况而定)监管的期限。

【30/2019】

(19) 如儿童或青少年的父母或监护人未能在根据(1)(a)款作出的命令所规定的时间内订立保证书,或违反保证书的任何条件,该父母或监护人即属犯罪,一经定罪,可处不超过 2000 新加坡元的罚款。

【3/2011】

55. 根据第 54(1)(b)条所作出的法庭命令,作出影响儿童或青少年的决定

(1) 凡青年法庭根据本法第 54(1)(b)条就儿童或青少年作出

命令——

（a）总干事、保护人或该儿童或青年的照顾人可就与该儿童或青年有关的任何第一类事宜作出决定；

（b）在下列情况下，总干事或保护人可就任何有关儿童或青少年的第二类事宜作出决定：

  （i）符合下列任何一项理由：

    （A）经总干事或保护人努力尝试之后，仍无法与儿童或青少年的父母双方或其所有监护人（若该儿童或青少年有一名或多名监护人）取得联系；

    （B）儿童或青少年的父母双方或所有监护人（若该儿童或青少年有一名或多名监护人）没有能力或不愿意就该事项作出决定；

  （ii）总干事或保护人可根据第（2）款向法庭提出申请，要求法庭作出命令，使其能够就与该儿童或青少年有关的任何第二类事宜作出决定，随即法庭应批准该申请；

（c）在下列情况下，儿童或青少年的照顾人可就与儿童或青少年有关的任何第二类事宜作出决定：

  （i）符合下列条件：

    （A）符合（b）（i）段所述的任何理由；

    （B）总干事或保护人已以书面形式授权照顾人，使其能够就任何有关儿童或青少年的第二类事宜作出决定；

    （C）照顾人已就任何第二类特定事项咨询过指定的人士（如有）；及

  （ii）总干事或保护人根据第（2）款向法庭提出申请，要求法庭作出命令，使照顾人能够就有关儿童或青少年的第二类事宜作出决定，法庭批准该申请；及

（d）如总干事或保护人认为儿童或青少年根据第（a）或（c）段作出的决定不符合儿童或青年的最佳利益，则总干事或保护人可（如可

行)改变或推翻有关于照顾人人选的决定。

【30/2019】

（2）凡青年法庭根据第 54(1)(b)条就一名儿童或青少年作出命令，而其所述理由均未获满足，法庭可应总干事或保护人的申请作出命令，使总干事、保护人或该儿童或青少年的照顾人能够就有关该儿童或青少年的任何第二类事宜作出决定。

【30/2019】

（3）凡青年法庭根据本法第 49(1)(b)或(c)条(在 2020 年 7 月 1 日前有效)作出关于儿童或青少年的命令，法庭可应总干事或保护人的申请，就影响儿童或青少年的决定作出适用第(1)款和第(2)款的命令。

【30/2019】

（4）凡由青年法庭作出的命令——

（a）根据本法第 49(1)(b)或(c)条(在 2020 年 7 月 1 日前有效)；或

（b）在该日期当天及之后根据第 54(1)(b)条的规定；

就儿童或青少年而言，法庭可应总干事或保护人的申请，作出额外命令，使总干事或保护人能就与该儿童或青少年有关的第三类事宜作出决定，如——

（c）应满足以下理由之一：

（i）经总干事或保护人努力尝试之后，仍无法与儿童或青少年的父母双方或其任何监护人(若该儿童或青少年有一名或多名监护人)取得联系；

（ii）儿童或青少年的父母双方或监护人(若该儿童或青少年有一名或多名监护人)没有能力或不愿意就第三类事宜作出决定；

（iii）儿童或青少年的父母双方或监护人已经或可能以损害该儿童或青少年利益的方式就第三类事宜作出决定；及

（d）法庭认为由总干事或保护人对第三类事宜作出决定符合儿

童或青少年的最佳利益。

【30/2019】

（5）儿童或青少年的父母或监护人如不同意总干事、保护人或照顾人根据本条作出的任何决定，可向青年法庭提出申请，要求法庭对该事项作出裁定。

【49A

【30/2019】

56. 青年法庭对于需要加强照管或保护的儿童和青少年的权力

（1）总干事或保护人可向青年法庭申请第（2）款所述的有关儿童或青少年的命令。该儿童或青少年是根据本法第 49（1）（b）或（c）条（在 2020 年 7 月 1 日前有效），或第 54（1）（b）条所作出命令针对的对象。

【30/2019】

（2）根据总干事或保护人的申请，青年法庭在满足第（3）款所述的条件后，可作出以下命令——

（a）该儿童或青少年须由总干事或保护人交由适当的人士照顾，直至该儿童或青少年年满 21 岁或达到法庭指明的较短期间为止；及

（b）在法庭的监督下，总干事、该儿童或青少年的保护人及照顾人可在未经该儿童或青少年的父母或监护人同意的情况下，根据第 58 条作出影响该儿童或青少年的决定。

【30/2019】

（3）就第（2）款而言，需满足以下条件——

（a）在申请当日，该儿童或青少年已成为根据本法第 49（1）（b）或（c）条（在 2020 年 7 月 1 日前有效），或第 54（1）（b）条所作出的一个或多个命令所针对的对象，累计达到指定时间或更长；

（b）儿童或青少年的父母双方或其任何监护人（若儿童或青少年有一名或多名监护人）均不适合照顾该儿童或青少年；

（c）在该儿童或青少年年满 21 岁之前（或青年法庭决定的更小年龄），不应将该儿童或青少年交还其父母或其任何监护人（若儿童或青少年有一名或多名监护人）照顾和监护。

【30/2019】

（4）就第（3）（c）款而言，不适宜根据该款将儿童或青少年交还其父母或监护人照顾和监护的情况包括：

（a）父母或监护人以前曾有一次或多次不遵守总干事或保护人为儿童或青少年制订的适当照顾计划；

（b）父母或监护人以前曾有一次或多次未能接受或拒绝接受任何调解、咨询、心理治疗、其他评估方案、治疗或其他诸如此类活动。这些活动是为了促进儿童或青少年回到其父母或监护人的照顾和监护之下，根据自愿照顾协议或根据以下条款所作出的命令执行：

（i）本法第 51（1）条（在 2020 年 7 月 1 日前有效）；及

（ii）第 60（4）条，

（c）父母或监护人没有能力或不愿遵守针对儿童或青少年的适当照顾计划之要求。

【30/2019】

（5）未给予儿童或青少年的父母或监护人出席和听取意见的机会，不得根据第（2）款作出命令。

【30/2019】

（6）凡青年法庭认为儿童或青少年或其父母或监护人有必要或应该出席诉讼程序，法庭可发出传票，强制要求儿童或青少年或其父母或监护人出席。

【30/2019】

（7）青年法庭如认为有以下不利影响，可免除儿童或青少年出庭：因儿童或青少年出庭对他（她）的福利造成的任何伤害或其他不利影响均超过因不出庭对其将会造成或可能造成的不利影响。

【30/2019】

(8) 尽管有第(5)款的规定,如果儿童或青少年的父母或监护人被要求出席,但未能出席或未能在合理时间内取得联系,则可根据第(2)款发出命令。

【30/2019】

(9) 在决定根据第(2)款作出命令时,青年法庭须以儿童或青少年的福利为首要考虑因素,并须尽力取得有关家庭背景、日常行为、家庭环境、就学记录、病史和发展状况的资料,使法庭能够本着儿童或未成年人的最佳利益来处理案件。

【30/2019】

(10) 如果法庭信纳情况有任何重大变化并且符合该儿童或青少年的最佳利益,青年法庭可在根据第(2)款作出的命令到期前的任何时候,应以下任何人士的申请改变或解除该命令:

(a) 总干事或保护人;

(b) 得到法庭根据第(11)款给予许可的该儿童或青少年的父母或监护人。

【30/2019】

(11) 应儿童或青少年[第(2)款的命令对象]父母或监护人的申请,青年法庭可批准该父母或监护人申请更改或解除该命令。

【30/2019】

(12) 在本条和第 57 条中,"指定期间"系指——

(a) 儿童或青少年不满 3 岁的情况下,"指定期间"为 12 个月;及

(b) 儿童或青少年满 3 岁或以上的情况下,"指定期间"为 24 个月。

【49B

【30/2019】

57. 第 56 条适用于自愿照管协议下的儿童和青少年

(1) 尽管有第 56(1)条的规定,如果——

(a) 根据一份或多份自愿照管协议(无论是在 2020 年 7 月 1 日之前、当日或之后签订的),将儿童或青少年交由一名照顾人(而非其父

443

母或监护人)照顾和监护,累计达到指定期限或更长;及

(b) 该儿童或青少年目前是自愿照管协议的对象;

则总干事或保护人可向青年法庭申请第 56(2)条所述的关于该儿童或青少年的命令。

【30/2019】

(2) 就第(1)款而言,第 56(2)、(3)、(4)、(5)、(6)、(7)、(8)、(9)、(10)、(11)和(12)条均适用于第(1)款所述的申请,但下列情况除外:

(a) 凡在该条中提述儿童或青少年,须理解为提述第(1)款所述的儿童或青少年;

(b) 略去第 56(3)(a)条。

【49C
【30/2019】

58. 根据第 56 条(2)或第 57 条(与第 56 条一并参阅)作出的法庭命令,作出影响儿童或青少年的决定

(1) 如果青年法庭根据第 56(2)条或第 57 条(与第 56 条一并参阅)就某一儿童或青少年发出命令,则——

(a) 总干事、保护人或该儿童或青少年的照顾人可就与该儿童或青少年有关的任何第一类事项作出决定;

(b) 总干事或保护人可就与该儿童或青少年有关的任何第二类事项作出决定;

(c) 儿童或青少年的照顾人可就与该儿童或青少年有关的任何第二类事项作出决定,如果——

(i) 总干事或保护人以书面形式授权该照顾人就与该儿童或青少年有关的任何第二类事项作出决定;及

(ii) 照顾人已就任何特定的第二类事项咨询了被指定之人(如果有的话);及

(d) 如果总干事或保护人认为儿童或青少年的照顾人根据(a)或(c)段作出的决定不符合该儿童或青少年的最佳利益,总干事或保护

人可(在可行的情况下)改变或推翻照顾人的决定。

【30/2019】

(2) 凡青年法庭根据第 56(2)条或第 57 条(与第 56 条一并参阅)就儿童或青少年作出命令,本法庭可以在下列情况下根据总干事或保护人的申请作出附加命令,使总干事或者保护人能够就有关儿童或青少年的第三类事项作出决定:

(a) 满足下列理由之一:

(i) 经总干事或保护人努力尝试之后,仍无法与儿童或青少年的父母双方或其任何监护人(若该儿童或青少年有一名或多名监护人)取得联系;

(ii) 儿童或青少年的父母双方或监护人(若该儿童或青少年有一名或多名监护人)没有能力或不愿意就第三类事项作出决定;

(iii) 儿童或青少年的父母双方或监护人已经或可能以损害该儿童或青少年利益的方式就第三类事宜作出决定;

(b) 法庭认为,由总干事或保护人对第三类事项作出决定符合儿童或青少年的最佳利益。

【30/2019】

(3) 儿童或青少年的父母或监护人若不同意总干事、保护人或照顾人根据本条作出的任何决定,可向青年法庭提出申请,要求法庭对该事项作出裁定。

【49D

【30/2019】

59. 青年法庭制定家庭指导令的权力

(1) 应儿童或青少年父母或监护人的申请,青年法庭可作出第(4)款所述的命令:

(a) 父母或监护人无法指导该儿童或青少年,而该儿童或青少年需要父母或监护人以外的人指导;

（b）该父母或监护人和该儿童或青少年已完成了一项家庭计划；及

（c）法庭信纳该父母或监护人了解该命令将会带来的结果，并同意作出该命令。

【30/2019】

（2）根据第（1）款提出的申请必须附有经批准的福利官的提议。

【30/2019】

（3）青年法庭可以在任何适当情况下采取以下任何一项或两项措施：

（a）免除（1）（b）款所述的要求；

（b）若法庭免除（1）（b）款所述的要求，则命令父母或监护人以及儿童或青少年在诉讼的任何阶段完成其家庭计划。

【30/2019】

（4）为了第（1）款的目的，青年法庭可命令该儿童或青少年：

（a）由经批准的福利官或法庭出于该目的指定的其他人监督，时间不超过三年；

（b）交付给合适的人照护，时间不超过三年；

（c）交付给安全的机构照护，时间不超过三年。

【30/2019】

（5）根据第（4）（b）款或（c）款作出的命令可以规定：

（a）由总干事或保护人确定儿童或青少年交付的合适人选或安全机构（本条中称为照护提供者）；

（b）若总干事、保护人或经批准的福利官（可能已作出决定，也可能未作出决定）认为符合该儿童或青少年的最佳利益，则在该儿童或青少年被交付期间，总干事、保护人或经批准的福利官（视属何情况而定）可根据可规定的要求更改（a）段中的决定，即使更改后可能导致该儿童或青少年被交付给不同的照护者。

【30/2019】

（6）若青年法庭认为儿童或青少年或其父母或监护人的出席对诉讼程序是必要的或有利的,法庭可以通过传票强制其出席。

【30/2019】

（7）若青年法庭要求提供有关儿童或青少年的家庭背景、日常行为、家庭环境、就学记录、病史和成长状况等更多信息,法庭可在收到这些信息之前命令将该儿童或青少年交付给总干事或保护人所确定的合适人选或机构照护。

【30/2019】

（8）若：

（a）青年法庭根据第（4）（b）款或（c）款命令将儿童或青少年交付给合适的人或安全机构照顾﹝在本款和第（9）款中称为主要照护提供者﹞；及

（b）主要照护提供者至少在八周内无法为该儿童或青少年提供照护,

总干事、保护人或经批准的福利官可安排将该儿童或青少年交付给另一合适的人或安全机构临时照护,无论该安排是否会导致该儿童或青少年在该期间被交付给另一照护提供者。

【30/2019】

（9）若儿童或青少年在第（8）款规定的安排结束前被送回至主要照护提供者,则总干事、保护人或经批准的福利官根据第（8）款作出的安排不被视为对第（5）（b）款规定的变更。

【30/2019】

（10）若在青年法庭根据第（4）（b）款或第（c）款（视属何情况而定）规定的期限届满之前,总干事、保护人或经批准的福利官根据第（5）（b）款就儿童或青少年的照护情况作出了三项变更,而总干事、保护人或经批准的福利官认为有必要在该期限内作进一步的变更,则总干事、保护人或经批准的福利官必须向法庭提出申请,要求下令将该儿童或青少年交付给合适的人员或安全机构。

【30/2019】

（11）青年法庭有权对有关儿童或青少年作出一项命令或第（4）（a）（b）（c）款的组合命令。

【30/2019】

（12）青年法庭根据第（4）款作出的任何命令或任何组合命令的期限不得超过连续三年。

【30/2019】

（13）凡青年法庭作出第（4）（a）（b）（c）款所述的任何命令：

（a）关于儿童或青少年的生活条件、向儿童或青少年提供的照护和监管标准、儿童或青少年所取得的进展以及其他事项的报告，必须在命令作出后的六个月内，或法庭在命令中指明的其他期限内，通过以下方式提交法庭：

　（i）若法庭作出第（4）（a）款所述的命令，则通过经批准的福利官或法庭任命的人员提交；

　（ii）若法庭作出第（4）（b）款所述的命令：

　　（A）若该儿童或青年所交付的合适人员是该儿童或青少年的亲属，则通过经批准的福利官提交；

　　（B）在任何其他情况下，则通过合适人员提交；及

　（iii）若法庭作出第（4）（c）款所述的命令，则通过该儿童或青少年的照护者或经批准的福利官提交；

（b）法庭在收到第（a）段中所述报告后，可下令按照法庭规定的频率向其提交一份或多份详细报告，以监测儿童或青少年的发展情况；

（c）法庭可命令儿童或青少年的父母或监护人签订保证书，承诺尽其最大努力行使适当的照料和监护权。

【30/2019】

（14）第54（8）（13）（14）（15）条经必要的修改后，适用于青年法庭根据第（4）款作出的命令，也适用于法庭根据第54（1）条作出的命令。

【30/2019】

（15）若青年法庭信纳符合该儿童或青少年的最佳利益，可根据总干事、保护人或儿童及青少年的父母或监护人的申请，更改该命令的期限或解除该命令。

【30/2019】

（16）为免生疑问，若根据第（15）款要更改或解除的命令涉及在即将更改或解除命令时年龄超过 16 岁（但低于 19 岁）的青少年，青年法庭不得延长将该青少年交付给合适人员或安全机构照护的期限，也不得延长将其交予经批准的福利官或法院委任人员监督的时限（视属何情况而定）。

【30/2019】

（17）根据第（1）款提出的申请只有在青年法庭的同意下方可撤回。

【30/2019】

（18）如果儿童或青少年的父母或监护人没有遵守青年法庭根据第（3）（b）款作出的任何命令，则该父母或监护人即属犯罪，一经定罪，可处以不超过 2000 新加坡元的罚款。

【30/2019】

（19）在本条中，"家庭计划"指由总干事批准和指定的家庭计划，其目的在于：

（a）解决儿童或青少年与父母之间的关系问题或儿童或青少年与其监护人（若儿童或青少年有一个或多个监护人）之间的关系问题；

（b）使儿童或青少年改造或协助其改造；

（c）使儿童或青少年的父母或其监护人（若儿童或青少年有一个或多个监护人）能够管理该儿童或青少年；及

（d）加强、促进或保护儿童或青少年的身体、社会和情感福祉和安全。

与儿童或青少年有关的"提议"指具体说明以下内容的文件：

（a）该儿童或青少年在某一特定时间的风险和要求；

（b）该儿童或青少年、或其父母或监护人、或两者均应参加的拟议活动和计划，目的是使父母或监护人能够应对该儿童或青少年在该时间点的风险和要求；

（c）以及可能规定的其他事宜；

"青少年"系指 14 岁或以上但未满 16 岁的人。

【50

【30/2019】

60. 青年法庭可对儿童或青少年发出的额外命令

（1）若一名儿童或青少年在 2020 年 7 月 1 日之前、当日或之后因某项罪行而遭受处置，则：

（a）由法院处理；及

（b）在青少年案件会议上，青年法庭对该儿童或青少年行使第 50(1)(a)(b)(c)(d)(e)(f)款所述的任何权力；

青年法庭可主动或应总干事或保护人的申请，将第(4)款所述的任何一项或两项命令作为一条或多条附加命令。

【30/2019】

（2）凡青年法庭根据以下条款作出命令：

（a）第 54(1)条，无论是在 2020 年 7 月 1 日之前、当日或之后；

（b）第 56(2)条；

（c）第 57 条与第 56 条一并参阅；

对于儿童或青少年，法庭可自行或应总干事或保护人的申请，作出第(4)款所述的一项或两项命令，作为一项或多项附加命令。

【30/2019】

（3）若已根据第 59 条就儿童或青少年问题向青年法庭提出申请，则法院可在审理该申请之前或之后，或在审理该申请时的任何时间，主动或应总干事或保护人的申请，作出第(4)款所述的一项或两项命令。

【30/2019】

(4) 为了第(1)(2)(3)款的目的,命令如下:

(a) 要求该儿童或青少年、该儿童或青少年的父母一方或双方,所有或任一监护人(若该儿童或青少年有一名或多名监护人)接受青年法庭认为必要的调解、辅导、心理治疗或其他评估、计划或治疗,或参加青年法庭认为必要的活动的命令,以便:

(i) 解决该儿童或青少年与父母之间的任何关系问题,或该儿童或青少年与监护人(若儿童或青少年有一个或多个监护人)的关系;

(ii) 使该儿童或青少年改造或协助其改造;

(iii) 使儿童或青少年的父母或其监护人(若儿童或青少年有一个或多个监护人)能够管理该儿童或青少年;

(iv) 加强、促进或保护该儿童或青少年的身体、社会和情感福祉和安全;

(b) 要求所有或任何下列人员参加家庭会议的命令:

(i) 儿童或青少年;

(ii) 该儿童或青少年的父母一方或双方,或该儿童或青少年(若其有一个或多个监护人)的所有或任一监护人;

(iii) 青年法庭可指定的其他人员。

【30/2019】

(5) 在根据第(1)(2)(3)款作出命令时,青年法庭可要求该儿童或青少年的父母或(若该儿童或青少年有一名或多名监护人)任一监护人签订保证书以遵守该命令。

【30/2019】

(6) 如果儿童或青少年的父母或监护人未遵守青年法庭根据第(1)(2)(3)款或第(5)款所述要求作出的任何命令,该家长或监护人即属犯罪,一经定罪,可处以不超过 2000 新加坡元的罚款。

【30/2019】

(7) 在本条中,"家庭会议"指参加会议的人就下列事项所需进行的讨论：

（a）解决儿童或青少年与父母之间的任何关系问题，或儿童或青少年（若其有一个或多个监护人）与任一监护人的任何关系问题；

（b）解决与该儿童或青少年的照护、保护和监管有关的任何问题。

【51

【30/2019】

61. 未遵守家庭指导令的要求

若根据青年法庭收到的信息，基于第 59 条做出的命令所针对的儿童或青少年未遵守该命令的任何要求，法庭可以根据该条对该儿童或青少年做出新的命令。

【52

【27/2014；30/2019】

第 3A 部分
对儿童和青少年之家发出牌照

【3/2011】

62. 持牌的儿童和青少年之家

（1）除非具备总干事签发的牌照的条款和条件，否则任何人不得经营儿童和青少年之家。

【3/2011；30/2019】

（2）任何：

（a）不具备总干事根据第一款颁发的牌照经营儿童和青少年之家的人；

（b）持牌人违反牌照中有关儿童和青少年之家的任何条款或条件；

即属犯罪，一经定罪，可处不超过 5000 新加坡元的罚款或监禁不超过两年,或两者兼施。

【52A

【3/2011；30/2019】

63. 申请牌照

(1) 必须以规定的格式向总干事提出发放或更新牌照的申请。

【3/2011；30/2019】

(2) 希望延长其牌照的持牌人必须在牌照到期前至少六个月提出延长其牌照的申请。

【3/2011】

(3) 收到申请后,总干事可酌情决定:

(a) 在总干事认为合适的条款和条件下颁发或延长牌照;

(b) 拒绝发放或延长牌照。

【3/2011；30/2019】

(4) 在下列情况下,总干事可以拒绝发放或延长牌照:

(a) 总干事不信纳以下情况:

(i) 申请人是持有或继续持有儿童和青少年之家牌照的合适或适当人选;

(ii) 若申请人是一个法人团体,该法人团体的董事会、委员会、受托人委员会或其他管理机构的任何成员均为合适或适当人选;

(b) 由于拟建场地的情况、建筑、住宿、人员配备、清洁或设备或任何其他条件的原因,该处所不适合用作儿童和青少年之家;

(c) 拟用作儿童和青少年之家的处所不符合规定的要求;

(d) 该儿童和青少年之家由不具有足够资格和经验之人持续亲自管理和监管,不能确保该院的运作令人满意;

(e) 颁发或延长牌照不符合公众利益。

【3/2011；30/2019】

(5) 出于本条目的决定某人是否为合适或适当人选时,总干事可

以考虑以下任何事项,以表明该人可能并非合适或适当人选:

(a) 该人与罪犯的联系表明其参与了非法活动;

(b) 在该人所参与的交易中,该人或官员:

    (i) 表现出不诚实或缺乏诚信;及

    (ii) 使用了骚扰性策略;

(c) 该人现在或曾经患有精神障碍;及

(d) 该人是一个未获解除破产的破产者,或者已经与该人的债务人达成了债务重整协议。

【3/2011;30/2019】

(6) 第(5)款不应被解释为限制在某些情况下,企业实体的个人或官员可被总干事视为非合适或适当人选。

【3/2011;30/2019】

(7) 如果总干事拒绝签发牌照,则必须以书面形式说明其拒绝的理由。

【52B

【3/2011;30/2019】

64. 牌照的费用和期限

(1) 在发放或更新牌照时,持牌人必须支付规定数额的费用。

【3/2011】

(2) 除非提前撤销,否则牌照的有效期为两年,从其签发日期算起,或有效期为在任何特定情况下牌照中规定的较短期限。

【52C

【3/2011】

65. 牌照的展示

(1) 每个持牌人必须将其牌照永久展示在与牌照相关的儿童和青少年之家的显眼位置,以便所有进入该场所之人均可看到该牌照。

【3/2011】

(2) 任何持牌人违反第一款的规定,即属犯罪,一经定罪,可处以不超过 1000 新加坡元的罚款。若属持续犯罪,在定罪后继续犯罪的每一天或一天中的一个时段,可进一步处以不超过 100 新加坡元的罚款。

【52D

【3/2011】

66. 牌照的转让

(1) 在收到任何有牌照的儿童和青少年之家的持牌人和该持牌人希望将牌照转让之人(在本条中称为受让人)签署的书面申请后,若总干事认为合适,可以通过在牌照上批注或以书面形式将牌照转让给受让人,受让人随即成为该儿童和青少年之家的牌照持有人。

【3/2011；30/2019】

(2) 总干事可根据以下任何理由拒绝批准牌照的转让:

(a) 根据第 63 条可以拒绝向受让人发放牌照;

(b) 可以根据第 73 条撤销该牌照。

【52E

【3/2011；30/2019】

67. 对儿童和青少年之家的审查

(1) 总干事和总干事授权的任何官员有如下权力:

(a) 随时进入并检查如下地点:

(i) 任何持证儿童和青少年之家;

(ii) 有理由怀疑未经许可而用作儿童和青少年之家的任何场所;

(b) 要求任何参与经营或管理持牌儿童和青少年之家的人:

(i) 出示与该儿童及青少年之家的管理或任何其他活动有关的任何纪录、文件或其他物品;

(ii) 提供与该管理或活动有关的任何其他资料;

(c) 将总干事或授权官员有理由怀疑为犯下本法所述罪行的证据或为犯罪理由证据的任何记录、文件或其他物品移走以供进一步

检查

    (i) 暂停或撤销任何人就儿童及青少年之家所发出的牌照;及

    (ii) 如果儿童和青少年之家是少年改造中心或安全场所,则取消少年改造中心或安全场所的任命证书;

(d) 为审查持证儿童和青少年之家,进行其他必要的工作。

【3/2011;30/2019】

(2) 阻止或妨碍总干事或总干事授权的任何高级官员行使其权力,或拒绝出示第(1)款要求出示的任何记录、文件、文章或其他信息,即属犯罪,一经定罪,可处不超过 2000 新加坡元的罚款或监禁不超过十二个月,或两者兼施。

【3/2011;30/2019】

(3) 在本条中,对记录、文件、物品或信息的提述包括以任何形式或媒介存在的任何记录、文件和物品或信息。

【52F

【3/2011】

68. 审查委员会

(1) 部长可通过《宪报》公告任命其认为合适之人为审查委员会成员。

【3/2011】

(2) 审查委员会成员的任期由第(1)款所提述的公告指明。

【3/2011】

(3) 审查委员会的职能为:

(a) 审查任何持证儿童和青少年之家的生活条件以及向居住在其中的儿童和青少年提供照管和监管的标准;

(b) 审查所有儿童和青少年入住持证儿童和青少年之家的案例,以确保为此类儿童和青少年制定适当的照管计划;及

(c) 就下列事项向总干事提出建议:

(i) 被安置在少年改造中心或安全场所的任何儿童或青少

年,在获得许可的情况下是否可在其拘留期完全结束之前释放;及

(ii) 释放该儿童或青少年的条件。

【3/2011；30/2019】

(4) 根据第(1)款任命的审查委员会的每名成员均可随时进入任何持证儿童和青少年之家,并在其认为必要时进行询问或检查,还须按照部长的要求作出报告。

【3/2011】

(5) 若有人拒绝接纳根据第(1)款任命的审查委员会的任何成员,或在其身份得到合理确认后对该成员有任何阻碍行为的,即属犯罪,一经定罪,可处不超过 2000 新加坡元的罚款或监禁不超过十二个月,或两者兼施。

【3/2011】

(6) 就本条而言,适当的照管计划必须符合总干事规定的要求。

【52G

【3/2011；30/2019】

69. 总干事可指示采取补救措施

(1) 总干事可通过书面通知,就任何持证儿童和青少年之家发出总干事认为必要的指示,以确保:

(a) 其运营和管理令人满意;

(b) 居住于此的儿童和青少年的福利得到适当保障与加强;及

(c) 遵守本法之条文。

【3/2011；30/2019】

(2) 为免生疑问,根据第(1)款发出的指示可包括一项指示,即要求持证儿童和青少年之家的持牌人暂停其任一工作人员的职务。

【3/2011】

(3) 根据第(1)款发出的通知必须:

(a) 送达儿童及青少年院之家的持牌人;及

(b) 指明必须遵守指示的期限。

【52H

【3/2011】

70. 提供信息的义务

(1) 总干事可不时通过书面通知要求儿童和青少年之家的持牌人提供总干事要求的与以下方面有关的任何信息：

(a) 工作人员和居住者；

(b) 任何居住者的状况或待遇；

(c) 住所、住所内提供的住宿和住所内的环境；及

(d) 与本法的实施或执行有关的任何事项。

【3/2011；30/2019】

(2) 持牌人在收到根据第(1)款发出的任何通知后：

(a) 拒绝或未能提供总干事要求的任何信息；或

(b) 提供任何虚假或误导性信息，

即属犯罪，一经定罪，可处不超过2000新加坡元的罚款。

【52I

【3/2011；30/2019】

71. 总干事可命令关闭儿童和青少年之家

(1) 如果总干事有理由相信：

(a) 持证儿童及青少年之家的处所作上述用途不适宜或不安全；及

(b) 居住于此的儿童和青少年的安全或福利受到威胁，

总干事可通过书面命令，指示立即关闭儿童和青少年之家。

【3/2011；30/2019】

(2) 即使儿童和青少年之家的牌照未被取消、撤销或暂停，总干事仍可根据第(1)款作出命令。

【3/2011；30/2019】

(3) 根据本条发出的命令必须送达儿童及青少年之家的持牌人，

并自命令送达之日起生效。

【3/2011】

（4）在以下情况下，根据本条送达命令即为充分：

（a）亲自交付给持牌人；

（b）通过挂号信寄送至持牌人最后为人所知的住宅或营业地址；

（c）该命令的副本张贴在与该命令有关的儿童及青少年之家的处所内或内部显眼处。

【3/2011】

（5）任何人未遵守根据本条规定送达该人的命令，即属犯罪，一经定罪，可处罚款不超过 2000 新加坡元的罚款或监禁不超过十二个月，或两者兼施。

【52J

【3/2011】

72. 应持牌人的要求取消牌照

（1）任何持证儿童和青少年之家的持牌人提前 6 个月提交意向后，可申请取消就持证儿童与青少年之家颁发的牌照。

【3/2011】

（2）已故持牌人的遗嘱执行人或管理人可在提前 1 个月发出书面通知表明其意向后，申请取消就持证儿童和青少年之家颁发的牌照。

【3/2011】

（3）凡已根据第（1）款或第（2）款发出通知，而该通知并未撤回，则该牌照须在该款所提述的通知期届满时被吊销。

【52K

【3/2011】

73. 撤销及暂时吊销牌照

（1）总干事可撤销或暂停将任何场所用作儿童和青少年之家的牌照：

（a）总干事本可以根据第 63 条拒绝颁发牌照的任何理由；

(b) 如果持牌人没有遵从总干事根据第 69 条发出的任何指示；

(c) 如果该处所已停止用作儿童及青少年之家；

(d) 如果总干事认为：

　　(i) 儿童和青少年之家中任何居住者可获得或被提供的照管标准令人不满意；

　　(ii) 任何居住者受到虐待或忽视，其方式可能给居住者造成不必要的痛苦，或被关在损害居住者身心健康的环境中；

　　(iii) 该住宅的状况，或该住宅的管理及经营方式，有碍居住者的利益或公众利益而须撤销牌照；

(e) 如果持牌人被判犯有本法规定的任何罪行；及

(f) 如果被许可人违反或未能遵守本法之条文或向持牌人发放的牌照中规定的任何条件。

【3/2011；30/2019】

(2) 在撤销或暂停牌照之前，总干事必须向被许可人发出通知，说明其提议撤销或暂停该牌照的理由，并且必须给被许可人机会说明不应撤销或暂停此牌照的原因。

【3/2011；30/2019】

(3) 持牌人如欲提出反对撤销或暂时吊销牌照的理由，必须在总干事根据第(2)款发出通知之日起 14 天内，以书面形式向总干事提交理由，否则总干事仍可着手撤销或暂时取消牌照（视属何情况而定）。

【3/2011；30/2019】

(4) 总干事必须书面通知持牌人总干事撤销或暂停牌照的决定。

【52L

【3/2011；30/2019】

74. 取消、撤销或暂时吊销牌照的效力

(1) 如果儿童和青少年之家的牌照根据第 72 条被取消，或根据第 73 条被撤销或暂停，则自牌照被取消、撤销或暂停生效之日起，该儿童和青少年之家不再作为此类场所使用(视属何情况而定)。

【3/2011】

(2)为免生疑问,尽管持牌人根据第 76 条向部长提出上诉,第
(1)款仍有效。

【52M

【3/2011】

75. 释放或转移儿童和青少年

如果儿童和青少年之家的牌照被取消、撤销或暂时吊销,或总干
事根据第 71 条命令其立即关闭,则居住于此的儿童和青少年必须根
据部长的命令离开或转移到该命令中指定的另一持证儿童和青少年
之家。

【52N

【3/2011;30/2019】

76. 上诉

任何人因总干事根据第 63 条或第 73 条作出的任何决定而感到
不公,可在该决定的书面通知之日后的 21 天内就该决定对具有最终
决定权的部长提出上诉。

【52O

【3/2011;30/2019】

77. 豁免

(1)除第(2)款另有规定外,本部分不适用于:

(a)由政府经营的任何儿童和青少年之家;

(b)根据《2017 年幼儿发展中心法》获得许可的任何幼儿发展
中心;

(c)根据《1957 年教育法》注册的任何学校;

(d)根据《1951 年罪犯感化法》批准的儿童和青少年之家,且仅作
为该机构经营;

(e)儿童或青少年由父母、家庭成员或养父母照料的任何地方;及

461

(f) 订明的其他儿童及青少年之家。

【3/2011；2/2012；19/2017】

(2) 第 67 条和第 68 条适用于由政府管理或控制的儿童和青少年之家。

【52P

【3/2011】

78. 本部分的其他条款

(1) 部长可为本部分的目的制定条例,特别是为持证儿童和青少年之家的管理以及为维护员工和居住在此类地方中的人员的秩序和纪律制定条例。

【3/2011】

(2) 在不限制第(1)款的情况下,部长可制定条例规定以下所有或任何事项:

(a) 本法中的表格、费用和登记册;

(b) 经营、管理和监督持证儿童和青少年之家;

(c) 持证儿童及青少年之家的持牌人的职责及责任;

(d) 居住在持证儿童和青少年之家的儿童和青少年的照管和监管标准;

(e) 控制和监管持证儿童和青少年之家的活动;

(f) 保存记录;

(g) 向总干事提供的有关持证儿童和青少年之家的报告和信息;

(h) 订明可根据本部订明的任何事项。

【3/2011；30/2019】

(3) 总干事可向持证儿童和青少年之家的持牌人发出书面通知,完全、部分或有条件地更改或免除该儿童和青少年之家的任何条例要求,并可修订或撤回任何此类通知。

【52Q

【3/2011；30/2019】

第 4 部分
还押所

79. 对未保释儿童和青少年的监护

(1) 部长可提供或指定本法所需的还押所。

(2) 无论何时,任何明显未满 16 岁的人被逮捕而未获得保释,任何警官(即使在其他任何成文法中有任何相反的规定)都必须安排将该人还押在还押所,直到其被带到法院,除非该警官证明:

(a) 该做法不切实际;

(b) 该人秉性难受管束,无法安全地还押;及

(c) 由于其健康状况、精神或身体状况,不宜将其还押。

(3) 必须向该人被带至的法院出示证明文件。

【53

80. 在还押所还押或交付羁押

(1) 尽管任何其他成文法中有任何相反规定,法院在还押未保释的儿童或青少年时,不是将其还押在监狱中,而是将其在还押令中指定的还押所中还押。期限为还押期间,或直到他或她在适当法律程序下从该地点被交付。

(2) 尽管任何其他成文法有任何相反规定,如果法庭将未保释的儿童或青年交付审判,而不是将其交付监狱,则应将其交付还押所。期限为其被交付期间或他或她在适当法律程序下从该地点被交付。

(3) 凡青年法庭根据第 49(1) 条就儿童或青少年作出的命令被违反,即使该人在违反命令时已年满 16 岁(但未满 19 岁),青年法庭仍可命令将该人还押在还押所,以待法院就如何处置该人作出进一步命令。

【3/2011;27/2014】

(4) 尽管有第(1)款的规定,但任何年满 16 岁但未满 19 岁的人在

受青年法庭管辖时，可被羁押在还押所。

【27/2014】

（5）尽管有第（1）款和第（2）款的规定，对于青少年，如果法庭证明这样做不可行，或者该人秉性难受管束以致无法安全地被还押或羁押，则法庭没有义务根据这些条款将其还押到还押所。在这种情况下，法庭可将该青少年还押至监狱，或将其交付监狱。

（6）本条下的还押或羁押令可由任何法院更改。对于证明其秉性难受管束以致无法在还押所安全还押的青少年，本条下的还押或羁押令可由任何法庭撤销；如果撤销，该青少年可能会遭还押看守或被送进监狱。

（7）将儿童或青少年交付羁押在还押所的命令或判决必须与该儿童或青少年一起交付给还押所负责人。且该命令或判决是将该儿童或青少年按其内容还押于该地的充分权限依据。

【30/2019】

（8）儿童或青少年在还押期间，以及在被送往或送出还押所时，被视为处于合法监护之下。如果其逃跑，可在没有逮捕证的情况下将其逮捕并带回他或她被还押的还押所。

【54

第 5 部分
拘留所

81. 提供拘留所

（1）部长可提供或指定本法所需的拘留所。

（2）将儿童或青少年交付羁押在羁押场所的命令或判决必须与该儿童或青少年一起交付羁押场所负责人，且该命令或判决是将该儿童或青少年按其内容羁押在该场所的充分权限依据。

【30/2019】

（3）儿童或青少年在被拘留期间以及在被送往和离开拘留地点时，被视为处于合法拘留状态。如果该人逃跑，可在没有逮捕证的情况下将其逮捕并带回至拘留地点。

（4）根据本法规定，根据法庭命令或判决将任何人送往拘留地点，该命令或判决不会因证明该人身份非儿童或青少年的任何后续证据而无效；但在该情况下，上述证据所提交至的法庭可命令将该人交由其研讯。在其认为适当的情况下，法庭可撤销交付羁押的命令；于是随即取消该命令。

【55

第 6 部分
少年改造中心和安全场所

【3/2011】

82. 部长可指定少年改造中心和安全场所

（1）根据本法接收他人并为其提供照料和对其进行改造的任何机构负责人可向部长申请指定该机构为少年改造中心或安全场所。

【3/2011；30/2019】

（2）部长在指示总干事进行其认为合适的调查后，可以任命该机构并向其负责人颁发任命和批准证书，该证书必须在《宪报》上公布。

【30/2019】

（3）在该证书有效期间，根据第（2）款指定的任何机构为本法中指定的少年改造中心或安全场所。

【56

【3/2011】

83. 经部长批准，负责人可制定条例

经部长批准，指定少年改造中心或安全场所的负责人可制定其所

负责机构的管理条例。

【57

【3/2011；30/2019】

84. 负责人必须向总干事提交月度报告

指定少年改造中心或安全场所的负责人必须每月向总干事提交一份报告，其中应包含少年改造中心和安全场所条例要求的详细信息。

【58

【3/2011；30/2019】

85. 部长可取消许可证

（1）如果总干事对少年改造中心或安全场所的条件不满意，总干事必须向部长提交关于任何指定少年改造中心和安全场所条件的报告。

【3/2011；30/2019】

（2）部长在考虑本报告后，可取消其许可证。在向负责人发出取消许可证的书面通知后，少年改造中心或安全场所从通知中规定的时间起不再是指定的少年改造中心或者安全场所。该决定必须在《宪报》公布。

【59

【3/2011；30/2019】

86. 负责人或其执行人或管理人可取消许可证

（1）任何指定少年改造中心或安全场所的负责人提前6个月发出通知，以及已故负责人的执行人或管理人可提前1个月发出书面通知，表明申请取消发给少年改造中心或安全场所许可证的意愿。

【3/2011；30/2019】

（2）凡已根据第（1）款发出通知，但该通知并未撤回，则该证明书在该通知期届满时即视为已取消。取消该证明书必须在《宪报》刊登。

【60

87. 负责人的职责

指定的少年改造中心或安全场所的负责人必须履行所有必要的职责,在儿童或青少年被拘留期间或在许可证被取消之前,接待、照顾和改造根据本法交予他或她的任何儿童或青少年。

【61

【30/2011；30/2019】

88. 取消许可证的效力

依据第八十五条注销指定少年改造中心或安全场所的许可证,本法规规定,在向少年改造中心或安全场所的负责人发出注销许可证的书面通知后,不得将儿童或青少年接收到少年改造中心或安全场所。

【62

【3/2011；30/2019】

89. 释放或转移青少年

(1)当指定的少年改造中心或安全场所的许可证被注销时,必须根据部长的命令将居住在少年改造中心或安全场所的人员释放或转移到其他指定的少年改造中心或安全场所,或转移到依据第 90 条设立的少年改造中心或安全场所。

【3/2011】

(2)任何人的整个拘留期不得因被送往此类少年改造中心或安全场所而延长。

【63

【3/2011】

90. 部长可建立少年改造中心和安全场所

(1)部长可凭在《宪报》刊登的命令,建立本法所需的少年改造中心及安全场所。

【3/2011】

(2)每项命令必须指明其所述的少年改造中心或安全场所将在何处建立,并须说明该等场所是供男性还是女性使用,或同时供男性和女性使用。

【64
【3/2011】

91. 根据第 90 条建立的少年改造中心和安全场所的管制和管理

（1）部长根据第 90 条建立的少年改造中心和安全场所由以下人员管制和管理——

（a）总干事；及

（b）由部长任命的人员组成的理事会。

【3/2011；30/2019】

（2）在管制和管理根据第 90 条建立的任少年改造中心或安全场所时，总干事或根据第（1）（b）款任命的理事会有权根据本法授予少年改造中心负责人任何权力、职能和职责。

【65
【3/2011；30/2019】

92. 总干事可制定少年改造中心和安全场所的条例

经部长批准，总干事可制定条例，管理根据本法之条文建立的少年改造中心或安全场所，并维护工作人员和被拘留于此人员的秩序和纪律。

【66
【3/2011；30/2019】

第 7 部分
适用于被拘留在少年改造中心、安全场所、还押所和拘留所之人的条文

93. 少年改造中心、安全场所、还押所或拘留所负责人的职责和权力

（1）在不影响第 87 条的情况下，少年改造中心、安全场所、还押所

或拘留所的负责人对依法拘留的人负有下列职责：

(a) 防止被拘留人在合法羁押期间逃走；

(b) 防止、侦查和通报被拘留人实施或企图实施任何其他非法行为；

(c) 确保被拘留人有良好的秩序和纪律；

(d) 照顾被拘留人的权益；及

(e) 执行有关被拘留人的其他订明职责。

【3/2011；30/2019】

(2) 为了履行第(1)款规定的职责，少年改造中心、安全场所、还押所或拘留所的负责人可以——

(a) 向被拘留在少年改造中心、安全场所、还押所或拘留所的任何人发出负责人认为有合理且必要的任何命令——

(i) 确保少年改造中心、安全场所、还押所或拘留所的安全或良好秩序；

(ii) 确保被拘留人或被拘留在少年改造中心、安全场所、还押所或拘留所的其他人的福利或安全；或

(iii) 确保被拘留人或被拘留在少年改造中心、安全场所、还押所或拘留所的任何其他人没有违法行为或违反任何纪律；

(b) 要求被拘留在少年改造中心、安全场所、还押所或拘留所的任何人提供与负责人所行使的职责有关的任何信息或回答任何问题；

(c) 检查被拘留在少年改造中心、安全场所、还押所或拘留所的任何人以及被拘留人携带的任何物品；

(d) 使用合理和必要的武力——

(i) 强制被拘留在少年改造中心、安全场所、还押所或拘留所的人遵守负责人依据本条发出或提出的任何命令或要求；或

(ii) 管制任何试图犯罪或正在犯罪或违反纪律的被拘留人；

（e）行使本法授予负责人的其他权力。

【3/2011；30/2019】

（3）在本条例内，对少年改造中心、安全场所、还押所或拘留所的负责人之提述包括协助负责人管理少年改造中心、安全场所、还押所或拘留所的任何人。

【68

【3/2011；30/2019】

94. 使用警械管制

（1）由政府经营、管理或管制的任何儿童和青少年之家的负责人可使用或授权任何协助该负责人之人使用警械管制，以实现第（2）款所述目的（在本节中称为被拘留者）。

【30/2019】

（2）第（1）款所述的目的是：

（a）防止被拘留者在移交至指定地点或从指定地点移交至儿童和青少年之家时逃跑；及

（b）防止被拘留者对其本人或儿童和青少年之家中的任何其他被拘留者或其他人员造成身体伤害。

【30/2019】

（3）为执行第（1）款，应一并参阅第（2）款：

（a）儿童和青少年之家的负责人以及根据第（1）款由其授权的人员可在任何公共场所携带、管有或管控任何警械管制；及

（b）一旦不再需要，必须立即从被拘留者身上移除警械管制。

【30/2019】

（4）为免生疑问，儿童和青少年之家的负责人或其依据第（1）款所授权的人员不得对被拘留者使用警械管制作为惩罚。

【30/2019】

（5）在本条中，"警械管制"系指手铐、脚铐、柔性手铐或任何其他

类似的管制手段。

【68A

【30/2019】

95. 部长有权释放或移交少年改造中心、安全场所或拘留所中的任何人

（1）尽管法庭作出了明确规定,但部长可随时将任何少年改造中心、安全场所或拘留所中的任何人释放,或将任何人从少年改造中心或安全场所移交至另一个地方。

【3/2011】

（2）整个拘留期不得因少年改造中心、安全场所或拘留所中任何人的移交而延长。

【69

【3/2011】

96. 被拘留儿童或青少年患病

（1）根据本法规定,如果被拘留在少年改造中心、安全场所、还押所或拘留所的任何儿童或青少年患有严重疾病,且在该等场所内没有适合该儿童或青少年的医疗设施,则该少年改造中心、安全场所、还押所或拘留所的负责人可根据注册医生的证明,准许将儿童或青少年送往所批医院。

【3/2011；30/2019】

（2）凡根据第（1）款被转移至所批医院的儿童或青少年仍在该医院内,则所批医院的注册医生须在每月月底将注册医生签署的证明交由少年改造中心、安全场所或拘留所的负责人,证明他或她认为有必要将儿童或青少年留在经批准的医院。

【3/2011；30/2019】

（3）在本条例内,"批准医院"包括部长为执行本条而在《宪报》上宣告的任何医院。

【70

97. 从经批准的医院返回少年改造中心、安全场所、还押所或拘留所

（1）如任何批准医院的注册医生认为被转移至该批准医院的儿童或青少年不再需要继续留在该医院内,则该注册医生须立即向拘留该儿童或青少年的少年改造中心、安全场所、还押所或拘留所的负责人开具一份无需住院的证明。

【3/2011；30/2019】

（2）在转交该证明后,如该儿童或青少年仍需被拘留在少年改造中心、安全场所、还押所或拘留所,该负责人必须立即将其送回。

【71

【3/2011；30/2019】

98. 通知负责人的义务

被拘留在少年改造中心或安全场所的儿童或青少年在转移至批准医院时,如果注册医生或批准医院的任何人员有理由认为该儿童或青少年可能会逃跑,则其有责任通知少年改造中心或安全场所的负责人。

【72

【3/2011；30/2019】

99. 医院专属监护

（1）出于任何被拘留儿童或青少年罪行的严重性或其他理由,拘留该儿童或青少年之地的负责人认为有必要采取特别措施保护在批准医院接受治疗的儿童或青少年的安全,则负责人应至少合法配备一名健康和适当的人员负责该儿童或青少年,该人必须日夜陪伴儿童或青少年。

【30/2019】

（2）第（1）款所述人员有权采取一切必要措施防止该儿童或青少年逃跑,并对其安全监护负责,直至其从批准医院出院被移交至负责人,或直至其拘留期届满,以两者中较早期间为准。

【73

【30/2019】

100. 总干事或保护人同意对有需要的儿童或青少年进行医学检查和治疗的权力

如果儿童或青少年被交付给合适的人照顾,或被拘留在少年改造中心、安全场所、批准机构、还押所、拘留所、临时照管和保护场所或用于接待和照顾儿童或青少年的任何其他场所中需要接受任何医学检查和治疗(包括任何外科手术)之人,及——

(a) 即使用尽一切合理的努力,仍无法取得该儿童或青少年的父母或监护人对该医学检查和治疗的同意;及

(b) 任何医疗检查或治疗的延误都会导致儿童或青少年遭受不必要的痛苦或危及其健康;

则总干事或保护人可同意进行该医学检查和治疗。就所有意图和目的而言,总干事或保护人的批准是进行医学检查和治疗的充分授权。

【74

【3/2011;30/2019】

101. 保留高等法院中普通法庭的权力

本法中的任何内容均不得削弱或影响高等法院中普通法庭法官的权力,即通过复审命令将被关押在新加坡的人员带到高等法院中普通法庭的权力。

【75

【42/2005;40/2019】

102. 审查下令被拘留在少年改造中心或安全场所之人的案件

(1) 任何少年改造中心或安全场所的负责人必须根据第 49 条或第 59 条审查该少年改造中心或安全场所的所有儿童或青少年案件。在审查后向总干事提议,凭证释放任何儿童或青少年。

【3/2011;30/2019】

(2) 尽管法院作出了命令,但总干事有权根据审查委员会的建议将被拘留于少年改造中心或安全场所之人在整个拘留期结束之前的

任何时间释放。释放条件由总干事在该命令中述明,包括该人需受此命令中指定之人监管的条件。

【3/2011;30/2019】

(3)总干事可随时修改或取消任何条件。

【30/2019】

(4)如果根据总干事的命令从少年改造中心或安全场所凭证获释之人未遵守其证的任何条件,总干事可命令将该人送回其获释的少年改造中心和安全场所,在其原拘留期未到期的期限内或总干事认为合适的较短期限内被拘留。

【3/2011;30/2019】

(5)根据第(4)款已返回少年改造中心或安全场所的任何人如在其返回后已被拘留至少6个月,则部长可根据审查委员会的意见要求该人凭证获释。

【3/2011;30/2019】

(6)如果任何人在持证期间或被召回后被判处监禁,则其在该判决下被监禁的任何时间都应被视为其在原拘留令下被拘留在少年改造中心或安全场所期限的一部分。

【76

【3/2011】

103. 从少年改造中心或安全场所逃跑

(1)根据本法被拘留在少年改造中心或安全场所的每个人必须按照法院的命令履行其服刑期。在被释放之前,其一直处于合法拘留状态。

【3/2011】

(2)任何根据本法被拘留在少年改造中心或安全场所之人如果在其拘留期限届满前从该地逃跑——

(a)警务人员或经批准的福利官可在无拘捕令的情况下拘捕该人,将其带回少年改造中心或安全场所,视属何情况而定;及

（b）该人在少年改造中心或安全场所的拘留时间按其在逃时间（由该少年改造中心或安全场所的负责人计算）延长。

【3/2011；30/2019】

（3）尽管本条已有规定，但不得将年满 21 岁的人拘留在任何少年改造中心或安全场所。

【77

【3/2011；30/2019】

104. 对协助或诱导犯人逃跑以及窝藏或藏匿逃犯的处罚

凡有如下行为之人：

（a）在知情的情况下，直接或间接协助任何被合法拘留在任何少年改造中心、安全场所、拘留所之人，被委以某人照顾或看管之人或被拘留在任何批准医院之人逃跑；

（b）诱导被拘留人逃跑；或

（c）明知任何被下令拘留或关押之人已从少年改造中心、安全场所或拘留所逃跑、逃离某人的照顾或看管或从批准医院逃出，但却窝藏或藏匿该人、协助窝藏或藏匿该人或导致或诱导其不返回该学校、住所、其监管人处、拘留地点或批准医院；

即属犯罪，一经定罪，可处不超过 2000 新加坡元的罚款或监禁不超过十二个月，或两者兼施。

【78

【3/2011】

105. 禁止向被拘留在少年改造中心、安全场所、还押所或拘留所之人运送某些物品

任何人未经合法授权不得有如下行为：

（a）向被拘留在少年改造中心、安全场所、还押所或拘留所的任何人运送、供应或让他人运送或供应物品；

（b）在少年改造中心、安全场所、还押所或拘留所藏匿或存放下列任何物品以供被拘留于此之人使用：任何信件或文件，或任何含酒

精的液体、烟草、药物、麻醉剂、金钱、衣物、食物、盥洗用品或任何其他物品,即属犯罪,一经定罪,可处不超过 2000 新加坡元的罚款或监禁不超过十二个月,或两者兼施。

【79

【3/2011】

106. 部长命令的依据

总干事签署的副本是部长根据本法之条文作出任何命令、授权或指示的依据。

【80

【30/2019】

107. 推定

根据出示的令状或其他文件,指示将儿童或青少年送往少年改造中心、安全场所、还押所或拘留所、将其交付他人照管或监护或将其送往获批准医院。在该令状或文件上附注以及其中附连的声明由少年改造中心、安全场所、还押所、拘留所或批准医院的负责人或由该儿童或青少年的照管或监护人(视属何情况而定)签署,表明该声明中指名的儿童或少年已正式——

(a)在签署之日被接收且被拘留在该少年改造中心、安全场所、还押所或拘留所;或

(b)受到他或她的照顾或监护,并在签署之日仍受他或她的照顾或监护或已依法另作处置,

在所有与该儿童或青少年有关的法律程序中,上述构成表面证据,证明该令状或文件中指明的儿童或青少年的身份以及对该儿童或青少年的拘留或处置具有合法性。

【81

【3/2011;30/2019】

108. 依据

根据本法之条文指定或设立的少年改造中心、安全场所、还押所

或拘留所或经批准医院的条例副本由总干事签署,是所有法律程序中
此类条例的依据。

【82

【3/2011;30/2019】

第8部分
费用和捐资

109. 父母或监护人的捐资

如果青年法庭根据本法之条文作出命令,将儿童或青少年交由合
适的人照管,或将其送往少年改造中心、拘留所、安全场所或临时照管
和保护场所,父母或监护人或其他对该儿童或青少年有监护权的人有
义务为其抚养费负责。

【83

【3/2011;27/2014】

110. 缴款令

(1) 当青年法庭作出命令,将儿童或青少年交付给合适的人照
顾,或将其送往少年改造中心、拘留所、安全场所、临时照顾和保护场
所或宿舍时,作出该命令的法庭在考虑儿童或青少年的父母、监护人
或拥有监护权之人的经济状况后,可同时或随后对其下达命令(在本
法中称为缴款令),要求其每周或每月缴纳适当款项。

【3/2011;27/2014】

(2) 根据第(1)款,命令可以针对被要求出席但未出席的父母、监
护人或对儿童或青少年有监护权的人作出。

(3) 除第(2)款的规定外,在未给予该儿童或青少年的父母、监护
人或拥有监护权的人听证机会的情况下,不得根据第(1)款做出命令。

(4) 缴款令在以下情况仍然有效——

(a) 如由适当人士照顾的儿童或青少年,只需其交付羁押的命令

有效;及

(b) 对于被命令送往少年改造中心、拘留所、安全场所或临时照管和保护场所的儿童或青少年,直至其不再由此类地方的负责人照顾为止。

【3/2011】

(5) 缴款令规定,任何人如被送往少年改造中心、拘留所、安全场所或临时照顾和保护场所,而允许其离开少年改造中心或安全场所,或经批准的福利官监督,则无须就该期间缴付供款。

【3/2011】

(6) 根据本条作出的缴款令——

(a) 可由少年法庭更改、撤销或暂停执行;

(b) 在没有给缴费人提供听证机会的情况下,不得更改以增加根据该命令应缴的任何缴费。

【27/2014】

(7) 如果任何人故意违背本条规定的缴款令,青年法庭可以对每一次违反命令的行为,通过令状按照法律规定的由推事法庭征收罚款的方式征收应缴金额,或者可以就每个月未缴的款项,判处该人监禁,刑期不超过一个月。

【84
【27/2014】

第9部分
杂项

111. 限制公布受调查儿童或青少年的身份资料

(1) 未经总干事批准,任何人不得发布或传播——

(a) 任何资料或图片,将任何儿童或青少年定性或可能定性为具有以下行为之人——

(i) 曾经或现在是本法下任一调查的对象；

(ii) 在 2020 年 7 月 1 日或之后因违反任何成文法而被逮捕；

(iii) 已经或正由总干事、保护人或总干事或保护人根据本法书面授权的任何官员或警务人员照顾或监护；

(iv) 曾参加或正在参加根据第 59 条提出的申请有关的家庭计划；或

(v) 曾经或现在是法庭根据本法作出命令的对象；或

(b)(a)段所述的任何资料或图片，即使该儿童或青少年已年满 18 岁（在本条中称为受保护人）。

【30/2019】

(2) 法庭可以——

(a) 根据总干事或保护人的申请，命令任何人删除或停止传播违反 2020 年 7 月 1 日前生效的第 27A(1) 条或第 (1)(a) 款的任何资料或图片；或

(b) 根据受保护人的申请，命令任何人删除违反第 (1)(b) 款规定而发布或传播的任何资料或图片。

【30/2019】

(3) 即使在以下情况下，法庭也可以根据第 (2) 款作出命令——

(a) 该项申请未送达该命令所针对的人（在本条中称为被告），或未在该项申请听证会前的合理时间内送达被告；

(b) 在申请书已送达被告的情况下，被告不出席申请的听证会，前提是法庭在权衡各种可能性后信纳该命令对于保护有关儿童或青少年或受保护人（视属何情况而定）的安全是必要的。

【30/2019】

(4) 如任何资料或图片在违反第 (1)(a) 或 (b) 款的情况下发布或传播——

(a) 如属作为报纸或期刊的一部分而发表任何资料或图片，则指该报纸或期刊的每名所有者、编辑、出版人或发行人；

(b) 如发布并非作为报纸或期刊的一部分的任何资料或图片,则指发布或传播该等资料或图片的人;或

(c) 如属发布任何资料或图片,则每名传播该资料或图片项目的人,以及每名就该项目而言具有相当于报纸或期刊编辑职能的人,均属共同犯罪,一经定罪,可各处不超过 5000 新加坡元的罚款,如属第二次或其后再被定罪,可各处不超过 10000 新加坡元的罚款。

【30/2019】

(5) 法庭除可命令第(4)条所述的惩罚外,亦可命令任何人停止发布或传播违反第(1)(a)或(b)款的资料或图片。

【30/2019】

(6) 凡因违反在 2020 年 7 月 1 日之前有效的第 27A(1)条(在本款中称为未经修订的法案)而于该日期在法庭待决的任何法律程序,法庭除可命令任何人删除发布或停止传播违反未经修订的法案第 27A(1)条的任何资料或图片外,亦可命令任何人删除发布或停止传播违反未经修订的法案第 27A(1)条的任何资料或图片。

【30/2019】

(7) 在本条中,"传播"及"发布"的涵义与第 112(9)条中两词的涵义相同。

【84A

【30/2019】

112. 限制公布与儿童和青少年诉讼有关的资料

(1) 除第(2)款另有规定外,任何人不得有如下行为:

(a) 发布或传播任何在任何法庭进行的任何法律程序有关的资料,或在任何法庭提出上诉时,发布或传播任何披露姓名、地址或学校的资料,任何包括旨在获取在该等法律程序中与儿童或青少年有关的详细资料,而该儿童或青少年是该等法律程序被起诉之人或法律程序中的证人;

(b) 在任何此类诉讼中,发布或传播任何有关儿童或青少年的图

片;或

(c) 发布或传播(a)或(b)段所述的任何资料或图片,即使该儿童或青少年已年满 18 岁(在本条中称为受保护人)。

【30/2019】

(2) 如果法庭信纳这样做有利于司法公正,可以通过命令免除第(1)款的要求,其程度可在命令中指明。

【30/2019】

(3) 法庭可以——

(a) 应总干事或保护人提出的申请,命令某人删除发布或停止传播任何违反以下条款的资料或图片——

(i) 在 2020 年 7 月 1 日前有效的本法第 35(1)(a)或(b)条;

(ii) 在该日或之后生效的第(1)(a)或(b)款;

(b) 应受保护人提出的申请,命令任何人删除或停止传播在违反第(1)(c)款的情况下发布或传播的任何资料或图片。

【30/2019】

(4) 法庭可以根据第(3)款作出命令,即使出现以下情况——

(a) 该申请未送达该命令所针对的人(在本条中称为被告),或未在审理该申请前的合理时间内送达该被告;或

(b) 凡申请已送达被告,被告即不出席该项申请的听证会,

前提是法庭在衡量各种可能性后信纳该命令对有关的儿童、青少年或受保护人(视属何情况而定)的保护及安全是必需的。

【30/2019】

(5) 如任何资料或图片在违反第(1)款的情况下发布或传播——

(a) 如作为报纸或期刊的一部分而发表任何资料或图片,则指该报纸或期刊的每名所有者、编辑、出版人或发行人;

(b) 如发布并非作为报纸或期刊的一部分的任何资料或图片,则指发布或分发该等资料或图片的人;或

(c) 如传播任何资料或图片,则每名传送或提供传播该资料或图

片项目的人,以及每名就该项目而具有相当于报纸或期刊编辑的职能的人,均属共同犯罪,一经定罪,可各处不超过 5000 新加坡元的罚款,如属第二次或其后再次被定罪,可各处不超过 10000 新加坡元的罚款。

【30/2019】

(6) 法庭除可命令第(5)款所述的惩罚外,亦可命令任何人停止发布或停止传播违反第(1)款(a)、(b)或(c)项的资料或图片。

【30/2019】

(7) 凡因违反在 2020 年 7 月 1 日前有效的本法第 35(1)(a)或(b)条(在本款中称为未经修订的法案)而于该日期在法庭待决的任何法律程序,法庭除可命令任何人停止发布或停止传播违反未经修订的法案第 35(1)(a)或(b)条的任何资料或图片外,亦可命令任何人停止发布或停止传播未经修订的法案第 35(1)(a)或(b)条所述的任何惩罚。

【30/2019】

(8) 第(1)款是增补而非减损任何其他成文法有关发表与司法程序有关的资料之条文。

【30/2019】

(9) 在本条中术语的定义如下——

"传播"指声音或视觉图像——

(a) 通过无线电报,或通过高频率分配系统在电线或其他物质提供的路径上进行传播,并拟供公众人士接收;

(b) 通过互联网或任何网站、网络服务或互联网应用程序传播,不论是否拟供公众人士接收;或

(c) 通过任何讯息系统传播;

"讯息系统"指任何可传送短讯或任何可视通讯、语音通讯或电子邮件的系统——

(a) 由一部数字移动电话转至另一部数字移动电话;或

(b) 由电子邮件地址转为数字移动电话,反之亦然;

"发布",就任何资料或图片而言,系指通过任何方式,包括(为免

生疑问)通过以下方式,使全部或部分公众注意到该资料或图片——

(a) 互联网或任何网站、网络服务或互联网应用程序;或

(b) 任何讯息系统。

【84B

【30/2019】

113. 青年法庭授予其他法庭的权力

除另有规定外,本法并不影响推事法庭、区域法庭或高等法院普通法庭的权力。青年法庭根据本法可行使的所有权力均可由推事法庭、区域法庭或高等法院普通法庭以同样方式行使。

【85

【27/2014;40/2019】

114. 个人免责

(1) 下列任何人如本着诚信和合理的谨慎行事,在执行或意图执行本法时作出或不作出任何事情,均不承担个人责任:

(a) 总干事;

(b) 任何保护人;

(c) 任何警务人员;

(d) 任何经批准的福利官或义务福利官;

(e) 任何假释官或义工假释官;

(f) 顾问小组的任何成员;

(g) 任何寄养父母;

(h) 任何少年改造中心、儿童和青少年之家、拘留所、安全场所、临时照顾和保护场所或还押之家的负责人;

(i) 根据自愿照顾协议将儿童或青少年交付总干事指定之人或保护人;

(j) 审查委员会、寄养委员会或管理委员会的任何成员;

(k) 在总干事或保护人的指示下行事的任何其他人员。

【30/2019】

（2）任何由法庭委任或依据法庭命令行事之人如果本着善意和合理的谨慎行事,在履行或意图履行法庭根据本法作出的任何命令时做或不做任何事情,不应承担个人责任。

【86

【30/2019】

115. 与需要照管或保护的儿童和青少年有关的资料

（1）任何人如知悉或有理由怀疑某儿童或青少年需要照顾或保护,可将其知悉或怀疑的事实及情况通知总干事、保护人或警务人员。

【30/2019】

（2）如果总干事、保护人或级别不低于警长（A）的警务人员收到第（1）款规定的任何通知,A可在不影响本法赋予其任何其他权力的情况下,将通知中的任何资料传达给他们。

（a）如A是总干事——保护人或协助总干事就该儿童或青少年实施或执行本法的任何其他人;

（b）如A是保护人——总干事、另一名保护人或协助A对该儿童或青少年实施或执行本法的任何其他人;

（c）如A是警务人员——总干事或保护人;及

（d）规定的任何其他人或任何类别的人;

以便A可以根据本法采取必要的行动,确保有关儿童或青少年得到其所需要的照顾或保护。

【30/2019】

（3）根据第（1）款作出通知之人——

（a）不得因如此行事而在任何法庭或审裁处进行的任何法律程序中,或在任何其他方面违反任何专业礼仪或道德守则,或偏离任何公认的专业行为;及

（b）如该人是秉诚行事,就不会因通知或提供通知中的任何资料而招致民事或刑事责任。

（4）如果某人在遵守第（2）款的情况下善意地、合理地传达了任

何信息,则个人不承担任何责任。

【30/2019】

(5) 不得强迫在任何法庭或审裁处的任何诉讼程序中或在获法律授权听取证供的人面前作为证人出庭之人——

(a) 披露任何已根据第(1)款作出通知之人的身份,或任何可能导致该人的身份被披露的资料;或

(b) 出示任何报告或文件,以确定或可能确定任何根据第(1)款作出通知的人。

【87

116. 对涉及儿童和青少年的资料保密

(1) 若总干事或监护人在履行任何职责或行使任何权力时将有关儿童或青少年的任何资料披露给某人,则该人不得向其他人披露该资料,除非得到总干事或监护人(视属何情况而定)的授权。

【30/2019】

(2) 任何人若违反第(1)款,即属犯罪,一经定罪,可处以不超过2000 新加坡元的罚款。

【87A

【3/2011】

117. 法人团体的罪行等

(1) 如果一个法人团体所犯的本法规定的罪行被证明是——

(a) 在一名官员的同意或纵容下犯的;或

(b) 可归因于该官员的任何行为或失职;

则该官员和法人团体均犯有该罪行,应受到相应的起诉和惩罚。

【3/2011】

(2) 如果法人团体的事务由其成员管理,第(1)款适用于与成员的管理职能有关的行为和失职,该成员就履行了该法人团体董事的职责。

【3/2011】

(3) 如果一个合伙企业所犯本法规定的罪行被证明是——

（a）在一个合伙人的同意或纵容下实施的；或

（b）可归因于该合伙人的任何行为或失职；

则该合伙人以及该合伙企业均犯有该罪行，可被起诉并受到相应处罚。

【3/2011】

（4）如果有限责任合伙企业所犯本法规定的罪行被证明是在该企业合伙人或经理的同意或纵容下犯下的或可归因于其疏忽，则该合伙人或经理（视属何情况而定）以及整个企业均犯有该罪行，应被起诉并受到相应惩罚。

【3/2011】

（5）如果一个非法人团体（合伙企业除外）犯下本法规定的罪行被证明是——

（a）在该非法人团体的高级职员或其管理机构成员的同意或纵容下犯下的；或

（b）可归因于该高级职员或成员的任何行为或失职；

则该高级职员或成员以及该非法人团体均犯有该罪行，可被起诉并受相应处罚。

【3/2011】

（6）在本条中，

"法人团体"和"合伙企业"不包括《2005年有限责任合伙企业法》中规定的有限责任合伙企业；

"高级职员"的具体含义是：

（a）就法人团体而言，指其中的任何董事、管理委员会成员、首席执行官、经理、秘书或其他类似的高级职员，并包括旨在以任何此类身份行事之人；及

（b）就非法人团体（合伙企业除外）而言，指其中的主席、秘书或委员会的任何成员，或担任类似于主席、秘书或委员会成员职务之人，并包括旨在以任何此类身份行事之人；

"合伙人"包括旨在以合伙人身份行事之人。

【3/2011】

（7）部长可以制定规则，规定本条的任何条文在作出部长认为合适的修改下，适用于新加坡以外地区的法律形成或认可的任何法人团体、有限责任合伙企业或非法人社团。

【87B

【3/2011】

118. 条例

（1）部长可以为满足本法立法目的和本法规定的任何事项制定具体实施条例。

（2）在不限制第（1）款或本法任何其他条文的情况下，部长可以为以下所有任何事项制定条例：

（a）根据本法条文交由任何人照顾、监护或管束的儿童和青少年的照顾、抚养和教育职责，以及负责照顾、监护或管束儿童和青少年之人的职责；

（b）在少年改造中心、安全场所、羁留院、拘留所和临时照顾保护场所对 21 岁以下的人履行照顾、拘留、暂时离开、维持秩序、开展教育以及规范行为和纪律的职责；

（c）管理委员会、寄养委员会和审查委员会的组成、职能和程序；

（d）对少年改造中心、安全场所、羁留院、拘留所和临时照料和保护场所的检查，以及这些场所的负责人应提供的报告；

（e）管理少年改造中心、安全场所、羁留院、拘留所和临时照料和保护场所；

（f）签订自愿照管协议时需考虑的因素、条件和要求；

（g）自愿照管协议的效力以及有效期；

（h）自愿照管协议的执行、变更和终止。

【88

【3/2011；30/2019】

119. 家庭司法规则

（1）根据《2014年家庭司法规则》第46（1）条成立的家庭司法规则委员会可以制定家庭司法规则——

（a）规范和规定少年法庭应遵循的程序和做法；及

（b）对与任何此类程序或做法有关的任何事项作出规定。

（2）《家庭司法规则》可以不对任何事项作出规定，而要指出家庭司法法庭注册官当时发布的实践指示中关于该事项的任何规定或将要作出的规定。

（3）根据本条制定的所有《家庭司法规则》必须在《宪报》上公布后尽快提交给议会。

【89

【27/2014】

立法史

本立法史是法律修订委员会尽力提供的服务,不构成本法的一部分。

第 1 部分
《儿童和青少年法》
(1985 年修订版第 38 章)

1. 1949 年第 18 号条例——《1949 年儿童和青少年条例》

法案:新加坡政府公告编号 62/1949

一审日期:1949 年 2 月 15 日

二审日期:1949 年 3 月 15 日

专责委员会报告:1949 年理事会文件第 35 号

三审日期:1949 年 5 月 1 日

生效日期:1950 年 8 月 1 日

2. 1954 年第 18 号条例——《1954 年儿童和青少年(修订)条例》

法案:20/1954

一审日期:1954 年 6 月 15 日

二审日期:1954 年 7 月 20 日

三审日期:1954 年 8 月 17 日

生效日期:1954 年 9 月 10 日

3. 1955 年第 40 号条例——《1955 年劳动条例》

法案:3/1955

一审日期:1955 年 5 月 25 日

二审日期:1955 年 6 月 29 日

专责委员会报告:1955 洛杉矶 12 号会议文件

修订公告:1955 年 11 月 22 日

三审日期:1955 年 11 月 22 日

生效日期:1955 年 12 月 1 日(第 175 条与附表 B 一并参阅)

4. 1955 年修订版——《儿童和青少年条例》(第 128 章)

实施日期:1956 年 7 月 1 日

5. 1956 年第 39 号条例——《1956 年儿童和青少年(修订)条例》

法案:78/1956

一审日期:1956 年 11 月 20 日

二审日期:1956 年 12 月 5 日

修订公告:1956 年 12 月 5 日

三审日期:1956 年 12 月 5 日

生效日期:1957 年 7 月 1 日

6. 1959 年第 38 号条例——《1959 年新加坡法律(杂项修订)条例》

(根据上述条例第九条作出的修订)

法案:215/1959

一审日期:1959 年 3 月 3 日

二审日期:1959 年 3 月 18 日

修订公告:1959 年 3 月 18 日

三审日期:1959 年 3 月 18 日

生效日期:1959 年 6 月 3 日(第 9 条)

7. 新加坡政府公告编号 223/1959——《1959 年新加坡宪法(法律修订)令》

生效日期:1959 年 6 月 3 日

8. 1959 年第 71 号条例——《1959 年权力移交条例》

(根据第 4 条所作的修订与上述条例附表一一并参阅)

法案:30/1959

一审日期:1959 年 9 月 22 日

二审和三审日期：1959 年 11 月 11 日

生效日期：1959 年 11 月 20 日(第 4 条与附表一一并参阅)

9. 1959 年第 72 号条例——《1959 年权力移交(第 2 号)条例》

(根据第 2 条所作的修订与上述条例附表一一并参阅)

法案：31/1959

一审日期：1959 年 9 月 22 日

二审日期：1959 年 11 月 11 日

修订公告：1959 年 11 月 11 日

三审日期：1959 年 11 月 11 日

生效日期：1959 年 11 月 20 日(第 2 条与附表一一并参阅)

10. 新加坡政府公告编号(新系列)177/1959——《1959 年新加坡宪法(法律修订)(第 3 号)令》

生效日期：1959 年 11 月 20 日

11. 新加坡政府公告编号(新系列)179/1959——《1959 年新加坡宪法(法律修订)(第 5 号)令》

生效日期：1959 年 11 月 20 日

12. 1969 年第 14 号法案——《1969 年成文法修订法案》

(根据第 2 条所作的修订与上述条例附表一一并参阅)

法案：22/1969

一审日期：1969 年 10 月 15 日

二审日期：1969 年 12 月 22 日

修订公告：1969 年 12 月 22 日

三审日期：1969 年 12 月 22 日

生效日期：1970 年 1 月 2 日(第 2 条与附表一一并参阅)

13. 1970 年第 19 号法案——《1970 年初级法院法》

[根据第 70(1)条作出的修订与上述法案附表二一并参阅]

法案：10/1970

一审日期：1970 年 3 月 26 日

二审和三审日期:1970 年 5 月 7 日

生效日期:1971 年 1 月 1 日[第 70(1)条与附表二一并参阅]

14. 1970 年修订版——《儿童和青少年法》(第 110 章)

实施日期:1971 年 4 月 15 日

15. 1985 年修订版——《儿童和青少年法》(第 38 章)

实施日期:1987 年 3 月 30 日

16. 1987 年第 24 号法案——《1987 年致醉物质法》

(根据第 29 条作出的修订与上述法案一并参阅)

法案:17/1987

一审日期:1987 年 7 月 28 日

二审和三审日期:1987 年 8 月 31 日

生效日期:1987 年 11 月 1 日(第 29 条)

第 2 部分

《1993 年儿童和青少年法》(2020 年修订版)

17. 1993 年第 1 号法案——《1993 年儿童和青少年法》

法案:38/1992

一审日期:1992 年 11 月 16 日

二审和三审日期:1993 年 1 月 18 日

生效日期:1993 年 3 月 21 日

18. 1994 年修订版——《儿童和青少年法》(第 38 章)

实施日期:1994 年 3 月 15 日

19. 2001 年第 20 号法案——《2001 年儿童和青少年(修订)法》

法案:12/2001

一审日期:2001 年 2 月 22 日

二审和三审日期:2001 年 4 月 20 日

生效日期:2001 年 10 月 1 日

20. 2001 年修订版——《儿童和青少年法》(第 38 章)

实施日期:2001 年 12 月 31 日

21. 2005 年第 42 号法案——《2005 年法规(杂项修订)(第 2 号)法》[根据第 6 条作出的修订与上述法案附表四第(3)项一并参阅]

法案:30/2005

一审日期:2005 年 10 月 17 日

二审和三审日期:2005 年 11 月 21 日

生效日期:2006 年 1 月 1 日[第 6 条与附表四第(3)项一并参阅]

22. 2007 年第 22 号法案——《2007 年牙医(修订)法》

[根据第 39 条作出的修订与上述法案附表第(2)项一并参阅]

法案:9/2007

一审日期:2007 年 2 月 27 日

二审和三审日期:2007 年 4 月 12 日

生效日期:2008 年 1 月 1 日[第 39 条与附表第(2)项一并参阅]

23. 2007 年第 51 号法案——《2007 年刑法典(修正案)》

[根据第 107 条作出的修订与上述法案附表三第(1)项一并参阅]

法案:38/2007

一审日期:2007 年 9 月 17 日

二审日期:2007 年 10 月 22 日

三审日期:2007 年 10 月 23 日

生效日期:2008 年 2 月 1 日[第 107 条与附表三第(1)项一并参阅]

24. 2010 年第 15 号法案——《2010 年刑事诉讼法》

(根据第 430 条作出的修订与上述法案附表六第 13 项一并参阅)

法案:11/2010

一审日期:2010 年 4 月 26 日

二审日期:2010 年 5 月 18 日

三审日期:2010 年 5 月 19 日

生效日期:2011 年 1 月 2 日(第 430 条与附表六第 13 项一并参阅)

25. 2011 年第 3 号法案——《2011 年儿童和青少年(修订)法》

法案:35/2010

一审日期:2010 年 11 月 22 日

二审和三审日期:2011 年 1 月 10 日

生效日期:2011 年 7 月 20 日

26. 2012 年第 2 号法案——《2012 年法规(杂项修订)法》

(根据第 430 条作出的修订与上述法案附表六第 17 项一并参阅)

法案:22/2011

一审日期:2011 年 11 月 21 日

二审日期:2012 年 1 月 18 日

修订公告:2012 年 1 月 18 日

三审日期:2012 年 1 月 18 日

生效日期:2012 年 3 月 1 日(第 17 条)

27. 2014 年第 27 号法案——《2014 年家庭司法法案》

(根据上述法案第 52 条作出的修订)

法案:21/2014

一审日期:2014 年 7 月 8 日

二审日期:2014 年 8 月 4 日

修订公告:2014 年 8 月 4 日

三审日期:2014 年 8 月 4 日

生效日期:2014 年 10 月 1 日[第 52(a)至(k)条]

2015 年 1 月 1 日[第 52(l)条]

28. 2014 年第 45 号法案——《2014 年防止人口贩卖法》

(根据上述法案第 25 条作出的修订)

法案:39/2014

一审日期:2014 年 10 月 7 日

二审和三审日期:2014 年 11 月 3 日

生效日期:2015 年 3 月 1 日(第 25 条)

29. 2017 年第 28 号法案——《2017 年公共娱乐与集会(修订)法》

[根据上述法案第 24(4)条作出的修订]

法案:22/2017

一审日期:2017 年 4 月 3 日

二审和三审日期:2017 年 5 月 8 日

生效日期:2017 年 8 月 1 日[第 24(4)条]

30. 2017 年第 19 号法案——《2017 年幼儿发展中心法》

[根据上述法案第 53(2)条作出的修订]

法案:7/2017

一审日期:2017 年 2 月 6 日

二审和三审日期:2017 年 2 月 28 日

生效日期:2019 年 1 月 2 日[第 53(2)条]

31. 2019 年第 15 号法案——《2019 年刑法改革法》

(根据上述法案第 171 条作出的修订)

法案:6/2019

一审日期:2019 年 2 月 11 日

二审日期:2019 年 5 月 6 日

修订公告:2019 年 5 月 6 日

三审日期:2019 年 5 月 6 日

生效日期:2020 年 1 月 1 日[第 171 条,第 171(f)条除外]

32. 2019 年第 30 号法案——《2019 年儿童和青少年(修订)法》

法案:22/2019

一审日期:2019 年 8 月 5 日

二审日期:2019 年 9 月 3 日

三审日期:2019 年 9 月 4 日

生效日期:2020 年 7 月 1 日[第 2(1)(i)条、(2)、3(b)和(c)条、第

25(a)条、第 27 条、第 32(a)、(c)和(e)条、第 34(2)条、第 45 条、第
46(a)和(b)条、第 55 条、第 59(b)条和第 71 条除外]

33. 2019 年第 40 号法案——《2019 年最高法院制度(修订)法》

[根据第 28(1)条作出的修订与上述法案附表第 19 项一并参阅]

法案:32/2019

一审日期:2019 年 10 月 7 日

二审日期:2019 年 11 月 5 日

修订公告:2019 年 11 月 5 日

三审日期:2019 年 11 月 5 日

生效日期:2021 年 1 月 2 日[第 28(1)条与附表第 19 项一并参阅]

34. 2020 年修订版——《1993 年儿童和青少年法》

实施日期:2021 年 12 月 31 日

35. 2021 年第 23 号法案——《2021 年刑法(杂项修订)法案》

一审日期:2021 年 8 月 2 日(第 20/2021 号法案)

二审和三审日期:2021 年 9 月 13 日

生效日期:2022 年 3 月 1 日

略语表

C.P.	理事会文件
G.N. No. S(N.S.)	新加坡政府公告编号（新系列）
G.N. No.	政府公告编号
G.N. No. S	新加坡政府公告编号
G.N. Sp. No. S	新加坡政府公告特别编号
L.A.	立法议会
L.N.	法律公告（联邦/马来西亚附属法例）
M. Act	马来亚/马来西亚法案
M. Ordinance	马来亚条例
Parl.	议会
S.S.G.G.(E) No.	海峡殖民地政府宪报（特别）编号
S.S.G.G. No.	海峡殖民地政府宪报编号

对照表

该法在 2020 年修订版中重新编号。本对照表旨在帮助读者找到前一修订版中的对应条文。

2020 年版	2001 年版
4	3A
5	4
6	5
(2)	(1A)
(3)	(2)
(4)	(3)
(5)	(4)
(6)	(5)
(7)	(6)
(8)	(7)
7	6
8	7
9	8
10	8A
11	9
12	9A
13	10
14	11
15	11A

2020 年版	2001 年版
16	12
17	13
18	14
19	15
20	16
21	17
22	18
23	19
24	20
25	21
26	22
27	23
28	24
29	25
30	26
31	27
—	27A【被 2019 年第 30 号法案废除】
32	27B
33	27C
34	28
35	29
36	30
37	31
38	32
—	(1)【被 2014 年第 27 号法案删除】
—	(2)【被 2014 年第 27 号法案删除】

续表

2020 年版	2001 年版
(1)	(3)
(2)	(3A)
(3)	(4)
39	33
40	34
—	35【被 2019 年第 30 号法案废除】
41	36
42	37
43	38
44	39
45	40
46	41
47	42
48	43
49	44
—	(4)【被 2011 年第 3 号法案删除】
(4)	(5)
(5)	(6)
(6)	(7)
50	45
—	46【被 2019 年第 30 号法案废除】
51	47
52	48
—	48A【被 2019 年第 30 号法案废除】
53	48B
(2)	(1A)

2020 年版	2001 年版
(3)	(1B)
(4)	(2)
(5)	(3)
—	48C【被 2019 年第 30 号法案废除】
54	49
(2)	(1A)
(3)	(1B)
(4)	(1C)
(5)	(1D)
(6)	(1E)
(7)	(1F)
(8)	(2)
(9)	(3)
(10)	(3A)
(11)	(3B)
(12)	(4)
(13)	(5)
(14)	(6)
(15)	(7)
(16)	(8)
(17)	(9)
(18)	(10)
(19)	(11)
55	49A
56	49B
57	49C

2020 年版	2001 年版
58	49D
59	50
60	51
61	52
62	52A
63	52B
64	52C
65	52D
66	52E
67	52F
68	52G
69	52H
70	52I
71	52J
72	52K
73	52L
74	52M
75	52N
76	52O
77	52P
78	52Q
79	53
80	54
(3)	(2A)
(4)	(3)
(5)	(4)

续表

2020 年版	2001 年版
(6)	(5)
(7)	(6)
(8)	(7)
81	55
82	56
83	57
84	58
85	59
86	60
87	61
88	62
89	63
90	64
91	65
92	66
—	67【被 2011 年第 3 号法案废除】
93	68
94	68A
95	69
96	70
97	71
98	72
99	73
100	74
101	75
102	76

续表

2020 年版	2001 年版
—	(4)【被 2011 年第 3 号法案删除】
—	(5)【被 2011 年第 3 号法案删除】
(4)	(6)
(5)	(7)
(6)	(8)
103	77
104	78
105	79
106	80
107	81
108	82
109	83
110	84
111	84A
112	84B
113	85
114	86
115	87
(4)	(3A)
(5)	(4)
116	87A
117	87B
118	88
119	89

2017 年幼儿发展中心法

2020 年修订版

本修订版纳入了截至 2021 年 12 月 1 日(含)的所有修订

自 2021 年 12 月 31 日起实施

法律修订委员会

在《1983 年法律法》修订版授权下

编制并发布

条款目录

第 1 部分
序言

1. 简称

2. 释义

3. 本法不适用于特定中心

4. 法案宗旨

5. 人员的委任

第 2 部分
对幼儿发展中心的特许

6. 未经特许不得经营幼儿发展中心等

7. 申请牌照或申请续期牌照

8. 牌照的授予或续期

9. 牌照的格式及有效期

10. 牌照条件

11. 修改牌照的条件

12. 保证金

13. 牌照的转让

14. 自愿停止运营或交回牌照

15. 牌照失效

16. 牌照的撤销和其他规管性处罚

17. 关于儿童安全、健康等方面的指示

18. 牌照到期等情况的指示

19. 取消关键委任持有者的资格

20. 将场所用作其他用途

21. 持牌人登记册

第三部分

幼儿发展中心履行职责人员的授权批准

22. 订明的职责或职责类别

23. 批准和部署个人去履行订明的职责

24. 申请审批

25. 批准的授予

26. 批准条件

27. 取消和暂停批准

28. 停止履行或部署履行职责的通知

第四部分

幼儿发展中心的第三方教育服务提供商

29. 批准雇用个人提供教育服务

30. 申请批准

31. 给予批准

32. 批准条件

33. 取消批准

34. 终止雇佣关系通知书

第五部分

执法和监督遵守情况

35. 保存记录并提供有关服务质量的信息

36. 业务守则

37. 因执行目的行使进入等的权力

38. 妨碍总牌照主任或获授权人员行使权力等的罪行

39. 提供虚假信息

40. 法人犯罪

41. 非法人团体或合伙企业犯罪

42. 罪行的构成

第六部分
上诉

43. 上诉部长

44. 指定其他人审理上诉

第七部分
其他事项

45. 保密性

46. 个人责任保护

47. 文件送达

48. 法院的司法管辖权

49. 一般豁免

50. 时间表的修订

51. 规例

52. 储蓄和过渡条款

规范幼儿发展中心的经营并规定其他相关或附带事项之法。

2019 年 1 月 2 日

条　款

第1部分
序言

1. 简称

本法系指《2017年幼儿发展中心法》。

2. 释义

在本法案中,除文意另有所指外,

"申请人"系指提出申请的人;

"申请",就牌照而言,系指申请牌照或申请牌照续期;

"授权人员",就本法的任何条文而言,系指为施行条文根据第5(3)条被任命为获授权人员的公职人员;

"牌照总监",系指根据第5(1)(a)条任命的公职人员;

"业务守则"系指牌照总监根据第36条所发布或批准的业务守则,或根据该条不断修订完善的业务守则;

"幼儿发展中心",系指已提供或将提供幼儿发展服务的任何场所;

"幼儿发展服务",系指非儿童亲属或监护人之人员为获取费用、报酬或利润所提供的照顾或教育,或为5名或5名以上7岁以下的儿童提供照顾和教育的服务;

"关键授权资格持有者",就申请人或被持牌人而言,即:

(a) 公司、有限责任合伙企业或其他法人团体中的

    (i) 申请人或持牌人(视属何情况而定)所在的董事会,委员会,理事会或其他管理委员会的成员;和

    (ii) 对申请或牌照(视属何情况而定)所涉及的幼儿发展中心

的业务,进行全面管理或监督的其他人员(无论何种
职称);

(b) 合伙企业中的

(i) 申请人或持牌人(视属何情况而定)的合伙人;和

(ii) 对申请或牌照(视属何情况而定)所涉及的幼儿发展中心的
业务,进行全面管理或监督的其他人员(无论何种职称);

(c) 如属其他情况,则指对申请或牌照(视属何情况而定)所涉及
的幼儿发展中心的业务,进行全面管理或监督的其他任何人员(无论
何种职称);

"牌照"系指根据本法授予或续期的牌照,授权持牌人经营牌照中
标明的幼儿发展中心;

"持牌人"系指持有牌照之人;

"修订"和"修改",就牌照的条件而言,包括删除,改变,替代或增
加条件;

"经营",对幼儿发展中心而言,系指控制或指导提供幼儿发展服
务相关业务的经营;

"场所"包括建筑物、围墙、地面和露天空间;

"被废除的法案"系指被本法废除的《儿童保育中心法》(第 37A
章,2012 年修订版)。

3. 本法不适用于特定中心

本法不适用于或不涉及:

(a) 下列任何幼儿发展中心:

(i) 由政府或代表政府经营的;或

(ii) 附表中订明的(在本法中称为"被排除的幼儿发展
中心");

(b) 下列任何人员:

(i) 经政府调配,聘用或准许,在第(a)(i)段提及的中心履行
职责或者提供服务之人;

（ii）经被排除在外的幼儿发展中心的经营者调配、聘用或准许，在中心履行职责或提供服务之人。

4. 法案宗旨

本法宗旨是规范幼儿发展中心的经营，以便：

（a）保护幼儿发展中心儿童的安全，福祉与福利；及

（b）提高并持续改进幼儿发展中心的服务质量。

5. 人员的委任

（1）部长可以

（a）为施行本法，任命一名公职人员担任牌照总监；及

（b）任命必要数量的公职人员担任牌照总监助理。

（2）牌照总监和牌照总监助理的头衔可由部长不时地决定。

（3）就本法的任何条文而言，牌照总监可在一般情况或特殊情况下，为施行条文任命一名公职人员担任授权人员。

（4）除第(5)款另有规定外，经部长批准，牌照总监可将本法条文赋予牌照总监的全部权利与职责（本款赋予的授权权力除外）授权给牌照总监助理。

（5）根据第(4)款的规定，无论情况一般或特殊，授权都可进行，并受本法条件或限制所规限，或受牌照总监可指定的条件或限制所规限；此外，本法条文中对牌照总监之提述，均包括对牌照总监助理之提述。

第2部分
对幼儿发展中心的特许

6. 未经特许不得经营幼儿发展中心等

（1）任何人不得（单独或与任何其他人共同）经营幼儿发展中心，除非：

（a）根据本法获得牌照，得到授权；

（b）根据本法豁免受本款中有关该中心的规限；或

（c）根据第 18 条的规定，得到牌照总监的指示继续运营，即使该中心的牌照有效期已届满或被撤销。

（2）除非持有本法规定的有效牌照，否则任何人不得刊登广告或以其他方式声称其持有牌照经营幼儿发展中心。

（3）任何人违反第（1）款或第（2）款，即属犯罪，一经定罪：

（a）可处不超过 10000 新加坡元之罚款或监禁不超过 12 个月，或两者兼施；及

（b）如属持续犯罪，定罪后，可就该罪行持续的每一天或不足一天，另处罚款不超过 1000 新加坡元。

7. 申请牌照或申请续期牌照

（1）必须根据本节的规定向牌照总监提出申请。

（2）申请必须：

（a）符合牌照总监要求的形式及方式；

（b）附有依据牌照总监要求的方式所缴付的不可退还的申请费（如有规定）；及

（c）附有牌照总监就申请作出决定所需的任何资料。

（3）任何人根据牌照授权运营或拟运营（视属何情况而定）的每个幼儿发展中心，均需单独提出申请。

（4）除第（2）款和第（3）款的规定外，牌照的续期申请必须符合以下规定：

（a）在牌照有效期届满（本款称为续期截止日期）之前的规定时间内提出；而且

（b）如果在续期截止日期之后提出，应随附依据牌照总监要求的方式所缴付的不可退还的延期续约申请费（如规定）。

（5）牌照总监或授权人员可：

（a）对第（1）款提出的申请进行必要的审查及调查，以供牌照总监适当考虑；而且

(b) 要求申请人在规定的时间内提供牌照总监所要求的任何补充资料,以供牌照总监对其申请进行适当考虑。

(6) 牌照总监可拒绝以下申请:

(a) 申请程序不完整或未按本节要求提出;或

(b) 申请人未能提供第(5)(b)款所要求的补充资料。

8. 牌照的授予或续期

(1) 牌照总监在考虑牌照的申请或续期后,可:

(a) 在申请人缴付牌照申请费或续期费(如有规定)后,授予牌照或续期牌照(视属何情况而定);或

(b) 拒绝(无补偿)授予牌照或续期牌照(视属何情况而定)。

(2) 一名申请人可被授予多个牌照。

(3) 牌照总监在决定是否授予或续期牌照时,必须适当重视和考虑以下所有事项:

(a) 申请人是否具备经营及维护幼儿发展中心的品格和能力;

(b) 申请人的关键任命资格持有人是否具有适当的品格和能力以该身份行事;

(c) 申请人或持有关键授权资格的申请人是否:

(i) 犯有本法规定的罪行;

(ii) 不论是在新加坡或其他地方,因不诚信行为而被定罪,或因发现申请人或关键授权资格持有者(视属何情况而定)有不诚实行为而被定罪;或

(iii) 曾被判触犯订明罪行,不论该罪行是在该罪行订明日期之前、当日或之后犯下的;

(d) 申请人是否在临近申请前的规定期限内,未支付根据本法、已废除之法或《1957 年教育法》收取或征收的与幼儿发展中心经营有关的任何费用;

(e) 申请人以前是否——

(i) 根据本法或已废除之法,被拒绝授予牌照或续期牌照;

(ii) 根据本法或已废除之法,被撤销牌照或缩短牌照有效期;

(iii) 是本法下任何其他监管制裁的对象;

(iv) 根据《1957 年教育法》被拒绝注册;或

(v) 根据《1957 年教育法》取消了学校注册;

(f) 申请人的关键任命资格持有人是否根据第 19 条被取消担任或继续担任关键授权资格持有者的资格;

(g) 申请人是否或可能有经营及维护幼儿发展中心的经济能力;

(h) 对即将用作幼儿发展中心的场所,申请人是否是该场所的所有人或承租人,或从他人处获得该场地的牌照;

(i) 该场所是否适合用作幼儿发展中心,需要考虑:

(i) 地点,住宿,全体员工或设施;及

(ii) 符合本法或其他任何成文法律规定的建筑结构、消防安全、公共卫生要求;

(j) 申请人是否能按照幼儿发展中心课程或方案的类型和内容的规定,提供幼儿发展服务;

(k) 是否存在其他相关事项,导致牌照的授予或续期违反公共利益。

(4) 牌照总监为确定某人是否具有第(3)(a)或(b)款所规定的适当品格及能力,必须考虑已有规定的因素(如有规定)。

(5) 为免生疑问,牌照总监可不限于考虑第(3)款或第(4)款所规定的事宜,还可考虑其他相关事宜及证据。

9. 牌照的格式及有效期

(1) 每份牌照必须列明其类别,并采用牌照总监要求的格式。

(2) 根据本法授予或续期的牌照在牌照规定的期限内继续有效,除非该牌照根据第 16 条提前被撤销或缩短期限。

10. 牌照条件

(1) 在向任何人发放或续期幼儿发展中心的经营牌照时,考虑到本法的目的,牌照总监可施加其认为必要或适宜的条件。

（2）牌照总监可施加：

（a）普遍适用于所有牌照的条件；

（b）具体适用于某一类牌照的条件；或

（c）具体适用于某一特定牌照的条件。

（3）具体而言，幼儿发展中心的经营牌照可包括以下条件——

（a）与该中心的经营、经营时间及维持有关的条件；

（b）与在该中心就读的儿童的照顾、教育、安全及保障有关的条件；

（c）与持牌人的雇员、代理人及承建商的行为有关的条件；

（d）与在中心履行职责或从事工作之人的安全及保障有关的条件；及

（e）规定持牌人须接受并通过牌照总监决定的审核，以符合：

    （i）本法之条文；

    （ii）牌照的条件；

    （iii）牌照总监根据第 36 条颁发、批准或修订的适用业务守则；及

    （iv）牌照总监根据第 17 条发出的任何指示。

（4）在第（3）（e）款中——

（a）审核只能由以下人士进行：

    （i）获授权人员；或

    （ii）经牌照总监批准的符合资格的个人或审计团队；及

（b）牌照总监可要求持牌人——

    （i）向牌照总监或审计人员提交牌照总监指定的与持牌人所经营的任何幼儿发展中心有关的任何资料；及

    （ii）允许审计人员现场收集或核实持牌人所经营的任何幼儿发展中心有关的任何资料。

（5）在不影响第（1）款的情况下，牌照总监可在修改或不修改牌照条件的情况下，授权续期牌照。但第 11 条不适用于或不涉及在牌

照条件有所修改的情况下准予牌照续期。

11. 修改牌照的条件

(1) 牌照总监可根据本条修改牌照的条件,而无须补偿被授予牌照的持牌人。

(2) 牌照总监在修改牌照的任何条件前,必须通知持牌人:

(a) 述明牌照总监拟按通知中所订明的方式作出修改;及

(b) 订明时间(至少为向持牌人送达通知书日期后 14 天),在此期间,持牌人可就拟定修改之处向牌照总监作出书面陈述。

(3) 在收到第(2)(b)款所述的任何书面陈述后,牌照总监必须考虑该陈述,并可以:

(a) 拒绝此陈述;

(b) 在考虑有关陈述后,以牌照总监认为适当的方式修订拟定修改之处;或

(c) 撤销拟定修改之处。

(4) 如——

(a) 牌照总监拒绝第(3)(a)款下作出的任何书面陈述;

(b) 牌照总监根据第(3)(b)款对牌照条件拟定修改之处作出修订;或

(c) 牌照总监在第(2)(b)款指明的时间内没有收到任何书面陈述,或在该款下作出的任何书面陈述在之后被撤回,而持牌人并没有使修订立即生效;

牌照总监必须向有关持牌人发出书面指示,要求该持牌人在牌照总监指明的时间内,实施第(2)款通知所指明的修订或由牌照总监所做的修订,视属何情况而定。

12. 保证金

(1) 在授予或续期牌照之前,牌照总监可要求申请人或持牌人(视属何情况而定)向牌照总监缴纳保证金。

(2) 牌照总监可决定:

（a）保证金的形式（例如但不限于履约保函或银行保函）；

（b）提供保证金的方式；及

（c）保证金金额。

（3）牌照总监可：

（a）要求持牌人在牌照总监指定的时间内，增加已缴付或即将缴付的保证金金额；或

（b）由牌照总监指明的日期起，减少持牌人已缴付或即将缴付的保证金金额。

（4）在决定是否要求缴纳保证金及保证金金额时，牌照总监必须考虑以下所有事宜，并给予这些事宜其所认为适当的权重：

（a）申请人或持牌人遵守规定的过往记录

（i）适用于申请人或持牌人经营幼儿发展中心的任何成文法（包括已废除的法案）之规定；及

（ii）由本法或根据本法订立的规定；

（b）对持牌人采取监管行动程序的可能性或实施；

（c）可订明的任何其他事宜。

13. 牌照的转让

（1）除非牌照总监以书面批准转让，否则牌照及牌照下的任何权利、利益或特权不得转让给任何其他人。

（2）须由持牌人及拟承让人按照本条向牌照总监提出申请，以获批准转让牌照。

（3）根据第（2）款提出的转让牌照申请必须——

（a）按牌照总监所规定的形式及方式作出；

（b）附有按牌照总监规定的方式所支付的不可退还的申请费（如订明）；及

（c）附有牌照总监决定其申请所需的任何资料。

（4）除第（3）款的规定外，根据第（2）款提出的转让牌照的申请，必须不迟于订明时间，即该牌照到期前的一段时间。

（5）牌照总监或获授权人员可：

（a）就根据第（2）款提出的申请进行必要的询问和调查，以供牌照总监适当考虑转让牌照的申请；及

（b）要求根据第（2）款做出申请的申请人在指明时间内为牌照总监提供其适当考虑该申请所需要的任何额外资料。

（6）牌照总监可拒绝根据第（2）款所提出的转让牌照的申请，如该申请：

（a）不完整或不是根据本条作出的；或

（b）申请人未能提供第（5）（b）款所要求的额外资料。

（7）牌照总监在考虑第 8 条所述事宜及可订明（如订明）的其他事宜后，可：

（a）批准牌照的转让；或

（b）拒绝（无补偿）批准转让牌照。

（8）为免生疑问，牌照总监可不限于考虑第 8 条所述或第（7）款所订明的事宜，并可考虑其他有关的事宜及证据。

（9）牌照总监根据本条给予的批准，可附带或不附带条件。

（10）牌照的转让于下列日期生效——

（a）符合牌照总监批准其转让条件（如有）的日期；或

（b）牌照总监指明的其他日期。

（11）牌照的转让并不影响原持牌人承担任何刑事或民事责任。

（12）按照本条转让的牌照在该牌照的剩余期限仍然有效，除非该牌照早前被撤销或根据第 16 条被缩短期限。

14. 自愿停止经营或交回牌照

（1）持牌人在未事先通知牌照总监前，不得：

（a）全面及永久停止经营持牌人牌照上所指明的幼儿发展中心；或

（b）以任何理由交回牌照。

（2）根据第（1）款发出的通知必须在不迟于下列日期前订明的时

间送交牌照总监,视何者适用而定:

(a) 幼儿发展中心全面及永久停止经营的日期;

(b) 持牌人计划将牌照交回的生效日期。

(3) 幼儿发展中心停止经营或根据本条交回牌照后,牌照费或续期费的任何部分不得退还持牌人。

15. 牌照失效

(1) 幼儿发展中心的牌照,除非根据第 16 条已过期或提早被撤销,否则即属失效:

(a) 如持牌人是个人,则在持牌人死亡当日;

(b) 如持牌人是合伙企业、法人团体或非法人团体,则在持牌人不再存在之日;

(c) 持牌人不再是幼儿发展中心的拥有人或承租人,或不再持有作为经营幼儿发展中心前提条件的牌照;或

(d) 如果在订明的连续期间内无儿童入学,则在该期间结束时。

(2) 在本条所列牌照失效的情况中,牌照费或续期费的任何部分不得退还。

16. 牌照的撤销和其他规管性处罚

(1) 除第(3)款另有规定外,如牌照总监信纳:

(a) 持牌人正违反或不遵守,或已违反或未能遵守:

(i) 持牌人的牌照条件;

(ii) 本法之条文,但并不构成犯罪;

(iii)《业务守则》中适用于持牌人的任何规定;

(iv) 根据第(2)(e)或(g)款或第 27(4)条向持牌人发出的任何指示;或

(v) 牌照总监根据第(2)(c)款做出的任何规定;

(b) 在考虑到第 8 条所述事项后,持牌人不再是适合获得牌照之人;

(c) 持牌人已经或可能宣布破产或已破产,或可能进入目的并非

为合并或重组而进行的强制清盘或自动清盘；

(d) 在公司无力偿还其债务的情况下,持牌人已向其债权人作出任何转让或和解；

(e) 持牌人就其牌照授予或续期的申请上,曾作出声明或提供任何在重大事项上属虚假或有误导性的信息或文件;或

(f) 持牌人被判犯有本法规定的任何罪行；

牌照总监可以撤销(无须赔偿和退还任何费用)持牌人的牌照,没收或不没收持牌人根据本法提供的任何履约保函、担保或其他形式的保证。

(2) 然而,牌照总监可(无补偿)采取下列一项或多项措施,以代替根据第(1)款撤销持牌人的牌照：

(a) 以书面谴责持牌人,该书面谴责可以以牌照总监认为合适的方式予以公布,可让其认为合适的人士查阅；

(b) 修改牌照的任何条件；

(c) 要求提供任何履约保函、担保或其他形式的保证,或额外的履约保函、担保或其他形式的保证,以确保持牌人遵守第(1)(a)(i)、(ii)、(iii)、(iv)和(v)款所述的任何事项。或为满足因针对持牌人已开始或可能开始的监管行动而进行的任何诉讼所产生的任何财务罚款,或两者兼有；

(d) 除第(8)款另有规定外,没收根据第(c)段或第12条提供的全部或部分任何履约保函、担保或其他形式的保证；

(e) 指示持牌人做或不做该指令中所指明之事项。在该指令中(如指明)所指明的期间内,纠正违反或不遵从之行为；

(f) 在不获任何补偿及不退还任何牌照费或续期费的情况下,缩短牌照的期限(不得超过所订明的牌照期限)；

(g) 指示持牌人在某一指令中指明的期限内,支付牌照总监认为合适的财务罚款,金额为：

(i) 就第(1)款所述的每项违反或不遵从行为,不超过

5000 新加坡元；或

（ii）在任何其他情况下，不超过 5000 新加坡元。

（3）牌照总监在行使第（1）款或第（2）款下的任何权力前，必须以书面通知有关持牌人：

（a）声明牌照总监拟根据本条对持牌人采取规管行动；

（b）在第（1）款或第（2）款指明牌照总监拟采取的行动的类型，以及从属于该行动的每项不遵从规定的个案；及

（c）指明就拟定行动向牌照总监作出书面陈述的时间（即向持牌人送达通知书后至少 14 天）。

（4）牌照总监在考虑第（3）（c）款下的任何书面陈述后，可决定在第（1）款或第（2）款中采取其所认为适当的规管行动。

（5）如牌照总监已根据第（4）款对任何持牌人作出任何决定，则牌照总监必须将有关决定的通知送达有关持牌人。

（6）除第 43 条另有规定外，在根据第（5）款发出的通知中指明的撤销牌照的决定，或第（2）款中实施规管行动的决定，从发出该通知的日期，或在该通知中指明的其他日期开始生效。

（7）根据本条撤销或缩短任何牌照的期限，或发出任何指示，并不妨碍任何人向该持牌人或前持牌人执行权利或索取赔偿，或该持牌人或前持牌人向任何人执行权利或索取赔偿。

（8）若持牌人因违反或不遵守第（1）（a）（i）、（ii）、（iii）、（iv）及（v）款所述事项而根据第（2）（g）款被处以罚款，则持牌人为确保其遵守第（1）（a）（i）、（ii）、（iii）、（iv）及（v）款所述事项而提供的任何履约保函、担保或其他形式的保证，不得因违反该规定而被牌照总监没收，但须支付的罚款除外。

（9）持牌人如未能在牌照总监根据该款所指明的付款限期内支付根据第（2）（g）款所施加的任何罚款之金额，则有责任就其未付款额支付与判定债项相同的利息。

（10）尽管存在第（8）款，但根据第（2）（g）款对持牌人施加的任何

罚款及根据第(9)款应付的任何利息,均可作为拖欠政府的债务而收回。无论持牌人的牌照因任何原因而失效,均不影响持牌人的支付责任。

(11) 在根据本条就某持牌人或任何人因刑事罪行而被定罪的法律程序中,牌照总监须承认该持牌人或任何人的定罪为最终及具决定性的。

(12) 在第(1)(d)款中,若《2018 年破产、重组和解散法》的第125(2)条认定某公司无力偿债,则该公司是无力偿债的。

17. 关于儿童安全、健康等方面的指示

(1) 如牌照总监有合理理由相信在幼儿发展中心内存在危及或可能危及儿童或其他个人的安全、健康及福利的情况,则牌照总监可(无补偿)向持牌人发出指示。

(2) 根据第(1)款发出的任何指示:

(a) 可规定有关持牌人(视有关情况而定)做或不做该指示中所指明的事项或某类事项;

(b) 由该指示所确定或根据该指示所确定的时间(即最早的切实可行的时间)生效;及

(c) 可由牌照总监随时更改或撤销。

(3) 为免生疑问,该指示可规定持牌人停止幼儿发展中心的全部或部分经营,直至牌照总监信纳第(1)款所述的情况不再存在。

(4) 牌照总监在根据第(1)款向持牌人发出指示前,除非牌照总监就某一特定指示认为其不切实可行或不可取,否则必须向持牌人发出通知——

(a) 声明牌照总监拟作出的指示及其效果;及

(b) 指明对拟定指示作出书面申述的时间,及牌照总监必须妥当作出书面申述。

(5) 根据第(1)款发出的指示无须在《宪报》刊登。

(6) 每名持牌人必须遵从根据本条向其发出的指示。

(7) 持牌人如不遵从根据第(1)款发出的指示,即属犯罪,一经定罪,可处不超过 10000 新加坡元的罚款或监禁不超过 12 个月,或两者兼施。

18. 牌照到期等情况的指示

(1) 本条适用于以下情况:

(a) 牌照已到期,或即将到期,但在第 7(4)(a)条所述的续期限期前,没有提出续期申请;

(b) 牌照根据第 13 条转让;

(c) 持牌人停止经营牌照所指明的幼儿发展中心或交出牌照,或根据第 14 条发出停止经营该中心或交出牌照的通知;

(d) 牌照根据第 15(1)(b)或(c)条失效;

(e) 持牌人根据第 16 条收到撤销牌照或缩短其有效期的通知;或

(f) 持牌人根据第 17 条收到指示停止幼儿发展中心的全部或部分运作。

(2) 该部分目的是确保持牌人有秩序地停止幼儿发展中心的经营,并尽量减少对在该中心就读的儿童所造成的干扰。

(3) 为施行本条,牌照总监可(无补偿)向下列一人或多人发出指示:

(a) 持牌人;

(b) 持牌人的关键授权资格持有者;

(c) 如持牌人并无关键授权资格持有者能够遵从该指示,则在紧接第(1)款中的有关事项发生日期之前的 6 个月内曾是该持牌人关键授权资格持有者。

(4) 在不限制第(3)款的情况下,牌照总监可(无补偿)根据该款作出下列全部或任何指示:

(a) 持牌人必须将第(1)款中的有关事项以书面形式通知在所涉中心就读的每名儿童的父母或监护人,以及持牌人的每名雇员或调配在所涉中心的其他人;

（b）持牌人不得再招收儿童在所涉中心就读；

（c）持牌人不得向在所涉中心就读的儿童收取任何押金或费用；

（d）持牌人必须在所涉中心停止经营前，将押金和费用退还给家长或监护人；

（e）持牌人必须将牌照交回牌照总监；

（f）持牌人必须在所涉中心停止经营后订明的期间内，提交牌照总监所要求的经审计的资助报表；

（g）持牌人必须就在所涉中心就读的儿童的替代性照顾或教育安排方面，向牌照总监提供其所指明的协助；

（h）牌照总监认为必要的任何其他指示，以确保持牌人有秩序地停止所涉中心的经营，从而使对在所涉中心就读的儿童所造成的干扰降到最低。可包括在牌照总监指明的牌照到期或撤销后的一段时间内，所涉中心继续运作的指示。

（5）牌照总监在根据第（3）款发出指示时，可指明须遵守该指示的时间期限。

（6）某人在无合理辩解的情况下——

（a）未能遵从根据第（3）款发出的指示；或

（b）未能在牌照总监指明的期间内遵从根据第（3）款发出的指示；

即属犯罪，一经定罪，可处不超过 10000 新加坡元的罚款或监禁不超过 12 个月，或两者兼施。

（7）在本条中，"持牌人"包括已停止持有牌照资格的人。

19. 取消关键授权资格持有者的资格

（1）尽管有任何其他成文法律的规定，但在下列情况下，未经牌照总监书面同意，任何人不得担任或继续担任幼儿发展中心持牌人的关键授权资格持有者——

（a）该人根据本法被定罪；

（b）该人在新加坡或其他地方因涉及不诚实行为而被定罪，或因定罪而被裁定该人有不诚实行为；

（c）该人被判犯有订明罪行，不论该罪行是在订明日期之前、当日或之后犯下的；

（d）该人是或曾经是以下相关单位的董事，或直接参与其管理：

    （i）牌照已被拒绝或撤销的幼儿发展中心；

    （ii）牌照已根据被废除的法案而被拒绝或撤销的幼儿中心；或

    （iii）根据《1957 年教育法》被拒绝或取消登记的幼儿园；

（e）根据《1957 年教育法》已被取消登记的教师；

（f）根据被废除的法案，该人被禁止在幼儿中心工作；

（g）根据本法案，该人被拒绝批准调配在幼儿发展中心或其批准被取消（除非取消批准是由于该中心不再存在）；或

（h）该人不符合任何作为持牌人的关键授权资格持有者的订明准则。

（2）如须根据本条取得牌照总监的同意，牌照总监或获授权人员可——

（a）对将担任或继续担任关键授权资格持有者的人进行必要的查询及调查，以供牌照总监适当考虑；及

（b）要求该人士在指明时间内，向牌照总监提供所要求的任何额外资料，以供其妥善考虑有关事宜。

（3）任何人如违反第（1）款的规定，即属犯罪，一经定罪，可处不超过 5000 新加坡元的罚款，或监禁不超过 6 个月，或两者兼施。

（4）任何持牌人如明知他人违反第（1）款而容许其作为或继续作为持牌人的关键授权资格持有者，即属犯罪，一经定罪，可处不超过 5000 新加坡元的罚款或监禁不超过 6 个月，或两者兼施。

20. 将场所用作其他用途

（1）除第（2）款另有规定外，幼儿发展中心的持牌人在该中心牌照所指明的营运时间内，不得将该中心用作幼儿发展中心日常经营及

业务运作以外的任何用途。

（2）在牌照总监所施加的条件下，牌照总监可准许幼儿发展中心的持牌人在该中心接收 7 岁或以上但 14 岁以下的儿童，在该中心的营业时间内为其提供照顾或教育或两者皆提供。

21. 持牌人登记册

牌照总监必须以其认为适当的形式和方式，备存和保存一份持牌人登记册，该登记册须载有牌照总监认为适当的资料。

第 3 部分
对幼儿发展中心履行职责人员的授权批准

22. 订明的职责或职责类别

为施行本部分，部长可以订明需要根据第 23 条获批准的职责或职责类别。

23. 批准和调配个人履行订明的职责

幼儿发展中心的持牌人不得在该中心履行或调配个人履行与下列事项有关的任何订明职责或订明类别的职责——

（a）在该中心向儿童提供照顾或教育；或

（b）该中心的经营；

除非该持牌人在该中心履行或调配他人履行（视属何情况而定）订明的职责或订明类别的职责，须经牌照总监批准。

24. 申请得到批准

（1）申请批准在幼儿发展中心履行或调配某人履行任何订明职责或订明类别的职责，必须由该中心的持牌人按照本条向牌照总监提出。

（2）根据第（1）款提出的申请，必须述明已获批准的订明职责或订明类别的职责，以及：

（a）须符合牌照总监所规定的形式和方式；

（b）须附有按牌照总监规定方式支付的不可退还的申请费（如订明）；及

（c）须附有牌照总监对申请做出决定所需的任何资料。

（3）牌照总监或获授权人员可以：

（a）就根据第（1）款提出的申请，进行必要的查询及调查以供牌照总监适当考虑；及

（b）要求申请人在指明时间内向牌照总监提供其所要求的任何额外资料，以供其适当考虑该申请。

（4）牌照总监可拒绝以下申请——

（a）不完整的或不是根据本条作出的；或

（b）如申请人未能提供第（3）（b）款所要求的额外资料。

25. 授予批准

（1）在决定是否授予在幼儿发展中心履行任何订明职责或订明类别职责的持牌人或受调配之人批准时，牌照总监必须考虑以下事项，并给予其认为适当的重视：

（a）持牌人或个人是否具备所需的专业知识及资格，以履行获批准的订明职责或订明类别的职责；

（b）持牌人或个人是否具有适当的品格及健康状况；

（c）持牌人或个人是否已：

（i）因违反本法而被定罪；

（ii）不论是在新加坡或其他地方，因涉及不诚实行为而被定罪，或因被定罪而发现持牌人或个人（视属何情况而定）有不诚实行为；或

（iii）被判犯有订明罪行，不论该罪行是在订明日期之前、当日或之后犯下的；

（d）是否有使授予批准违反公众利益的任何其他相关事宜。

（2）为确定持牌人或个人是否具备第（1）（a）款所规定的专业知识及资格，牌照总监必须考虑以下事项，并给予其认为适当的重视：

（a）持牌人或个人是否持有牌照总监所指定的学历及语言资格；

（b）持牌人或个人是否已完成牌照总监所指定的培训，或通过指定的课程；

（c）持牌人或个人是否具有牌照总监所指明的工作经验。

（3）为确定持牌人或个人是否具有第（1）（b）款所规定的适当品格及健康状况，牌照总监必须考虑到订明的考虑事项（如有规定）。

（4）为免生疑问，牌照总监并不只限于考虑第（1）款或第（3）款所订明的事宜，可考虑其他有关的事宜及证据。

（5）根据本条对在幼儿发展中心履行任何订明职责或订明类别职责的持牌人或受调配之人授予批准：

（a）是为寻求批准的订明职责或订明类别的职责而批准的；及

（b）当持牌人或个人（视属何情况而定）停止在该中心履行获批的订明职责或订明类别的职责时，批准即告终止。

（6）为免生疑问，如果：

（a）持牌人拟履行某项职责或某类职责；或

（b）持牌人拟调配某个人履行某项职责或某类职责；

与已获批准的职责或职责类别不同，则必须向牌照总监提出新的批准申请。

26. 批准条件

（1）在根据第 25 条向任何持牌人授予任何批准时，牌照总监可在考虑到本法的目的后，施加其认为必要或适当的条件。

（2）牌照总监可施加：

（a）一般适用于所有订明职责的条件；

（b）特别适用于某类订明职责的条件；或

（c）特别适用于某项特定订明职责的条件。

（3）特别地，根据第 25 条授予的批准，可包括以下条件：

（a）有关获发该等批准的持牌人或个人（视属何情况而定）的培训、通过考试或测验及取得资格的条件；及

（b）有关获发该等批准的持牌人或个人（视属何情况而定）的详细资料更新的条件。

（4）除第（5）款、第（6）款及第（7）款另有规定外，牌照总监有权修改批准的条件，而无须补偿获批准的持牌人及个人。

（5）牌照总监在修改任何批准条件前，必须通知获批准的持牌人——

（a）述明牌照总监拟按通知中所指明的方式作出更改；及

（b）指明持牌人可就拟定修订向牌照总监作出书面申述的时间（在通知送达持牌人的日期起计最少 14 天）。

（6）在收到第（5）款所述的任何书面申述后，牌照总监必须考虑该申述，并可：

（a）拒绝该申述；

（b）在考虑有关申述后，以牌照总监认为适当的方式修改拟定修订；或

（c）撤销拟定修订。

（7）如：

（a）牌照总监根据第（6）（a）款拒绝任何书面申述；

（b）牌照总监根据第（6）（b）款修订了对批准条件的任何拟定修订；或

（c）牌照总监在第（5）（b）款指明的时间内没有收到任何书面申述，或根据该款作出的任何书面申述随后被撤回，持牌人未使有关修改即时生效；

牌照总监必须向有关持牌人发出书面指示，要求该持牌人在牌照总监指明的时间内，使第（5）款通知中所指明的或经牌照总监修订的修改生效，视属何情况而定。

27. 取消和暂停批准

（1）除第（3）款另有规定外，牌照总监可（无补偿）基于下列任何理由，撤销第 25 条就一项或多项或全部订明职责或订明类别的职责

所授予的任何批准：

（a）任何可使牌照总监有权拒绝持牌人或个人申请获批的理由；

（b）牌照总监不信纳持牌人或个人的品格或健康状况；

（c）持牌人就该申请作出的声明或提供的任何资料或文件，在要项上属虚假或具误导性的；

（d）持牌人或个人违反了本法的任何条款，或已——

（i）因违反本法而被定罪；

（ii）不论是在新加坡或其他地方，因涉及不诚实行为而被定罪，或因被定罪而发现持牌人或个人（视属何情况而定）有不诚实行为；或

（iii）被判犯有订明罪行，不论该罪行是在订明日期之前、当日或之后犯下的；

（e）持牌人未遵从第（4）款下的任何指示；

（f）持牌人或个人（视属何情况而定）履行订明职责或订明类别职责的幼儿发展中心停止经营。

（2）除第（3）款另有规定外，如：

（a）牌照总监认为已发生第（1）款所述的一项或多项事件，但该等事件的严重程度不足以取消批准；或

（b）批准所涉及的持牌人或个人（视属何情况而定）被指控犯有本法项下的罪行或订明的罪行，无论该罪行是在订明日期之前、当天或之后犯下的；

牌照总监可（无补偿）就一项或多项或全部订明职责或订明类别职责暂停批准，暂停时间以牌照总监认为合适的期间为限。

（3）如牌照总监根据第（1）款或第（2）款取消或暂停批准，则其必须及时向持牌人送达关于取消或暂停批准的通知，视属何情况而定。

（4）在暂停批准的情况下，除根据第（3）款发出的通知外，牌照总监可（无补偿）向持牌人发出其认为适当的指示，包括但不限于以下事项：

（a）持牌人必须在暂停期内，参加或确保获批准的人士参加牌照总监所指定的培训；

（b）持牌人必须在暂停期内，参加或确保获批准的人参加牌照总监所指定的健康检查或健康评估或治疗。

28. 停止履行职责或调配履行职责的通知

（1）持牌人必须通知牌照总监，持牌人在幼儿发展中心停止履行任何订明职责或订明类别的职责，以及停止调配任何个人履行任何订明职责或订明类别的职责。

（2）根据第（1）款必须在停止履行或调配（视属何情况而定）后的订明时间内向牌照总监发出通知。

第4部分
幼儿发展中心的第三方教育服务提供商

29. 批准雇用个人提供教育服务

幼儿发展中心的持牌人不得雇用任何个人在收取费用或报酬的情况下，为该中心的儿童提供任何教育服务，除非该个人提供该等服务已获牌照总监批准。

30. 申请得到批准

（1）幼儿发展中心持牌人须根据本条向牌照总监申请批准雇用个人在幼儿发展中心为儿童提供教育服务（收取费用或报酬）。

（2）根据第（1）款提出的申请必须：

（a）符合牌照总监所规定的格式和方式；

（b）附有按牌照总监所规定方式支付的不可退还的申请费（如有规定）；及

（c）附有牌照总监为决定该申请所需的任何资料。

（3）牌照总监或获授权人员可——

（a）就根据第（1）款提出的申请进行所需的查询及调查，以供牌照

总监适当考虑；及

（b）要求申请人在指定时间内提供牌照总监所要求的任何额外资料，以供适当考虑其申请。

（4）牌照总监可拒绝以下申请——

（a）不完整或未按照本条规定所提出的申请；或

（b）申请人未能提供第（3）（b）款所要求的额外资料。

31. 授予批准

（1）在决定是否批准根据第 30 条提出的申请时，牌照总监必须考虑以下所有事项，并给予其认为适当的重视：

（a）此人是否具备适当的品格及健康状况；

（b）此人是否已：

　　（i）因违反本法而被定罪；

　　（ii）不论是在新加坡或其他地方，因涉及不诚实行为而被定罪，或因被定罪而发现该个人有不诚实行为；或

　　（iii）被判犯有订明罪行，不论该罪行是在订明日期之前、当日或之后犯下的；

（c）是否有其他有关事宜使作出批准违反公众利益。

（2）牌照总监为确定某人是否具有第（1）（a）款所规定的适当品格及健康状况，必须考虑订明的考虑事项（如有规定）。

（3）为免生疑问，牌照总监并不仅限于考虑第（1）款或第（2）款所订明的事宜，并可考虑其他有关的事宜及证据。

（4）在持牌人不再雇用个人提供教育服务时，根据本条就个人在持牌人经营的幼儿发展中心提供教育服务而发出的批准即告终止。

32. 批准条件

（1）在根据第 31 条向任何持牌人授予任何批准时，牌照总监可以在考虑到本法的目的后，施加其认为必要或适当的条件。

（2）根据第 31 条授予的批准，尤其可包括以下条件：

（a）有关获发该等批准的个人的培训、通过考试或测验及取得资

格的条件；及

（b）有关获发该等批准的个人详细资料的更新。

（3）除第（4）款、第（5）款及第（6）款另有规定外，牌照总监有权修改批准的条件，而无须补偿获批准的持牌人及个人。

（4）牌照总监在修改任何批准条件前，必须通知获批准的持牌人——

（a）述明牌照总监拟按通知中所指明的方式作出更改；及

（b）指明持牌人可就拟定修订向牌照总监作出书面申述的时间（在通知送达持牌人的日期起计最少 14 天）。

（5）在收到第（4）款所述的任何书面申述后，牌照总监必须考虑该申述，并可：

（a）拒绝该申述；

（b）在考虑有关陈述后，以牌照总监认为适当的方式修改拟定修订；或

（c）撤销拟定修订。

（6）如：

（a）牌照总监根据第（5）（a）款拒绝任何书面申述；

（b）牌照总监根据第（5）（b）款修订了对批准条件的任何拟定修订；或

（c）牌照总监在第（4）（b）款指明的时间内没有收到任何书面申述，或根据该款作出的任何书面申述随后被撤回，持牌人未将有关修改即时生效；

牌照总监必须向持牌人发出书面指示，要求持牌人在牌照总监指明的时间内，使第（4）款通知所指明的或经牌照总监修订的修改生效（视属何情况而定）。

33. 取消批准

（1）除第（2）款另有规定外，牌照总监可（无补偿）以下列任何理由取消根据第 31 条发出的批准：

（a）任何可能使牌照总监有权拒绝批准申请的理由；

（b）牌照总监不信纳获批为儿童提供教育服务的个人的品格或健康状况；

（c）持牌人就获批申请作出的声明或提供的任何资料或文件，在要项上属虚假或具误导性的；

（d）获得批准的个人违反了本法的任何条文，或已：

   （i）因违反本法而被定罪；

   （ii）不论是在新加坡或其他地方，因涉及不诚实行为而被定罪，或因被定罪而发现该个人有不诚实行为；或

   （iii）被判犯有订明罪行，不论该罪行是在订明日期之前、当日或之后犯下的；

（e）获批准的幼儿发展中心已停止经营。

（2）如牌照总监根据第（1）款取消批准，则其必须及时将取消的通知送达持牌人。

34. 终止聘用通知书

（1）持牌人必须将停止聘用任何个人在其幼儿发展中心提供任何教育服务的情况通知牌照总监。

（2）根据第（1）款发出的通知，必须在停止雇用该人后的订明时间内向牌照总监发出。

第 5 部分
执法和遵守监督的情况

35. 保存记录并提供有关服务质量的信息

（1）持牌人必须：

（a）保存及保留与本部所规定的监测或评估早期儿童发展某方面的服务质量有关的纪录，并在订明的期间内保存该等纪录；及

（b）在订明期间，以订明的方式向牌照总监提供与本部规定的监

测或评估早期儿童发展某方面的服务质量有关的信息。

(2) 持牌人在声称已遵从第(1)款规定的情况下,不得以错误的方式记录任何事项或事件。

(3) 任何持牌人——

(a) 违反第(1)(a)款或第(2)款;或

(b) 如无合理辩解,违反第(1)(b)款,即属犯罪,一经定罪,可处不超过 5000 新加坡元的罚款。

36. 执业守则

(1) 牌照总监可:

(a) 发出一份或多份适用于所有持牌人或特定类别牌照持牌人的执业守则;

(b) 批准由牌照总监以外的人拟备的适用于所有持牌人或特定类别牌照持牌人的执业守则。若牌照总监认为此文件适合作此用途,该执业守则在某一特定时间有效或可不时修订;或

(c) 修订或撤销根据(a)段或(b)段批准的任何执业守则,

关于第(2)款中的全部或任何事项。

(2) 第(1)款所涉及的事项为:

(a) 持牌人的行为;

(b) 持牌人应对任何传染病、瘟疫、流行病、火灾、洪水、地震或灾害(自然灾害或其他原因导致的灾害)或任何其他公共紧急情况的必要措施;及

(c) 持牌人的下列事项:

　　(i) 幼儿发展中心的管理、行政及经营;

　　(ii) 幼儿发展服务的提供;及

　　(iii) 幼儿发展中心所提供的幼儿发展服务各方面的质量。

(3) 执业守则可特别指明任何持牌人就该牌照所关乎的幼儿发展中心的经营所负的责任及义务。

(4) 如果任何执业守则中的任一条文与本法的任一条文互相矛

盾,则就矛盾之处,该条文:

(a) 在本法的约束下具有效力;或

(b) 就本法而言,不具有效力。

(5) 凡是由牌照总监根据第(1)款发出、批准、修订或撤销的任何执业守则,牌照总监必须:

(a) 就执业守则的发出、批准、修订或撤销(视属何情况而定),向执业守则适用的每一持牌人发布通知;

(b) 在(a)段所述的通知中指明执业守则发出、批准、修订或撤销的日期(视属何情况而定);及

(c) 确保在执业守则的有效期间,执业守则的副本可供该执业守则适用的持牌人免费查阅。

(6) 在第(5)款所述的通知按照该款公布之前,任何执业守则、任何已发出或已批准的执业守则的修订及撤销,均无任何效力或作用。

(7) 根据本条发出或批准的执业守则不具任何法律效力。

(8) 除第(9)款另有规定外,每名持牌人必须遵守适用于该持牌人的相关执业守则。

(9) 牌照总监可在一般情况下或在其指明的时间内豁免根据本条发出或批准的任何执业守则或执业守则的任何部分适用于所有持牌人。

(10) 持牌人违反或不遵守适用于该持牌人的任何执业守则本身并不会使其承担刑事诉讼责任。但在与本法下的罪行有关的任何诉讼(刑事或本法下的其他法律程序)中,该诉讼的任何一方可以该等违反行为来确定或否定该诉讼中存疑的任何责任。

37. 因执法目的行使进入权等

(1) 出于执行的目的,牌照总监或获授权人员可对幼儿发展中心(不论是否领有牌照)采取下列所有或任何一项措施:

(a) 进入及检查该中心,以及检查中心内的任何设备或其他物品;

(b) 如果牌照总监或获授权人员合理地认为在该中心可以找到

违反本法的证据,则可进入并搜查该幼儿发展中心;

(c) 检查及复制或摘录存放于该中心的任何文件或资料;

(d) 为取得违反本法的证据,牌照总监或获授权人员认为有必要取走该中心的任何文件或其他物品,及要求任何能够操作该中心内任何设备的个人做出此行为,以便使牌照总监或获授权人员能够确定可使用的或可与该设备关联的设备、磁盘、磁带或存储设备是否载有与执行目的有关的资料;

(e) 对于牌照总监或获授权人员合理认为违反本法规定的任何人员,要求其提供身份证明;

(f) 对于牌照总监或获授权人员合理认为持有与执行目的有关的文件或资料的任何人员,要求其采取合理步骤出示该文件或提供该等资料;

(g) 牌照总监或获授权人员合理相信某人知悉与执行目的有关的任何事实或情况,可要求该人:

(i) 立即或在书面规定的地点和时间,尽其所知所悉及所信回答任何问题;或

(ii) 立即或在书面规定的地点和时间采取合理步骤提供信息或出示文件;

(h) 对幼儿发展中心的任何部分或任何物品,或对牌照总监或获授权人员合理相信知悉与执行目的有关的任何事实或情况之人进行拍照或拍摄、录音或作素描。

(2) 在本条中,"执行目的"指——

(a) 确保遵守本法之条文、依据本法授予牌照或批准所施加的条件、任何执业守则的规定以及牌照总监根据本法发出的任何指示;或

(b) 调查本法下的犯罪行为或违反本法条文的行为。

38. 妨碍牌照总监或获授权人员行使权力等罪行

任何人在无合理辩解的情况下,

(a) 妨碍、阻碍或延误牌照总监或获授权人员行使第 37 条所规定

的任何权力;

(b) 疏忽或拒绝按第 37 条的规定出示文件、材料或物品,或提供任何资料;或

(c) 疏忽或拒绝按照第 37 条的规定在牌照总监或获授权人员面前出席,

即属犯罪,一经定罪,可处不超过 5000 新加坡元的罚款或不超逾 6 个月的监禁,或两者兼施。

39. 提供虚假信息

根据本法向牌照总监或获授权人员作出陈述或提供任何信息之人,如其知道或理应知道由于遗漏要项,会造成在要项上属虚假或具有误导性,即属犯罪,一经定罪,可处以不超过 5000 新加坡元的罚款或不超过 6 个月的监禁,或两者兼施。

40. 法团的罪行

(1) 在根据本法进行的犯罪诉讼中,如果有必要证明法团对特定行为的动机和目的,下列证据——

(a) 法团高级职员、雇员或代理人在其实际或表面权力范围内从事该行为;及

(b) 高级职员、雇员或代理人有该动机和目的;

符合以上,则可证明法团有该动机和目的。

(2) 如果法团犯有本法规定的罪行,则——

(a) 以下成员——

(i) 法团中高级职员或法团成员(如法团的事务由其成员管理);及

(ii) 参与法团管理并能够影响其在犯罪方面行为的个人;及

(b) 其他成员——

(i) 同意或纵容,或与他人共谋实施犯罪;

(ii) 以任何其他方式,无论是作为或不作为,故意干涉或参与公司的犯罪行为;或

（iii）知道或理应知道法团之罪行（或同类罪行）将会或正在发生，但未能采取一切合理措施防止或制止该罪行的发生，应犯与法团相同的罪行，一经定罪，应受到相应的惩罚。

（3）第（2）款中提及的成员若被指控犯有与法团相同之罪行，则可援引法团可得的抗辩。此过程中，该人和法团承担相同的举证责任。

（4）为免生疑问，本条不影响以下内容的施行：

（a）《1871年刑法典》第5章和第5A章；或

（b）《1893年证据法》或任何其他有关证据的可接纳性之法律或惯例。

（5）为免生疑问，第（2）款也不影响法团承担对本法规定犯罪的责任，无论公司是否被判有罪均适用。

（6）在本条中：

"法团"包括《2005年有限责任合伙法》第2（1）条所指的有限责任合伙；

"高级人员"，就公司而言，指该公司的任何董事、合伙人、首席执行官、经理、秘书或其他类似高级人员，包括：

（a）任何声称以任何该等身份行事的人；及

（b）就其事务由其成员管理的法团而言，就认定任何该等成员为该法团的董事；

个人的"动机和目的"包括：

（a）该人的知识、意图、意见、信念或目的；及

（b）该人意图、意见、信念或目的之理由。

41. 非法人团体或合伙企业的罪行

（1）在根据本法提起的犯罪诉讼中，如果有必要证明非法人团体或合伙企业对特定行为的动机和目的，则下列证据：

（a）在其实际或表面上的权限范围内从事该行为的非法人团体或合伙企业的雇员或代理人；及

（b）该雇员或代理人有该动机和目的；

可证明非法人团体或合伙企业有该动机和目的。

（2）如果非法人团体或合伙企业违反本法，则以下人员：

（a）身份为：

    （i）非法人团体的人员或其理事机构的成员；

    （ii）合伙企业的合伙人；或

    （iii）参与管理非法人团体或合伙企业并能够影响非法人团体或合伙企业（视属何情况而定）犯罪行为的个人；及

（b）或下列成员：

    （i）同意或纵容，或与他人共谋实施犯罪；

    （ii）以任何其他方式，无论是作为或不作为，故意干涉或参与非法人团体或合伙企业的犯罪行为；或

    （iii）知道或理应知道非法人团体或合伙企业的罪行（或同类罪行）将会或正在发生，但未能采取一切合理措施防止或制止该罪行，则判定其与非法人团体或合伙企业（视属何情况而定）犯同样之罪行，一经定罪，应受到相应的惩罚。

（3）第（2）款中提及的成员若被指控犯有与非法人团体相同之罪行，则可援引非法人团体或合伙企业可得的抗辩。在此过程中，该人和非法人团体或合伙企业承担相同的举证责任。

（4）为免生疑问，本条不影响以下内容的施行：

（a）《1871 年刑法典》第 5 章和第 5A 章；或

（b）《1893 年证据法》或任何其他有关证据的可接纳性之法律或惯例。

（5）为免生疑问，第（2）款也不影响非法人团体或合伙企业承担本法规定的犯罪的责任。无论非法人团体或合伙是否被判有罪均适用。

（6）在本条中：

"高级人员",就非法人团体(合伙企业除外)而言,指非法人协会的主席、秘书或委员会的任何成员,包括:

(a) 担任类似于非法人团体主席、秘书或委员会成员职位的任何人;及

(b) 任何声称以任何该等身份行事的人;

"合伙人"包括声称以合伙人身份行事的人;

个人的"动机和目的"包括:

(a) 该人的知识、意图、意见、信念或目的;及

(b) 该人的意图、意见、信念或目的之理由。

42. 罪行的了结

(1) 牌照总监或其为本条文之目的书面授权的任何获授权人员,可以就本法规定为可罚款抵罪的罪行,通过向犯罪嫌疑人合理收取费用,实行罚款抵罪,但金额不超过以下较低者:

(a) 为该罪行规定的最高罚款金额的一半;

(b) 5000 新加坡元。

(2) 在支付款项后,不得就该罪行对该人提出进一步的法律程序。

第6部分
上诉

43. 向部长上诉

(1) 根据第 16 条被吊销的执照的前持有人(称为上诉人)可以就牌照总监根据该条吊销执照的决定向部长提出上诉。

(2) 持牌人(称为上诉人)对牌照总监的以下任何决定感到不满,可以针对该决定向部长提出上诉:

(a) 牌照总监根据第 8 条拒绝续期持牌人的牌照;

(b) 牌照总监根据第 10 条对持牌人的牌照施加的任何条件;

（c）根据第 11 条对持牌人牌照的任何条件进行的任何修改；

（d）牌照总监根据第 36 条发出、批准或修订的适用于持牌人的执业守则所载的任何条文；

（e）牌照总监根据第 13 条拒绝转让持牌人的牌照；

（f）根据第 16 条对持牌人采取的任何监管行动；

（g）牌照总监根据第 17 或 18 条作出的任何指示；

（h）牌照总监根据第 25 条拒绝批准持牌人在其幼儿发展中心执行或调配个人执行任何订明的职责或订明类别的职责；

（i）取消或暂停牌照总监根据第 27 条对持牌人执行或调配个人在持牌人的幼儿发展中心执行任何订明职责或订明类别的职责的批准；

（j）牌照总监根据第 31 条拒绝批准持牌人聘请个人在其幼儿发展中心提供任何教育服务；

（k）取消牌照总监根据第 33 条对持牌人聘用个人在其幼儿发展中心提供任何教育服务的批准。

（3）牌照申请人（称为上诉人）可以就牌照总监根据第 8 条拒绝授予申请人牌照的行为向部长提出上诉。

（4）因牌照总监根据第 19 条拒绝书面同意该人担任或继续担任任何幼儿发展中心持牌人的关键授权资格持有者而感到不满之人（称为上诉人），可针对该行为向部长提出上诉。

（5）根据本条提出的上诉必须以书面形式提出，说明提出上诉的理由，并在收到要提出上诉进行反对之决定日期后订明的期间内提出。

（6）上诉人若未按第（5）款要求进行上诉，部长可将其驳回。

（7）部长可要求：

（a）上诉的一方；或

（b）非上诉当事方，但部长认为其拥有与上诉相关的任何信息或文件之人；

向部长提供其考虑和决定该上诉所需的信息或文件。

（8）根据第（7）款被要求提供任何信息或文件之人必须以部长指定的方式和期限内提供。

（9）在考虑上诉后，部长可以：

（a）驳回上诉并确认牌照总监的决定；或

（b）允许上诉并替代或更改牌照总监的决定。

（10）部长对上诉的决定属终局决定。

（11）必须将部长根据第（9）款作出的决定通知每位上诉人。

（12）对牌照总监的决定所提起的上诉不影响提出上诉进行反对之决定的实施或阻止采取行动执行该决定。除非部长另有指示，否则必须遵守被上诉的决定，直到最终确认该上诉。

44. 指定其他人聆讯上诉

部长可以指定以下人员代替其聆讯和决定根据第 43 条提出的任何上诉：

（a）所属部门的任何国务部长或高级国务部长；

（b）所属部门的任何议会秘书或高级议会秘书，

第 43 条中对部长的任何提述包括为该上诉而指定的国务部长或高级国务部长、或议会秘书或高级议会秘书的提述。

第 7 部分
杂项

45. 保密

（1）担任或曾经担任牌照总监、副牌照总监或获授权人员的个人不得披露其在履行本法下的职责，或行使其职能时获得的与任何幼儿发展中心有关的任何信息，除非：

（a）征得与该信息相关之人的同意。如果该人是 7 岁以下的儿童，则征得该儿童的父母或监护人同意；

（b）为履行其在本法下的职责或行使其职能；

（c）为协助执法机构调查任何成文法规定的任何罪行；

（d）任何法院或任何成文法合法规定该行为；

（e）为制定或审查政策而向公共机构披露；或

（f）向公共机构披露且为公共利益所必需的。

（2）为施行本条，对披露任何信息的个人之提述包括该人允许参与或曾经参与本法的管理或执行之人使用其拥有或管控的记录、文件或其他物品。

（3）违反第（1）款的个人将构成犯罪，一经定罪，可处以不超过 5000 新加坡元的罚款或不超过 6 个月的监禁或两者兼施。

（4）在本条中：

"执法机构"系指根据任何成文法负责调查犯罪或指控犯罪者的任何当局或个人；

"公共机构"系指政府，包括任何部委、部门、机构或国家机关。

46. 个人免责

牌照总监、副牌照总监或在牌照总监指示下行事的任何获授权人员在执行或声称执行本法时，秉诚行事且采取合理的谨慎措施，针对其作为或不作为不承担任何责任。

47. 文件的送达

（1）本法允许或要求向某人送达的文件可按本条所述送达。

（2）本法允许或要求向个人送达的文件可以按以下方式送达：

（a）亲自交予个人；

（b）以预付邮资的挂号邮递方式将其寄往个人为送达文件而指定的地址。若无指定地址，则寄往该个人的居住地址或办公地址；

（c）将其留在此人的居住地址，该住宅显然有一名成年人居住于此。或将其留在该人的办公地址，该地址显然有一名成年人受雇于此；

（d）将该文件的副本粘贴在个人居住地址或办公地址的显眼

位置；

（e）该人发出或送达文件最后为人所知的传真号码作为向其发出或送达文件的传真号码。通过传真向该号码发送文件；或

（f）通过电子邮件将其发送到其最新的电子邮件地址。

（3）本法允许或要求向合伙企业（有限责任合伙企业除外）送达的文件可以：

（a）将其交给合伙企业的任何合伙人或其他类似的高级职员；

（b）将其留在合伙企业的营业地址，或以预付邮资的挂号信方式寄往合伙企业的营业地址；

（c）以传真方式发送至合伙企业营业地址所使用的传真号码；或

（d）通过电子邮件将其发送到合伙企业的最新的电子邮件地址。

（4）本法允许或要求向法人团体（包括有限责任合伙企业）或非法人团体送达的文件可以：

（a）将其交给法人团体或非法人团体的秘书或其他类似职员或有限责任合伙企业的经理；

（b）将其留在该法人团体或非法人团体在新加坡的注册办事处或主要办事处，或以预付邮资的挂号信方式寄往该法人团体或非法人团体在新加坡的注册办事处或主要办事处；

（c）传真至法人团体或非法人团体在新加坡的注册办事处或主要办事处所使用的传真号码；或

（d）通过电子邮件将其发送到法人团体或非法人团体的最新电子邮件地址。

（5）根据本条送达文件的生效日期：

（a）如果文件是通过传真发送的，且在发送当日收到了发送成功的通知，则在发送当日生效；

（b）如果文件是通过电子邮件发送的，则在该人能够检索该电子邮件时生效；和

（c）如果文件以预付费挂号邮递方式寄出，则在文件寄出之日后

2 天生效（即使该文件未送达而退回）。

（6）根据本法，只有在事先获得此人书面同意的情况下，才能通过电子邮件向此人送达文件。

（7）本条不适用于在法庭诉讼中送达的文件。

（8）在本条中：

"营业地址"系指：

（a）就个人而言，该人在新加坡惯常或最后为人所知的办公地点；或

（b）就合伙企业（有限责任合伙企业除外）而言，合伙企业在新加坡的主要营业地点或最后为人所知的营业地点；

"文件"包括本法允许或要求送达的通知；

"最新电子邮件地址"系指：

（a）收件人提供的发出或送达文件的最新电子邮件地址作为根据本法送达文件的电子邮件地址；或

（b）收件人发出或送达文件的最新电子邮件地址；

"居住地址"系指个人在新加坡惯常或最后为人所知的居住地。

48. 法院的司法管辖权

尽管存在《2010 年刑事诉讼法》的规定，区域法院或治安法院有权审理本法规定的任何罪行，并有权对任何此类罪行实施全面惩罚。

49. 一般豁免

（1）部长可通过《宪报》命令免除任何人或任何类别之人员受本法所有或任何条文之管限，但须遵守命令中规定的条款或条件。

（2）根据第（1）款条令，对任何幼儿发展中心或任何类别的幼儿发展中心的任何人员进行豁免作出规定。

50. 附表的修订

（1）部长可通过《宪报》命令修改附表。

（2）根据第（1）款的条令，部长可因制定该条令而制定其认为必要或适宜的保留条文或过渡性条文。

（3）根据第（1）款作出的所有命令应在《宪报》上公布后尽快提交给议会。

51. 规例

（1）部长可以制定规例实施本法或使本法生效。

（2）部长尤其可以为以下任何一项制定规例：

（a）牌照和幼儿发展中心的类别；

（b）就牌照或有关牌照提出申请的形式、方式和时间，以及就该申请须提供的资料和证据；

（c）牌照总监所批准的申请之形式、方式和时间可根据本法制定，以及与该申请有关的资料和证据；

（d）对申请人进行查询和调查；

（e）对于幼儿发展中心——

 （i）持牌人的职责和责任；

 （ii）为经营、管理和监督中心，人员所需的资格、经验、任命、职责、责任、培训和纪律；

 （iii）中心接纳儿童、入学人数，以及可被接纳进任何类别或类型中心的儿童的最低或最高年龄；

 （iv）受照顾或接受教育的儿童，以及获准在中心履行职责或提供教育服务的雇员和其他人员的体检；

 （v）任何儿童、雇员或其他人的开除或解雇，以及保护儿童、雇员或其他人的健康和福祉的措施；

 （vi）对中心活动的控制和监督；

 （vii）中心开展的课程和项目的类型和内容；

 （viii）中心内设备、设施和空间的充足性、适用性和使用情况；

 （ix）中心提供的食物；

 （x）登记册、记录、时间表、菜单和账簿的保存和维护，以及保存期限；

(xi) 向牌照总监提交的申报表、报告和其他资料，牌照总监公布的申报表、报告或其他资料，以及公布的期限；

(xii) 持牌人以牌照总监确定的形式和方式公布与在中心提供照管或教育有关规定的信息，包括但不限于费用、时间表、计划、场所和雇员，以及获准在中心履行职责或提供教育服务的人员；

(xiii) 中心的建筑结构、布局、卫生环境和卫生设施；

(xiv) 对可能危及在中心受照顾儿童的生命或健康的火灾或其他危险采取的预防措施；

(xv) 适用于持牌人、雇员和获准在中心履行职责或提供教育服务的人员所提供的照管或教育之服务标准或其他要求、限制或条件；

(xvi) 中心提供的服务或因儿童在中心就读而须支付的费用和其他收费，以及限制或禁止任何进一步的费用和收费或任何指明的费用和收费；

(xvii) 支付或收取费用和收费的方法以及限制或禁止中心收取或募集款项；及

(xviii) 管理和计算为中心就读儿童的合资格父母提供的任何政府补贴、提交补贴申请以及退款或追回任何不当给予的补贴；

(f) 任何牌照的申请和授予、续期或延迟续期和转让、申请获批以及与实施本法有关的其他费用，以及放弃、减少或退还该类费用；

(g) 根据本法提出的上诉程序；

(h) 根据本法或为施行本法所规定或允许订明的所有事项

(3) 根据本条制定的规定可以——

(a) 允许牌照总监豁免有关任何持牌人或幼儿发展中心规例的任何要求，但须符合牌照总监决定的条件；

(b) 根据本法规定可罚款抵罪的罪行；及

（c）规定违反该规例任何条文，均属犯罪，可处罚款不超过10000 新加坡元或监禁不超过 12 个月，或两者兼施；如属持续罪行，在被定罪后该罪行继续发生期间，可每日或一日中部分时间再处不超过1000 新加坡元的罚款。

52. 保留条文和过渡性条文

本法不影响社会福利署署长在 2019 年 1 月 2 日之前根据已废除之法作出的任何命令或决定的继续实施或生效。

附　表

第 3(a)条及第 50(1)条

被排除在外的幼儿发展中心

1. 只为儿童提供下列一项或多项丰富活动的培训中心：

（a）某一特定艺术或体育活动的教学（包括但不限于艺术、舞蹈、音乐、体育或儿童体育）；

（b）娱乐活动（包括不限于露营或远足）；

（c）某一特定学科或话题的授课或辅导（包括但不限于语言、科学或数学）。

2. 为有特殊需要的儿童提供单独治疗或其他相关服务的中心。

3. 任何游戏中心，其唯一目的是照顾或教育 4 岁以下的儿童，通过游戏和活动鼓励他们社交，每次时间为 2 小时或更短。

4. 根据《2009 年私立教育法》注册的，提供涵盖学前和全日制小学水平的外国教育或国际教育课程的任何机构。

5. 根据《1993 年儿童和青少年法》得到许可的任何儿童和青少年之家。

6. 根据《1993 年儿童和青少年法》指定或宣布的任何提供临时照料和保护的场所。

7. 根据《1993 年儿童和青少年法》指定或设立的任何安全场所。

8. 根据《1961 年妇女宪章》设立的任何安全场所。

9. 根据《1993 年儿童和青少年法》的自愿照料协议或法院命令，用于协助照顾健康人士而安排的场所。

立法史

该立法史是法律修订委员会尽全力提供的一项服务。不构成本法的一部分

1. 2017 年第 19 号法案——《2017 年幼儿发展中心法》

一审日期：2017 年 2 月 6 日（法案编号 07/2017，发布于 2017 年 2 月 6 日）

二审和三审日期：2017 年 2 月 28 日

生效日期：2019 年 1 月 2 日

2. 2019 年第 30 号法案——《2019 年儿童和青少年（修订）法》

一审日期：2019 年 8 月 5 日（法案编号 22/2019）

二审和三审日期：2019 年 9 月 4 日

生效日期：2020 年 7 月 1 日

3. 2018 年第 40 号法案——《2018 年破产、重组和解散法》

一审日期：2018 年 9 月 10 日（法案编号 32/2018）

二审和三审日期：2018 年 10 月 1 日

生效日期：2020 年 7 月 30 日

4. 2020 年修订版——《2017 年幼儿发展中心法》

实施日期：2021 年 12 月 31 日

略语表

C.P.	理事会文件
G.N. No. S(N.S.)	新加坡政府公告编号（新系列）
G.N. No.	政府公告编号
G.N. No. S	新加坡政府公告编号
G.N. Sp. No. S	新加坡政府公告特别编号
L.A.	立法议会
L.N.	法律公告（联邦/马来西亚附属法例）
M. Act	马来亚/马来西亚法案
M. Ordinance	马来亚条例
Parl.	议会
S.S.G.G.(E) No.	海峡殖民地政府宪报（特别）编号
S.S.G.G. No.	海峡殖民地政府宪报编号

对照表

该法在 2020 年修订版中重新编号。本对照表旨在帮助读者找到前一修订版中的对应条文。

2020 年版	2017 年第 19 号法案
因已生效而略去	52
因已生效而略去	53—(1)
因已生效而略去	(2)
因已生效而略去	(3)
因已生效而略去	(4)
因已生效而略去	(5)
已失时效而略去	54—(1)
已失时效而略去	(2)
已失时效而略去	(3)
已失时效而略去	(4)
已失时效而略去	(5)
已失时效而略去	(6)
已失时效而略去	(7)
52	(8)
已失时效而略去	(9)
已失时效而略去	(10)
因已生效而略去	(11)

2016 年新加坡未来技能局法

2020 年修订版

本修订版纳入了截至 2021 年 12 月 1 日（含）的所有修订

自 2021 年 12 月 31 日起实施

法律修订委员会

在《1983 年法律法》修订版授权下

编制并发布

条款目录

第 1 部分
序言

1. 简称
2. 释义

第 2 部分
新加坡未来技能局的设立、职能与权力

3. 新加坡未来技能局
4. 该局是法人团体
5. 该局的职能
6. 该局的权力
7. 部长的指令等
8. 该局的标志等

第 3 部分
该局的组成和成员

第一章　任命、辞职和免职

9. 该局的成员
10. 该局成员的任命
11. 成员资格的取消
12. 主席和副主席
13. 职位提前空缺

14. 代理主席和成员

15. 成员的免职

16. 成员的辞职

17. 行为效力等

第二章　成员条款与条件

18. 任职期限

19. 酬金等

20. 离任

第三章　【由 2018 年第 5 号法案废止】

第二十一条到第二十五条【废止】

第 4 部分
该局的决策

第一章　会议

26. 一般程序

27. 会议通知

28.【废止】

29. 法定人数

30. 主持会议

31. 会议投票

32.【废止】

33. 文件的签署

第二章　委员会和授权

34. 委员会的任命

35. 委员会议事程序

36. 授权能力

37. 被授权人的权力

第 5 部分
人事事项

38. 行政首长

39. 高级职员及雇员

40. 被视为公职人员的被授权人和被转授权人

41. 保密

42. 个人免责

第 6 部分
财政规定

43. 财政年度

44. 该局的收入和财产

45. 银行账户

46. 财务账目及记录

47. 技能发展基金预算

48. 投资的权力

49. 发行股份等

50. 借款权力

第五十一条至第五十五条【废止】

56. 技能发展基金需单独审计

第 7 部分
管理和执行

57. 核实收集的资料和拨款事宜的权力等

58. 虚假或误导性资料、声明或文件等

59. 妨碍机关履行职责的处罚

60. 罪行的了结

61. 法团的罪行

62. 非法人团体或合伙企业的罪行

63. 文件送达程序

64. 规章

第8部分
向该局转让业务

65. 本部分的释义

66. 向该局转让业务

67. 将借调员工及新加坡劳动力发展局员工调动至该局

68. 保留雇佣的一般条款

69. 记录的移交

70. 转让的确认

建立新加坡未来技能局之法。

【2016 年 10 月 3 日：第 71(1)(a) 和(2)条除外；2016 年 10 月 4 日：第 71(1)(a)和(2)条】

条　款

第 1 部分
序言

1. 简称

本法为《2016 年新加坡未来技能局法》

2. 释义

本法中,除文意另有所指外:

"成人教育"系指部分中学后的教育与培训,旨在发展或提升与商业或工业工作有关的技能与知识;

"该局"系指依据第三条设立的新加坡未来技能局;

"主席",就该局而言,系指依据第十二条委任为该局主席的成员,包括依据第十四条规定获委任以该身份行事的任何个人;

"行政首长"系指该局的行政首长,包括以该身份行事的任何个人;

"商业或工业"包括任何贸易、制造业或服务业、商业或其他相关活动;

"委员会"系指依据第三十四条任命的该局委员会;

"委员会成员"系指获任为委员会成员的任何个人;

"公司":

(a) 有依据《1967 年公司法》第四条第一款所规定之含义;

(b) 包括该法所指的外国公司;

"被授权人"系指依据第三十六条第一款该局授权履行或行使任何职能或权力的个人;

"副主席",就该局而言,系指依据十二条规定委任为该局副主席

之成员;

"职能",就该局而言,系指根据本法或任何其他法赋予该局的职能;

"继续教育"系指中学后的教育计划,旨在培养非特定职业的知识和技能;

"补助金"包括根据发还安排以发还款项方式发放的补助金;

"成员",就该局而言,系指依据第十条委任的局成员,包括依据第十四条规定以该身份行事的任何人;

"高等教育"系指:

(a) 16 岁或以上人士;并且

(b) 未在下列任何一所学校修读教育课程的人士;

    (i) 公立学校;

    (ii) 依据《1957 年教育法》注册并依据该法接受政府资助的助学金或补助金的学校;

    (iii) 依据宗教信仰与原则提供教育的教育机构;

"私人教育"有依据《2009 年私人教育法》所规定的含义;

"发还安排"系指向有资格获得经济奖励、支持、补助金或该局援助的人员提供任何形式的成人教育或继续教育的书面安排,主要内容如下——

(a) 合资格者接受或承担成人教育或继续教育产生的费用;

(b) 合资格者接受成人教育或继续教育的提供者提供教育过程中产生的成本及开支;

根据有关安排,成人教育或继续教育的提供者有权从该局发还其就所提供的教育所收取的全部或部分费用,但在任何情况下不得超过该人就教育申请经济奖励、支持、补助金、援助或协助(视有关情况而定)的资格所限定的范围;

"新加坡劳动力发展局"或"SWDA"系指依据《新加坡劳动力发展局法》(2004 年修订版第 305D 章)建立的新加坡劳动力发展局;

"被转授权人"系指委托人依据第三十六条第二款的进一步委托履行或行使该局的任何职能或权力之人；

"转让日期"系指 2016 年 10 月 3 日；

"新加坡劳工发展局"系指依据《2016 年新加坡劳工发展局(修正案)法》更名为新加坡劳工发展局的新加坡劳动力发展局。

【20/2016；5/2018；S461/2020】

第 2 部分
新加坡未来技能局的设立、职能与权力

3. 新加坡未来技能局

根据本条例成立了新加坡未来技能局。

4. 该局为法人团体

(1) 该局：

(a) 是永久延续的法人团体；

(b) 必须持有印章；

(c) 可以收购、持有和处置不动产和个人资产；

(d) 可以以公司的名义起诉或被起诉。

(2) 该局可以使用一个或多个经部长批准的商号，并依据其经营。

(3) 商号可以是该局名称的缩写或改写，也可以是该局公司名称以外的名称。

(4) 该局必须就每一个依据第二条核准的商号在宪报刊登公告；否则，该名称所获批准无效且无法使用。

5. 该局的职能

(1) 该局具有下列职能：

(a) 规划和发展提供或支持提供成人教育和继续教育的政策、计划和服务；

(b) 促进、加速并协助识别、发展提升技能和能力，以满足新加坡劳动力当前的、新兴的和未来的需求；

(c) 与雇主及有关工商代表协商，制定提供成人教育或继续教育的模式，以发展技能；

(d) 通过大学、公共部门、中学以后的教育机构和其他成人教育或继续教育机构之间的合作协商，从国家层面促进提供成人教育和继续教育；

(e) 为提供或参与成人教育和继续教育（不论在何处举行）提供资金，以响应工商业或雇主的需要；

(f) 提高新加坡公众对于成人教育和继续教育重要性的认识，并鼓励终身学习的热情；

(g) 收集、汇编和分析所提供的成人教育或继续教育的数据；

(h) 授权或协助新加坡其他机构认证的成人教育或继续教育的提供者或课程（即使该课程于新加坡外开设）；

(i) 促进改善新加坡成人教育或继续教育课程质量，包括课程教师及培训师的标准；

(j) 推动进行新加坡成人教育和继续教育事宜的研究；

(k) 促进公众获得有关新加坡成人教育或继续教育课程质量有意义且准确的信息（即使该课程于新加坡外开设）；

(l) 为准备进入劳工市场的学生及其他人士提供就业指导服务与设施；

(m) 该局的管理：

　　(i) 依据该法管理《2009 年私立教育法》；

　　(ii) 依据《1979 年技能发展征费法》管理技能发展基金；

(n) 与新加坡劳工局合作，以履行其依据《2003 年新加坡劳工局法》规定的职能；

(o) 履行任何其他法案授予该局的任何其他职能。

【20/2016】

（2）在履行第一款赋予的职能时，该局须考虑：

（a）提高新加坡劳动生产力及其工商业的国际竞争力；

（b）新加坡工商业部门当前、新兴和未来的劳动力技能需求；

（c）扩大成年人学习机会，特别是那些促进新加坡公民和居民就业的机会；

（d）确保新加坡的培训和劳动力发展体系：

 （i）响应工商业雇主需求，并使其对成人教育和继续教育的政策制定、优先事项及课程提供产生影响；

 （ii）提高成人教育和继续教育教育质量和普及性；

 （iii）帮助受教育者获得技能。

（3）除本条款赋予的职能外，该局还可承担部长通过在宪报上发布通知指定给该局的任何其他职能；在此过程中：

（a）该局被视作正在履行本法的宗旨；

（b）本法规定适用于该局的其他职能和义务。

（4）本条款中任何内容均未直接或间接地对该局施加任何形式的义务或责任，该义务或责任可通过在任何法院提起的诉讼强制执行，否则该局不受其约束。

（5）本条款中：

"公共部门高等教育机构"是指：

（a）依据《1992 年技术教育学院法》第三条设立的新加坡技术教育学院；

（b）依据《1992 年南洋理工学院法》成立的南洋理工学院；

（c）依据《1967 年义安理工学院法》成立的义安理工学院；

（d）依据《2002 年共和国理工学院法》成立的共和理工学院；

（e）依据《1954 年新加坡理工学院法》成立的新加坡理工学院；

（f）依据《1990 年淡马锡理工学院法》成立的淡马锡理工学院；

（g）全部或部分归属于新加坡技术教育学院或(b)至(f)中提及的理工学院的任何公司；

"大学"系指：

(a) 南洋理工大学；

(b) 新加坡国立大学；

(c) 新加坡管理大学；

(d) 新加坡科技设计大学；

(e) 新加坡理工学院；

(f) 新加坡社会科学大学；

(g) 提供大学教育的职责由公共法规定的任何个人；

(h) 全部或部分归属于或受控于(a)至(g)中提到的大学或个人的任何实体。

【30/2017】

6. 该局的权力

(1) 依据本法，为履行其职能或与其相关的一切，该局有权采取必要或合宜的措施；

(2) 在不限制第一条款条文内容的情况下，本条款所述该局的权力包括：

(a) 签订合同、协议或安排；

(b) 提供开展成人教育或继续教育的课程和设施，组织或赞助研讨会、讲习班和会议；

(c) 发布提供任何信息，出版赞助与成人教育、继续教育或私立教育相关作品；

(d) 代表自己或与任何其他人共同申请、获取和持有任何知识产权；

(e) 通过转让、许可或其他方式就这些知识产权的商业利用签订协议或安排；

(f) 经部长批准，参与组建公司、协会、信托或合伙企业或与任何人建立合资企业；

(g) 成为公司、协会、信托或合伙企业的成员；

（h）向任何人提供经济奖励、支持、赠款、援助或协助；

（i）对该局或其代表机构提供的商品、服务或开展的工作收取费用；

（j）免除向该局支付的费用和收费；

（k）接受向该局提供的礼物、赠款、遗赠动产和不动产，并担任以信托方式归属于该机构的款项和其他财产的受托人；

（l）奉行该局的宗旨，与新加坡或海外的个人、当局或组织签订协议或安排；

（m）就成人教育、继续教育或私立教育相关事宜，向政府，新加坡或海外的任何个人提供技术、顾问或咨询服务；

（n）为履行其职能、与其相关或附带的任何事宜而采取任何必要或合宜之措施。

（3）为免生疑问，第一款不限制本法案或任何其他法案中的任何其他条款赋予该局的任何其他权利。

7. 部长的指令等

（1）部长可依据《2018 年公共部门（治理）法》第五条法规向该局发出任何指令。

【5/2018】

（2）为免生疑问，部长有权：

（a）掌握该局掌握的信息；

（b）若信息在文件中，则可拥有、制作和保留该文件副本。

（3）在第（2）条款中，部长可：

（a）要求该局向部长提供信息；或

（b）要求该局允许部长访问信息。

（4）该局必须遵守第（3）条款提出的要求。

（5）本条中：

"文件"包括记录或存储信息的任何磁带、磁盘或其他设备或介质；

"信息"是指部长指定或指定描述的与该局的职能相关的信息。

8. 该局的标志等

(1) 该局对其可以选择或设计的一个或多个标志或象征物有专属使用权(每个称为该局的标志或象征物),并展示与该局的活动或事务相关的标志或象征物。

(2) 若个人:

(a) 未经该局事先书面许可,使用与该局相同的标志或象征物;

(b) 使用与该局非常相似的标志或象征物造成欺骗或混淆,或可能造成欺骗或混淆;

即属犯罪,一经定罪,可处以不超过 10000 新加坡元的罚款或不超过 6 个月的监禁,或两者兼施。

第 3 部分
该局的组成和成员

第一章　任命、辞职和免职

9. 该局的成员

(1) 该局由至少 9 名但不超过 15 名成员组成。

(2) 其中一名成员(非主席)可为首席执行官。

10. 该局成员的任命

(1) 该局的每个成员均由部长任命。

(2) 成员之委任均须通过书面文件作出。

(3) 该书面文件必须说明:

(a) 委任期限;及

(b) 任命生效之日期不得早于成员收到书面文件的日期。

11. 成员资格的取消

(1) 在任命该局成员时,部长必须考虑成员是否拥有适当的知识、技能和经验,以协助该局有效履行其职能。

（2）但以下个人无资格或无法成为该局成员：

（a）未获解除破产的破产人或与其任何债权人有协议的个人；

（b）法官或司法人员；

（c）被判处 6 个月或以上有期徒刑，未获赦免的个人；

（d）有过以下行为的个人：

    （i）依据《1967 年公司法》第一百五十四条第一款被取消在其期间担任公司董事或参与（无论是直接或间接）管理资格的；

    （ii）依据《1967 年公司法》第一百四十九条第一款、一百四十九条第一款第一项或第一百五十四条第二款被法院命令取消担任董事或在法院命令取消资格期间以任何方式（直接或间接）参与公司管理的；

    （iii）依据《2018 年可变资本公司法》第五十八条第一款，在该条款的取消资格期间被取消担任董事或参与（无论直接或间接）管理新加坡可变资本公司资格的；

    （iv）依据《2018 年可变资本公司法》第五十六条第一款、第五十七条第一款或第五十八条第二款被法院命令取消担任董事或以任何方式（直接或间接）在法院命令取消资格期间对新加坡可变资本公司进行管理或参与管理的；

（e）没有能力履行《2008 年心理能力法》所指的成员职责的个人，或依据《2008 年心理健康（照管和治疗）法案》第十条对其下达命令的个人。

（3）在本条款中，"可变资本公司"指依据《2018 年可变资本公司法》第二条第一款规定的新加坡可变资本公司。

【S461/2020】

12. 主席和副主席

（1）部长可通过书面文件任命：

（a）一名成员（行政首长除外）在文件规定的期限内担任该局主

席;及

(b) 一名成员(该局主席除外)在文件规定的期限内担任该局副主席。

(2) 主席或副主席任期至:

(a) 其主席或副主席(视属何情况而定)的任期届满;

(b) 其不再担任该局成员的职务;

(c) 部长终止其主席或副主席的任命(视属何情况而定),以先发生者为准。

(3) 在以下情况下,该局副主席拥有并可以就某事项行使主席的所有职能和权力:

(a) 主席不在场;或

(b) 主席在该事项中有利害关系(依据《2018 年公共部门(治理)法》第四部分)。

【5/2018】

13. 职位提前空缺

(1) 如果该局任何成员的职位出现提前空缺,部长可依据第九、十和十一条规定,任命个人填补职位空缺,并在空缺成员被任命的剩余任期内担任该职位。

(2) 在本条款中,依据职位定义,"职位提前空缺"是指该职位因任期届满以外的任何原因而出现的空缺。

14. 代理主席和成员

(1) 部长可任命个人(行政首长除外)在任何时期或所有时期临时担任该局的主席,当主席:

(a) 缺勤或不在新加坡;

(b) 因任何原因无法履行其工作职责。

(2) 部长可任命个人(主席除外)在任何时期或所有时期临时担任该局成员,当该成员:

(a) 缺勤或不在新加坡;

(b) 因任何原因无法履行其工作职责。

（3）若个人依据第十一条第二款规定不具备被任命为该局成员的资格，则该个人无资格依据本条款被任命为该局主席或成员。

15. 成员的免职

（1）部长可以在任何时候，无需给出任何理由，解除该局成员的职务。

（2）依据第一款进行的每项解聘必须以书面形式通知该成员，并向该局提交副本一份。

（3）通知中必须说明免职生效日期，日期不得早于成员收到该通知的日期。

16. 成员的辞职

（1）该局成员可通过向部长发出已签署的书面通知（向该局提交一份副本）辞职。

（2）辞职于部长收到第一条款中的通知时，或任何晚于通知中规定之时生效。

17. 行为效力等

（1）尽管有《1965 年解释法》第三十三条的规定，该局行使任何权力或履行任何职能均不会仅因在相关时间内出现以下情况受影响：

（a）该局的成员出现空缺，包括因未能任命成员而产生的空缺；

（b）声称为该局成员的个人于任命或继续任职期间存在某些缺陷或违规行为；

（c）该局的决策程序存在违规行为，但不影响决策的价值。

（2）作为该局成员，其行为不会仅因以下情况而受到影响：

（a）声称为该局成员的个人于其任命或继续任职期间存在一些缺陷或违规行为；

（b）就以主席、成员或行政首长身份行事的个人而言，其行事或任命的时机尚未开始或已经结束。

第二章　成员条款与条件

18. 任命期限

（1）根据第二十条规定,该局的每名成员的任期为 3 年或聘书中规定的任何更短的期限。

（2）该局成员可以被重新任命。

19. 薪酬等

该局成员可以从该局的资金中获得由部长决定的薪金、酬金和津贴。

20. 离任

（1）在下列情况下,该局的成员将不再担任职务：

（a）死亡；

（b）被判定为破产或与任何债权人达成协议；

（c）依照本条例第十一条第二款规定失去成员资格；

（d）依照本条例第十五条规定被免职；

（e）依照本条例第十六条规定辞职；

（f）在没有合理理由的情况下,隐瞒《2018 年公共部门（治理）法》规定的任何利益,并且依照本条例部长收到有关违约行为的通知；

（g）未经该局批准,连续 3 次未出席局会议；

（h）任期届满未被重新任命。

【5/2018】

（2）成员无权因任何原因停止担任成员职务而获得任何补偿、其他款项或利益。

第三章　【由 2018 年第 5 号法案废止】

第二十一条到第二十五条被 2018 年第 5 号法案废除

第 4 部分
该局的决策

第一章　会议

26. 一般程序

除非本法或任何其他法另有规定,该局成员必须规范会议程序。

27. 会议通知

(1) 该局将举行履行其职能所需的会议。

(2) 主席必须安排该局会议的时间和地点,向作出安排时未出席的每位成员发出会议通知。

28. 被 2018 年第 5 号法案废除

29. 法定人数

(1) 法定人数是指成员人数的三分之一。

(2) 如果出席人数不足法定人数,不得在该局会议上处理任何事务。

30. 主持会议

(1) 在该局会议上,由下列人员主持:

(a) 若主席在场,并且在该事项中无利害关系(根据《2018 年公共部门(治理)法》第四部分规定),则由主席主持;

(b) 若无主席、主席不在场或在该事项中有利害关系(根据《2018 年公共部门(治理)法》第 4 部分规定),在该事项中无利害关系的副主席在场,则由副主席主持;

(c) 在其他任何情况下,由选举出来的成员主持。

【5/2018】

(2) 第(1)(b)或(c)款中提及之人可以为了会议的目的行使主席的所有权力和职能。

31. 会议投票

(1) 每位成员有一票。

（2）除一般性投票外，在票数相等的情况下，主持会议的成员有决定性一票。

（3）如果出席会议的所有成员对该决议无异议，或者有资格就该事项投票的大多数成员投赞成票，则该决议即被通过。

（4）除非出席该局会议的成员在会议上明确表示不同意或投票反对该决议，否则被视为同意或投票赞成该局的决议。

32. ［2018 年第 5 号法案废除］

33. 文件的签署

（1）该局必须有印章。

（2）该局的印章应按该局的授权保存和使用。

（3）在下列情况下，该局的文件正式签立：

（a）该局的印章在其成员在场的情况下被加盖在文件上，该成员必须签署该文件以证明加盖了该局的印章，并且该文件还需以下人员签署：

      （i）由该局为此目的一般授权或特别授权的任何两名成员签署；

      （ii）由一名成员及行政首长签署；

（b）由该局授权的一人或多人按照授权的条款代表该局签署。

（4）据称是根据本条款签署的文件，须推定为已正式签立，直至相反证明成立为止。

（5）所有法院、法官和司法人员必须对文件上的该局印章印记进行司法认知。

（6）如出示的文件上盖有据称是该局印章，则须推定其即为该局之印章，直至相反证明成立为止。

第二章　委员会和授权

34. 委员会的任命

（1）该局可借决议委任其认为合适的任何数量的委员会，通过这些委员会达到更妥善规范和管理之目的。

（2）根据本条任命的委员会可以由该局认为合适的任何数量的个人组成，也可以包括非该局成员的个人。

（3）在不影响第三十四条第一款的情况下，该局可以要求委员会：

（a）就该局提交给委员会的与该局职能和权力有关的任何事项向该局提供建议；

（b）如果委员会至少包括一名该局成员，则执行或行使委托给委员会的任何该局的职能和权力。

（4）个人不得被任命为委员会成员，除非在任命之前，他或她若为委员会之成员向该局公开可以拥有的任何利益的详细信息（根据《2018 年公共部门（治理）法》第四部分规定）。

【5/2018】

35. 委员会议事程序

（1）经必要修改后，第十七条适用于委员会以及委员会成员或声称为委员会成员的个人。

（2）根据本法案、《2018 年公共部门（治理）法》以及第 34（1）条下决议的任何限制，委员会可以在其认为合适的情况下监管其自身的程序和事务。

【5/2018】

36. 授权能力

（1）该局可借决议和书面通知的方式，将其任何职能或权力的履行或行使（一般或特殊）授权给下列任何人士：

（a）该局成员；

（b）行政首长、该局的任何员工或在该局中履行职责的任何其他人员；

（c）委员会；

（d）该局的全资子公司；

（e）该局聘请的承包商。

（2）该局根据第（1）款授权履行或行使其任何职能或权力：

（a）第（1）（a）、（b）或（c）款中的人员可授权被授权人将职能或权力转授给另一位成员、该局中符合适当资质的员工或在该局履行职责之人员履行或行使（本法案中称为被转授权人）；

（b）第（1）（d）或（e）款中的任何人可授权被授权人将职能或权力转授给该被授权人有适当资质的员工履行和行使（在本法案中也称为被转授权人）。

被转授权人与被授权人一样，受到相同的限制，并具有相同的效力。

（3）第（1）（2）款不适用于本法或本法宣布为不可授权的由机构管理的任何其他法下的任何权力。

（4）根据第34（3）（b）条规定，根据本法案进行的授权或转授权不受该局或任何委员会之成员、行政首长或雇员的任何变更的影响。

（5）在本条中：

（a）提及的该局全资子公司，包括以该局为唯一成员的担保有限公司；

（b）提及的在该局履行职责的人员包括根据合同在局中履行职责的人员或被临时安排在该局提供公职人员服务（或借调）的人员。

37. 被授权人的权力

（1）声称在授权（或转授权）下履行职能或行使权力的被授权人（或被转授权人）：

（a）被视为符合第三十六条的授权（或转授权）条款，除非相反证明成立；

（b）在被合理要求的情况下，必须出示其有权这样做的证据。

（2）根据第36（2）条被转授该局的职能或权力的转授权人，无权再次将该权力或职能转授给其他人。

第 5 部分
人事事项

38. 行政首长

（1）该局必须有一名行政首长，其任命、罢免、纪律和晋升必须符合《2018 年公共部门（治理）法》。

【5/2018】

（2）根据《2018 年公共部门（治理）法》，当行政首长出现下列情况，该局可在任何时期或在所有时期内任命其他人临时担任行政首长：

（a）不在岗或不在新加坡；或

（b）因任何原因无法履行其职责。

【5/2018】

39. 高级职员及雇员

根据《2018 年公共部门（治理）法》，该局可根据其可决定的条款和条件，任命和聘用有效履行其职能所需的其他高级职员、员工、顾问和代理人。

【5/2018】

40. 被视为公职人员的被授权人和被转授权人

在不影响《2018 年公共部门（治理）法》第二十条和第二十一条的情况下，该局的每位被授权人和被转授权人：

（a）在 1871 年《刑法典》中，被认定为公职人员；

（b）对以下款项的管理、评估、征收和执行方面：

（i）根据《2009 年私立教育法》第二十一条或第三十七条施加的任何经济处罚；

（ii）根据本法案或《2009 年私立教育法案》第四十条收取的任何和解金额，在《1966 年财务程序法》的规定中，则被认定为公职人员；本法案第二十条适用于每一位被授权人和被转授权人，即使他或她现在和过去都未受雇于政府。

【5/2018】

41. 保密

(1) 成员、雇员、该局的被授权人和被转授权人、行政首长或委员会成员，如果以其身份获悉在其他情况下无法获得的资料，不得向任何人透露该资料，下列情况除外：

(a) 履行该局的职能；

(b) 事先获得该局的授权；

(c) 为本条或第五十八条下罪行进行的任何法律程序或与之有关的任何报告；

(d) 根据法院指令的要求；

(e) 根据本法要求成员公开利益；

(f) 根据本法或任何其他法，得到该局、行政首长、该局成员、员工、被授权人和被转授权人或委员会成员的要求或允许。

(2) 任何人违反第(1)款，即属犯罪，一经定罪，可处不超过2000新加坡元的罚款或不超过 12 个月的监禁，或两者兼施。

42. 个人免责

任何成员、任何委员会成员、行政首长或该局的任何员工、被授权人和被转授权人，或根据该局指示行事的其他人，均无须在下列情况下因出于善意及合理谨慎而做出或声称做出或未做之事而承担法律责任：

(a) 行使或声称行使本法案下的任何权力；

(b) 履行或声称履行本法案下的任何职能。

第 6 部分
财务规定

43. 财政年度

该局的财政年度肇始于每年 4 月 1 日，截至次年 3 月 31 日。

44. 该局的收入和财产

(1) 该局的资金和财产包括:

(a) 以赠款、补贴、捐赠、礼品和捐款的方式支付给该局的所有款项;

(b) 为该局目的向该局支付的所有款项以及该局合法收到的所有其他款项和财产;

(c) 根据本法或该局执行的任何其他法,应向该局支付的所有费用;

(d) 根据本法或该局执行的任何其他法,授予该局权力进行任何交易所获得的所有款项、股息、特许权使用费、利息或收入;

(e) 该局根据本法借入的所有款项;

(f) 技能发展基金;及

(g) 在(a)至(f)段中提及的任何财产或款项产生的所有累积收入。

(2) 技能发展基金和该局的其他资金及财产必须由该局进行分开管理。

45. 银行账户

(1) 该局必须在其认为合适的一家或多家银行开立并维持一个或多个账户。

(2) 每个此类账户只能由该局授权的人员操作。

46. 财务账目及记录

该局必须:

(a) 妥善记录其交易和事务;

(b) 采取一切必要措施,以确保:

(i) 合理用其资金支付所有款项并且得到适当授权;及

(ii) 对该局的资金、财产和资产或由该局保管的资金、财产和资产以及该局的开支保持适当的控制。

47. 技能发展基金预算

(1) 除《2018 年公共部门(治理)法》的要求外,该局必须在每个财政年度根据《1979 年技能发展征税法》编制或安排编制,并且必须通过下一财政年度技能发展基金的年度收支预算。

【5/2018】

（2）必要时,该局可通过技能发展基金的追加估算。

【5/2018】

（3）第（1）和（2）款中提及的所有年度预算和追加预算的副本必须在该局通过后尽快发送给部长。

【5/2018】

48. 投资的权力

该局可根据《1965 年解释法》第 33A 条中规定的法定机构标准投资权,对其资金（技能发展基金除外）进行投资。

49. 发行股份等

由于以下原因：

（a）根据本法将任何财产、权利或债务归属于该局；

（b）政府根据任何其他成文法向该局注资或进行其他投资；

该局必须按照财政部长的指示向其发行股份或其他证券。

50. 借款权力

（1）除非根据本条规定,否则该局不得为履行其在本法或该局执行的任何其他法下的职能而借款。

（2）根据第（3）款的规定,该局可通过以下方式筹集贷款：

（a）抵押、透支或其他方式,有担保或无担保；

（b）根据本法或任何其他成文法,向授予该局的任何财产或该局的任何其他应收收入收取（法律上或衡平法上）的费用；

（c）设立和发行债权、债券或部长批准的任何其他票据——证券。

（3）该局可从以下方面筹集贷款：

（a）向政府贷款；或

（b）经部长批准,从新加坡境内或境外的其他来源筹集。

（4）就本条而言,筹集贷款的权力包括订立任何金融协议的权力,根据这些协议,该局获得信贷以购买货物、材料或物品。

第五十一条至第五十五条被 2018 年第 5 号法废除。

56. 技能发展基金需单独审计

《2018 年公共部门(治理)法》第 5 部分的规定不影响《1979 年技能发展征税法》第二十条和第二十一条以及附表 1 中适用于技能发展基金的要求。

【5/2018】

第 7 部分
管理和执行

57. 核实收集的资料和拨款事宜的权力等

(1)本条下的权力仅可用于调查或查明:

(a)申请或已申请从该局资金中获得技能发展基金以外的奖励、赠款或贷款之人所作的任何声明或提供的任何资料的真实性或正确性;

(b)从该局资金中获得技能发展基金以外的奖励、赠款或贷款之人是否将其妥善使用。

(2)该局或于本条款中被该局正式授权的该局雇员或代理人,可于任何合理时间,在不涉及搜查任何财产或人员的情况下,进行以下任何行为:

(a)进入任何场所;

(b)对场所的任何部分或场所内的任何东西进行拍照或拍摄,或进行录音或绘制草图;

(c)要求任何人免费提供或准许查阅第(1)款中所述的为任何目的而合理要求的任何文件或资料;

(d)检查、复制或摘录任何此类文件;

(e)若该局或该局员工或代理人认为会出现下列情况,则可以接管该文件:

(i) 若未接管该文件,则无法合理地进行检查、复印或摘录;

(ii) 除非接管,否则该文件可能被篡改或销毁;

(iii) 在为本法的任何目的或与本法有关的目的而提起或开始的任何诉讼中,可要求将该文件作为证据。

(f) 要求任何人在通知规定的时间内填妥并交付任何规定的报表。

(3) 根据第(2)(c)款规定要求他人提供任何文件或资料的权力如下:

(a) 要求该人或该人的现任或前任高级职员或员工解释该文件或资料;

(b) 若未提供该文件或资料,则要求该人就其所知和所信说明文件或资料的位置;

(c) 若信息不是以可读形式所记录,则向该局提供该资料的可读形式。

58. 虚假或误导性资料、声明或文件等

(1) 任何人不得——

(a) 为申请,或为支持他人申请从该局资金中获得技能发展基金以外的任何奖励、赠款或贷款,而在任何要项上作出或授权作出明知具有虚假性或误导性之声明;

(b) 在提供该局根据第五十七条要求的任何资料或文件时,提供明知在任何要项上具有虚假性或误导性的任何资料和文件;

(c) 故意更改、隐瞒或销毁该局根据第五十七条要求该人提供的任何文件或资料。

(2) 任何人违反第(1)款,即属犯罪,一经定罪,可处不超过10000 新加坡元的罚款或不超过 12 个月的监禁,或两者兼施。

(3) 为免生疑问,在第(2)款中规定的任何罪行和违反第(1)(a)款的任何诉讼中,被告没有从技能发展基金以外的资金中获得任何奖励、赠款或贷款并不构成免责辩护。

59. 妨碍机关履行职责的处罚

（1）任何人不得阻挠或妨碍该局成员、雇员、代理人或被授权人根据本法行使任何权力或履行任何职责。

（2）任何人违反第（1）款，即属犯罪，一经定罪，可处不超过 5000 新加坡元的罚款或不超过 6 个月的监禁，或两者兼施。

60. 罪行的了结

（1）对本法规定为可罚款抵罪的罪行，行政首长或经该局书面授权的雇员可通过向犯罪嫌疑人合理收取费用实行罚款抵罪，该费用不低于：

（a）该罪行规定的最高罚款金额的一半；

（b）2000 新加坡元。

（2）在缴付第（1）款所述费用后，不得就该罪行对该人提起进一步的法律诉讼。

（3）根据本条收取的所有金额必须缴入统一基金。

61. 法团的罪行

（1）根据本法规定的某罪行诉讼中，如有必要证明法团与特定行为有关的动机和目的，则应提供以下证据——

（a）该高级职员、雇员或代理人在其实际或表见授权范围内从事该行为；

（b）该高级职员、雇员或代理人有此动机和目的；

可证明该法团有此动机和目的。

（2）若法团犯了本法规定之罪行，则此类人员——

（a）身份为——

（i）若法团事务由其成员管理，其高级职员或成员；或

（ii）参与法团管理并能影响该法团与犯罪行为有关之行为的个人；及

（b）以下人员——

（i）同意、纵容或与他人共谋实施犯罪；

(ii) 以任何其他方式(不论是作为或不作为)故意涉及或参与法团的犯罪行为;

(iii) 知悉或理应知悉法团司将会或正在实施犯罪行为(或同类罪行),而没有采取一切合理措施防止或阻止;

即犯与法团相同之罪行,一经定罪,应受到相应处罚。

(3) 第(2)款中所提及之人若被控犯与法团相同之罪行,则可倚赖法团获得辩护。于该情况下,该人须承担与法团相同的举证责任。

(4) 为免生疑问,本条不影响下列所述之法的实施:

(a)《1871年刑法典》第5章和第5A章;

(b)《1893年证据法》或任何其他有关证据的可接受性之法律或惯例。

(5) 为免生疑问,第(2)款也不影响法团对本法所规定之罪行负有责任。无论其被定罪与否,均适用于该法团。

(6) 在本条中:

"法团"包括《2005年有限责任合伙法》第(2)(1)款所指的有限责任合伙企业;

"高级职员",就法团而言,是指公司的任何董事、合伙人、首席执行官、经理、秘书或法团中其他类似的高级职员,包括声称以任何此类身份行事的任何人;

个体的"动机和目的"包括:

(a) 该人的知识、意图、意见、信仰或目的;及

(b) 该人产生此意图、意见、信仰或目的之原因。

62. 非法人团体或合伙企业的罪行

(1) 根据本法的犯罪诉讼中,若有必要证明非法人团体或合伙企业与特定行为有关之动机和目的,则以下证据:

(a) 非法人团体或合伙企业的雇员或代理人在其实际或表见授权范围内从事该行为;

(b) 员工或代理人有此动机和目的;

可证明非法人团体或合伙企业具有此动机和目的。

（2）若非法人团体或合伙企业犯下本法规定之罪行，则下列人员

（a）身份为：

    （i）非法人团体的高级职员或其理事该局成员；

    （ii）合伙企业的合伙人；或

    （iii）参与管理该非法人团体或合伙企业，且能够影响该非法人团体或合伙企业（视情况而定）的犯罪行为的个人；及

（b）下列人员：

    （i）同意、纵容或与他人共谋实施犯罪；

    （ii）以任何其他方式（无论是作为或不作为），故意参与非法人团体或合伙企业的犯罪行为；

    （iii）知悉或理应知悉该非法人团体或合伙企业的犯罪行为（或同类罪行）将会或正在发生，但未能采取一切合理措施防止或制止该罪行发生之人；

即犯与该非法人团体或合伙企业相同之罪行（视情况而定），一经定罪，应受到相应处罚。

（3）第（2）款中提及之人若被控犯与该非法人团体或合伙企业相同之罪行，则该人可倚赖该非法人团体和合伙企业获得辩护。于该情况下，该人须承担与非法人团体和合伙企业相同的举证责任。

（4）为免生疑问，本条不影响下列所述之法的实施——

（a）《1871 年刑法典》第 5 章和第 5A 章；或

（b）《1893 年证据法》或其他有关证据的可接受性之法律或惯例。

（5）为免生疑问，第（2）款也不影响非法人团体或合伙企业对本法所规定之罪行负有责任。无论其被定罪与否，均适用于该非法人团体或合伙企业。

（6）在本条中——

就非法人团体而言（合伙企业除外），"高级职员"系指非法人团体的主席、秘书或任何委员会成员，且包括——

（a）任何担任类似非法人团体主席、秘书或委员会成员职位之人；及

（b）任何声称以此等身份行事之人；

"合伙人"包括声称以合伙人身份行事之人；

个人的"动机和目的"包括——

（a）该人的知识、意图、观点、信念或目的；及

（b）该人产生此意图、观点、信念或目的之原因。

63. 文件送达程序

（1）本法允许或要求之文件可依据本条规定向个人送达。

（2）本法允许或要求之文件通过以下方式向个人送达——

（a）亲自交给个人；

（b）通过预付挂号信送至该人指定的文件送达地址，若无指定地址，则送至该人的居住地址或办公地址；

（c）将其留在该人的居住地址，此地应明显有居住于该处的成年人。或将其留在该人的办公地址，此地应明显有工作于该处的成年人；

（d）将该文件的副本张贴在该人的居住地址或办公地址的显眼处；

（e）通过传真向该人送达文件，传真号码为提供或送达文件人员最后所知的号码作为向其送达文件的传真号码；或

（f）通过电子邮件发送至该人最新的电邮地址。

（3）本法允许或要求之文件可按以下方式向合伙企业（有限责任合伙企业除外）送达——

（a）将其交给合伙企业的合伙人或其他类似高级职员；

（b）将其留在合伙企业的办公地址，或通过预付挂号信寄往合伙企业的办公地址；

（c）通过传真发送至合伙企业办公地址使用的传真号码；或

（d）通过电子邮件发送至合伙企业最新的电邮地址。

(4) 本法允许或要求之文件可按以下方式向法人团体(包括有限责任合伙企业)送达——

(a) 将其交给法人团体的秘书或其他类似高级职员,或有限责任合伙企业的经理;

(b) 将其留在该法人团体在新加坡的注册办事处或主要办事处,或通过预付挂号信寄送至该处;

(c) 通过传真发送至法人团体在新加坡的注册办事处或主要办事处使用的传真号码;或

(d) 通过电子邮件发送至法人团体最新的电邮地址。

(5) 据第(1)款送达的文件在以下日期生效——

(a) 若文件以传真方式发出,并已收到成功传送之通知,则为传送当日;

(b) 若文件通过电子邮件发送,则为该人能够检索电子邮件之时;及

(c) 若文件以预付挂号邮递方式寄出,则为文件寄出之日后 2 天(即使文件未送达而被退回)。

(6) 在本条中,"文件"包括本法允许或要求送达的通知或命令。

(7) 但是本条不适用于在法庭诉讼中送达的文件。

(8) 在本条中——

"办公地址"指——

(a) 若属个人,则为该人在新加坡的惯常办公地址或最后为人所知的办公地址;及

(b) 若属合伙企业(有限责任合伙企业除外),则为该合伙企业在新加坡的主要办公地址或最后为人所知的办公地址;

"最新电邮地址"指——

(a) 相关收件人向提供或送达文件之人提供的最新电邮地址,作为据本法送达文件的电邮地址;或

(b) 提供或送达文件之人所知的相关收件人的最后电邮地址;

"居住地址"指个人在新加坡惯常的居住地址或最后为人所知的居住地址。

64. 规章

经部长批准,该局可制定规章制度,订明本法所要求或允许订明之事项,或为实施本法所必需或适宜订明之事项。

第8部分
向该局转让业务

65. 本部分的释义

在本部分中,除文意另有所指外——

就转让人而言,"资产"指转让人在转让日前夕所持有的任何类型财产(无论是有形的或是无形的,无论是由票据等产生、累积、创造或证明的,或是以票据等为主体的,无论是实有的或是或有的),"资产"包括但不限于——

（a）不动产或个人财产的法律上或衡平法上的权益,无论位于新加坡或其他地方;

（b）无形动产;

（c）资金或证券;

（d）工厂和设备,无论位于新加坡或其他地方;

（e）知识产权;

（f）基础设施,无论位于新加坡或其他地方;

（g）记录;及

（h）权利。

"私立教育委员会"或"CPE"系指根据 2016 年 10 月 4 日前生效的《2009 年私立教育法》第 3 条成立的私立教育委员会;

"债务",就转让人而言,系指转让人在转让日前夕的任何债务、义务或责任(无论是实有的或是或有的,已清算的或是未清算的,单独的或是与任何其他人共同或连带承担的）；

"私立教育职能"系指私立教育委员会根据 2016 年 10 月 4 日前生效的《2009 年私立教育法》的任何职能；

"记录"，就转让人而言，系指转让人在转让日前夕保存的登记册、文件、公文、会议记录、收据、账簿和其他记录，无论其编制、记录或存储方式如何；

"权利"，就转让人而言，系指转让人在转让日前夕的任何权利、权力、特权或豁免权；

"转让人"系指——

（a）私立教育委员会；或

（b）新加坡劳动力发展局；

"调动新加坡劳动力发展局雇员"指在调任日前于新加坡劳动发展局以下部门工作之员工：

（a）成人学习研究所；

（b）技能发展小组；

（c）培训合作伙伴小组；

（d）商业技术集团；

（e）公司集团（技能发展）；

（f）综合业务事务司；

（g）共享事务管理司。

66. 向该局转让业务

（1）在转让日，以下资产和债务转让给该局：

（a）私立教育委员会的所有资产和债务；

（b）新加坡劳动力发展局中仅与或主要与该局以下部门职能相关的资产和债务：

（i）成人学习研究所；

（ii）技能发展小组；

（iii）培训合作伙伴小组；

（iv）商业技术集团；

（v）公司集团（技能发展）；

（vi）综合业务事务司；

（vii）共享事务管理司。

（2）当资产和债务根据第（1）款转让时，下列条文具有效力：

（a）依据本条，作为转让标的的转让人资产归属于该局，无需进一步转让或担保；

（b）依据本条，作为转让标的的转让人债务成为该局之债务；

（c）有关该等资产或债务的所有法律诉讼或其他法律程序，在转让日期之前由或针对转让人及其前任提起。在该日期之前悬而未决之程序则视为由或针对该局所提起之法律程序；

（d）本应在转让日期前由或针对转让人及其前任所提起的有关该等资产或债务的所有法律诉讼或其他法律程序可由或针对该局提起；

（e）在转让日期之前，由或针对转让人或其前任就有关该等资产或债务发起法院或其他法庭的判决或命令，则可由或针对该局执行；

（f）有关该等资产或债务的所有诉讼和其他法律程序之文件，若转让人或其前任在转让日期之前收到或送达，则视情况而定，视为已由该局收到或送达；

（g）在转让日期之前，由转让人或其前任、针对转让人或其前任或与其有关的就与有关该等资产或债务所做的、不作为的任何行为、事项或事情（如果该行为、事项或事情具有效力或影响），则被视为是由该局、针对该局或与其有关而所做或不作为的；

（h）在成文法、根据任何法案制定的文书、任何合同、协议、协定、承诺书中或在任何类型的文件中，对转让人或其前任之提述只要涉及该等资产或债务，则被视为或包括对该局之提述。

（3）本条的实施不包括——

（a）违反或不履行任何法案、其他法律否则会造成民事过失或刑事过失；

(b) 违反保密义务(无论由合同、衡平法、惯例或其他方式导致)；

(c) 违反任何禁止、限制或规范资产或债务之让与、转让或信息披露的合同条文；

(d) 终止协议或满足允许某人终止任何协议或义务的条件，或产生与任何协议或义务有关的权利或补救措施；

(e) 导致任何合同或文书无效或无法执行；

(f) 破坏合同或免除担保人或其他义务人的全部或部分义务；

(g) 全部或部分免除担保人或其他债权人的义务；或

(h) 违反或不履行任何合同或其他文书。

(4) 承租人无需向该局提供转让人的授权。

67. 将借调员工及新加坡劳动力发展局员工调动至该局

(1) 在调动之日，每名调动的新加坡劳动力发展局员工——

(a) 不再是新加坡劳动力发展局的员工；及

(b) 每人都将调动至该局服务并成为该局的员工，享有其在调动日前夕所享有的同等条款。

(2) 调动新加坡劳动力发展局员工至该局——

(a) 不中断服务的连续性；

(b) 不造成裁员或解雇；及

(c) 不允许员工仅因不再受雇于新加坡劳动力发展局而有权获得任何报酬或其他福利。

(3) 一份据称由部长签署的证明书证明其中所指定的个人自调动之日起根据本条受雇于该局。该证明书在任何法律程序中均可作为其中所述事项之证据。

(4) 本条中的任何内容均不妨碍——

(a) 根据本条调动的个人的雇佣条款和条件据任何法律、裁决或协议更改，自调动日期后的任意时间起生效；及

(b) 根据本条调动的个人，在调动日期后的任意时间根据其当时

适用的雇佣条款和条件从该局辞职。

（5）为免生疑问,《1968年就业法》第18A条不适用于根据本部新加坡劳动力发展局员工向该局之调动。

（6）在调动之日,向私立教育委员会提供（或借调）其服务的每名公职人员根据以下协议或安排——

（a）为政府和私立教育委员会之间做出;及

（b）在调动之日前夕生效,继续借调至该局。

68. 保留雇佣的一般条款

（1）根据第六十七条调动的新加坡劳动力发展局员工（在本条中称为被调动员工）在该局的服务必须视为该员工在调动日期之前服务于新加坡劳动力发展局时是一直持续。

（2）在调动之日——

（a）被调动员工保留所有应计权利,认定其在该局工作是在新加坡劳动力发展局工作的延续;

（b）新加坡劳动力发展局与被调动员工的年假、病假、产假或其他休假和退休金应计权利有关的负债视为该局之负债;及

（c）在调动日期之前对被调动员工有效力的雇佣合同中对新加坡劳动力发展局之提述被视为或包括对该局的提述。

（3）在新加坡劳动力发展局雇用期间,被调动员工若有任何可能受到新加坡劳动力发展局的谴责、降级、退休、解雇或处罚之行为,该局可以——

（a）如果新加坡劳动力发展局对被调动员工发起的纪律处分程序在调动日期前夕未决,则应继续并完成该程序;及

（b）谴责、降级、退休、解雇或以其他方式惩罚被调动员工,认定该员工未被调动。

（4）在调动日期前夕,关于被调动员工在新加坡劳动力发展局任职期间行为的任何事项——

（a）转让人委员会正于适当授权下进行聆讯或调查;或

（b）已由新加坡劳动力发展局的某个委员会在适当授权下进行聆讯或调查，但未做出任何命令、裁决或指示；

该委员会必须完成聆讯或调查，并在该日期前根据其所获授权做出其所能做出的命令、裁决或指示。该命令、裁决和指示应视为该局的命令、裁决或指示。

（5）在该局为被调动员工制定雇佣条件之前，该局雇用每名调动员工的条件应视为与调任日前夕新加坡劳动力发展局的雇佣条件相同。

（6）与该局服务年限相关的任何雇佣条件都必须承认被调动的员工受雇于新加坡劳动力发展局的服务年限（包括被视为在新加坡劳动力发展局服务的员工之前的任何服务）为该局的服务年限。

（7）私立教育委员会行政首长和新加坡劳动力发展局行政首长均不得因本部的实施而转任为该局的行政首长，除非该局根据第38 条任命他或她担任该职位。

（8）第 67（6）条中的内容均不——

（a）对因该条文而继续借调至该局的公职人员，造成其服务连续性的中断；或

（b）影响该公职人员因担任借调职务或职位而享有的权利、权力或豁免权，或该公职人员因担任借调职务或职位而在纪律方面承担义务或责任的范围。

69. 记录的移交

自移交之日起，以下记录成为该局的记录：

（a）私立教育委员会的所有记录；

（b）新加坡劳动力发展局与以下相关的每项记录或任何记录的一部分，涉及——

　　（i）根据第 66 条转让给该局的资产或负债；或

　　（ii）任何调动的新加坡劳动力发展局员工。

70. 转让的确认

（1）如果就以下问题出现任何争议——

（a）关于资产、负债、员工或记录是否根据第 66、67 或 69 条转让；或

（b）关于任何合同、文件或其中的任何部分是否与根据第 66、67 或 69 条转让的资产或负债、员工或记录有关。

财政部长可决定该事项，并向有关各方提供该决定的书面通知。

（2）财政部长根据第（1）款做出的决定是最终决定，对相关转让人和该局具有约束力。

立法史

本立法史是法律修订委员会尽最大努力提供的服务,不构成本法的一部分。

1. 2016 年第 24 号法案——《2016 年新加坡未来技能局法》

法案:24/2016

一审日期:2016 年 7 月 11 日

二审和三审日期:2016 年 8 月 16 日

生效日期:2016 年 10 月 3 日〔除第 71(1)(a)和(2)条〕2016 年 10 月 4 日(第 71(1)(a)和(2)条〕

2. 2016 年第 20 号法案——《2016 年新加坡劳动力发展局(修正案)法》

〔根据上述法案第 20(5)条所做的修订〕

法案:19/2016

一审日期:2016 年 7 月 11 日

二审和三审日期:2016 年 8 月 16 日

生效日期:2016 年 10 月 4 日〔第 20(5)条〕

3. 2017 年第 30 号法案——《2017 年新加坡社会科学大学法》

〔根据上述法案第 12(4)条所做的修订〕

法案:24/2017

一审日期:2017 年 4 月 3 日

二审和三审日期:2017 年 5 月 8 日

生效日期:2017 年 7 月 11 日〔第 12(4)条〕

4. 2018 年第 5 号法案——《2018 年公共部门(治理)法》

(根据上述法案第 105 条所做的修订)

法案：45/2017

一审日期：2017 年 11 月 6 日

二审日期：2018 年 1 月 8 日

修订公告：2018 年 1 月 8 日

三审日期：2018 年 1 月 8 日

生效日期：2018 年 4 月 1 日(第 105 条)

5. G.N. No. S 461/2020 号政府公告——《2020 年可变资本公司(对其他法案的相应修订)令》

生效日期：2020 年 6 月 15 日

略语表

C.P.	理事会文件
G.N. No. S(N.S.)	新加坡政府公告编号(新系列)
G.N. No.	政府公告编号
G.N. No. S	新加坡政府公告编号
G.N. Sp. No. S	新加坡政府公告特别编号
L.A.	立法议会
L.N.	法律公告(联邦/马来西亚附属法例)
M. Act	马来亚/马来西亚法案
M. Ordinance	马来亚条例
Parl.	议会
S.S.G.G.(E) No.	海峡殖民地政府宪报(特别)编号
S.S.G.G. No.	海峡殖民地政府宪报编号

对照表

该法在 2020 年修订版中重新编号。本对照表旨在帮助读者找到前一修订版中的对应条款。

2020 年版	2016 年第 24 号法案
—	35—(2)被 2018 年第 5 号法案删除
35—(2)	(3)
因已生效而略去	71—(1)
因已生效而略去	(2)
因已生效而略去	72
已失时效而略去	73—(1)
已失时效而略去	(2)
已失时效而略去	(3)
已失时效而略去	(4)
因已生效而略去	74—(1)
因已生效而略去	(2)
因已生效而略去	(3)
因已生效而略去	75
因已生效而略去	76
因已生效而略去	77
因已生效而略去	78—(1)
因已生效而略去	(2)
因已生效而略去	(3)
因已生效而略去	(4)
因已生效而略去	(5)
因已生效而略去	(6)

图书在版编目(CIP)数据

新加坡教育相关法规汇编/李建波等编译.—上海：
上海三联书店,2025.3
ISBN 978 - 7 - 5426 - 8507 - 0

Ⅰ.①新…　Ⅱ.①李…　Ⅲ.①教育法-汇编-新加坡
Ⅳ.①D933.921.6

中国国家版本馆 CIP 数据核字(2024)第 090742 号

新加坡教育相关法规汇编

编　　译 / 李建波　赵　霞　陈志杰 等

责任编辑 / 殷亚平
特约编辑 / 杨　洁
装帧设计 / 徐　徐
监　　制 / 姚　军
责任校对 / 王凌霄

出版发行 / 上海三联书店
　　　　　 (200041)中国上海市静安区威海路 755 号 30 楼
邮　　箱 / sdxsanlian@sina.com
联系电话 / 编辑部: 021 - 22895517
　　　　　 发行部: 021 - 22895559
印　　刷 / 商务印书馆上海印刷有限公司

版　　次 / 2025 年 3 月第 1 版
印　　次 / 2025 年 3 月第 1 次印刷
开　　本 / 655 mm×960 mm　1/16
字　　数 / 500 千字
印　　张 / 38.25
书　　号 / ISBN 978 - 7 - 5426 - 8507 - 0/D·635
定　　价 / 148.00 元

敬启读者,如发现本书有印装质量问题,请与印刷厂联系 021 - 56324200